国家重点研发计划项目(2020YFB2103705)资助
国家自然科学基金青年科学基金项目(72104233)资助

新时代智慧社区治理新模式

董　方　尹继尧　谷甜甜　陈文江　著

中国矿业大学出版社
·徐州·

内容提要

本书将“韧性治理”引入智慧社区，在深入剖析新时代智慧社区治理内涵的基础上，从治理主体、治理资源、治理信息和治理任务4个方面识别智慧社区治理新模式的基本要素，明确智慧社区治理新模式的网络节点和链接，解析耦合风险扰动下智慧社区治理新模式的形成机理，定量评价智慧社区治理新模式的水平，并提出新时代智慧社区治理新模式的精细化提升对策。

本书可供普通高等院校管理科学与工程专业的研究生和本科生参考阅读，也可供从事管理科学与工程研究的科技工作者参考使用。

图书在版编目(CIP)数据

新时代智慧社区治理新模式/董方等著. —徐州：中国矿业大学出版社，2023.5

ISBN 978-7-5646-5832-8

Ⅰ. ①新… Ⅱ. ①董… Ⅲ. ①社区管理—现代化管理—研究—中国 Ⅳ. ①D669.3

中国国家版本馆CIP数据核字(2023)第087470号

书　　名 新时代智慧社区治理新模式
著　　者 董　方　尹继尧　谷甜甜　陈文江
责任编辑 陈红梅
出版发行 中国矿业大学出版社有限责任公司
（江苏省徐州市解放南路　邮编221008）
营销热线 (0516)83885370　83884103
出版服务 (0516)83995789　83884920
网　　址 http://www.cumtp.com　**E-mail**:cumtpvip@cumtp.com
印　　刷 徐州中矿大印发科技有限公司
开　　本 787 mm×1092 mm　1/16　**印张** 10.25　**字数** 256千字
版次印次 2023年5月第1版　2023年5月第1次印刷
定　　价 45.00元

序

基层治理是国家治理的基石，基层强则国家强，基层安则天下安。作为基层治理的重要组成部分，社区治理更是关乎人民群众的获得感、幸福感和安全感。伴随着经济、技术的发展，人民对生活质量的要求逐步提高，对社区建设的诉求逐渐多元化，而传统的社区治理已经不能满足居民的需要。因此，“智慧社区”这一富有现代感的概念应运而生，旨在提升基层治理智能化水平。进入新时代，社区内部发生深刻变化，更是要求不断创新智慧社区治理模式，将“共治”增加到基层治理格局中，形成“共建共治共享”的“新”格局，从而明确“以人民为中心”的社会治理理念，打造政府、社会组织、公众彼此之间联动互通，权责对等的社区治理共同体。那么，在新时代背景下智慧社区治理的规律是什么？什么样的智慧社区治理模式才是行之有效的？如何实现新时代智慧社区治理模式的完善与落地？这些都是城市建设者和社区管理者们为之钻研与奋斗的课题。

近年来，国内外学者在社区治理影响因素、治理效果评价和治理发展趋势等方面的研究中取得了一定的进展，形成了包括“三社联动”治理、“五社联动”治理和“党建＋服务”治理等模式。然而，地区差异使得已有治理模式难以下沉，治理模式互通性差，造成资源与资金的浪费，说明当前的治理模式并不能解决社区治理的真实需求。与此同时，智慧社区作为新时代发展的产物，对其治理模式的探索仅局限于单一“物理系统”研究层面，缺乏“人”与“物”交互作用的分析，并且缺少对治理因素影响的定量探索、治理水平测度和提升对策方面的系统性研究成果，未能形成对应的理论与技术支撑。

面对新时代智慧社区治理模式中的种种问题，处于刚性治理与柔性治理之间的韧性治理逐渐受到关注，被用于应对新时代智慧社区应急管理任务带来的急性冲击和日常治理任务带来的各种慢性压力，以在动态中调整治理区间、减少智慧社区治理中的不确定性和脆弱性、实现新时代智慧社区治理模式的创新。《新时代智慧社区治理新模式》一书从韧性治理的视角探索了智慧社区治理的新路径，对于拓宽智慧社区治理新模式内在规律的研究视角、改进智慧社区治理新模式的测度技术、创新智慧社区治理新模式的研究范式、指导智慧社区治理实践问题的解决具有重要的理论价值和现实意义。

与以往研究相比，该著作的主要特色及创新之处体现在以下三个方面。第一，紧扣基层治理创新的时代主题，在不确定性逐渐常态化的现代社会，传统社区治理难以适应风险社会的“流动性”特征，该著作将“刚柔并济”的韧性治理植入不确定性高发的智慧社区中，促使在智慧社区内形成具有系统性、自适性、主动性特征的动态治理形态，体现了该著作与时俱进的时代特色。第二，打破以往应急管理与传统社区治理分割的研究，该著作从动态网络的视角出发，融合智慧社区治理主体“人”与韧性社区建设对象“物”，形成新时代智慧社区韧性治理集成动态网络，分析韧性治理动态网络的扰动因素及影响路径，以“微观网络结构变化”诠释“宏观治理效能涌现”，为新时代智慧社区治理的理论丰富及实践创新提供了新的研究角度。第三，结合丰富的理论研究与实证分析等结果，该著作从明确资源下沉方式、理顺基层治理秩序、整合各类信息资源、健全跟踪考评体系等方面提出促进新时代智慧社区治理新模式落地的具体对策，这些建议具有较强的创新性和可操作性，对我国基层治理创新具有重要的借鉴意义。

《新时代智慧社区治理新模式》是一部系统研究我国智慧社区治理问题的高质量著作，丰富和拓展了韧性治理相关研究，为我国智慧社区治理新模式的有效实施提供了重要参考，值得广大学者和政策制定者研读学习。

岳清瑞

中国工程院院士

国家城市安全发展科技研究院院长

深圳市城市公共安全技术研究院名誉院长、首席科学家

北京科技大学城镇化与城市安全研究院院长

2023 年 5 月于深圳

前　言

为满足新时代人民日益增长的美好生活需要，打通城市精细化治理的“最后一公里”，智慧社区的建设被赋予新的历史使命。然而，随着全球化程度的不断加深，各种风险层出不穷，智慧社区作为面对各类风险挑战的最前沿阵地，在应对确定风险的社区治理略显“疲态”，出现包括社会秩序回弹混乱、基层治理主体主动性薄弱、社会治理成本高昂等困难，社区“治理滞距”问题凸显。

当前韧性治理的研究仍处于起步阶段，相关成果较少，未见新时代智慧社区治理新模式的形成机理、水平测度和优化策略方面的系统性研究成果。为此，本书将韧性治理引入智慧社区，按照“界定研究问题—深度剖析问题—定量分析问题—系统解决问题”的思路，对新时代智慧社区治理新模式进行系统研究。本书的研究不仅丰富了智慧社区、韧性治理、动态网络分析的相关内容，为智慧社区治理新模式的理论研究提供了线索和启发，还对形成智慧社区韧性治理社区共同体、创新智慧社区治理体系、提升城市治理整体绩效具有重要的实践意义。

本书共分 7 章：第 1 章简要介绍本书的研究背景，国内外研究现状，研究内容与意义，研究方法与技术路线；第 2 章全面剖析新时代智慧社区、社区治理模式、社区韧性治理、新时代智慧社区治理新模式的内涵；第 3 章系统分析新时代智慧社区治理新模式要素；第 4 章深入探究新时代智慧社区治理新模式形成机理；第 5 章基于 CRITIC-FCE 定量评价新时代智慧社区治理新模式；第 6 章明确提出新时代智慧社区治理新模式优化对策；第 7 章全面汇总新时代智慧社区治理新模式研究结论、创新点与展望。

本书在撰写过程中得到课题组成员的大力支持与帮助，书中也借鉴了近年来国内外相关领域学者们的科学研究成果，在此一并表示诚挚的谢意。在本书出版之际，感谢深圳市城市公共安全技术研究院有限公司和中国矿业大学深圳研究院各位领导与同事的大力支持；特别感谢本书撰写期间苏州科技大学邓勇亮老师以及中国矿业大学谷甜甜老师课题组刘旭、李杨、戴雅楠、宋笑宇、马岚、郝恩扬、谢牧含、常文秀、王永超、韩鹏举、刘坦等同学的大力支持与帮助。

最后，真诚感谢国家重点研发计划项目（2020YFB2103705）、国家自然科学基金青年科学基金项目（72104233）的资助，研究中所取得的成果均已反映在本著作中。

限于笔者的水平和学识，书中难免存在疏漏之处，敬请广大读者批评指正。

著　者

2023 年 3 月

目 录

第 1 章 绪论 …… 1

1.1 研究背景 …… 1
1.2 国内外研究现状 …… 3
1.3 研究内容与意义 …… 11
1.4 研究方法与技术路线 …… 13
1.5 本章小结 …… 16

第 2 章 概念界定和内涵剖析 …… 17

2.1 新时代智慧社区的内涵 …… 17
2.2 社区治理模式的内涵 …… 31
2.3 社区韧性治理的内涵 …… 38
2.4 新时代智慧社区治理新模式的内涵 …… 43
2.5 本章小结 …… 47

第 3 章 新时代智慧社区治理新模式要素分析 …… 48

3.1 新时代智慧社区治理新模式的主体要素分析 …… 48
3.2 新时代智慧社区治理新模式的信息要素分析 …… 54
3.3 新时代智慧社区治理新模式的资源要素分析 …… 57
3.4 新时代智慧社区治理新模式的任务要素分析 …… 59
3.5 本章小结 …… 63

第 4 章 基于 DNA-ISM 的新时代智慧社区治理新模式形成机理分析 …… 64

4.1 基于 DNA-ISM 的新时代智慧社区治理新模式形成机理分析框架 …… 64
4.2 基于 DNA 的新时代智慧社区治理新模式理想网络构建 …… 65
4.3 基于 ISM 的新时代智慧社区治理新模式扰动后网络构建 …… 80
4.4 新时代智慧社区治理新模式形成机理案例分析 …… 90
4.5 本章小结 …… 98

第 5 章 基于 CRITIC-FCE 的新时代智慧社区治理新模式定量评价 …… 100

5.1 新时代智慧社区治理新模式评价的内涵 …… 100

5.2 新时代智慧社区治理新模式的评价指标体系构建 …… 103
5.3 基于 CRITIC-FCE 的新时代智慧社区治理新模式的评价模型构建 …… 109
5.4 新时代智慧社区治理新模式定量评价案例分析 …… 116
5.5 本章小结 …… 118

第 6 章 新时代智慧社区治理新模式的优化对策 …… 119

6.1 新时代智慧社区治理新模式的 SWOT 分析 …… 119
6.2 新时代智慧社区治理新模式的具体优化对策 …… 123
6.3 本章小结 …… 127

第 7 章 结论与展望 …… 128

7.1 主要研究结论 …… 128
7.2 研究创新点 …… 129
7.3 研究展望 …… 130

参考文献 …… 131

附录 …… 144

附录 1 新时代智慧社区治理新模式理想网格构建专家调查问卷 …… 144
附录 2 新时代智慧社区治理新模式理想网络构建专家访谈大纲 …… 146
附录 3 新时代智慧社区治理新模式网络链接优化专家访谈大纲 …… 147
附录 4 新时代智慧社区治理新模式网络风险专家访谈大纲 …… 149
附录 5 新时代智慧社区治理新模式网络关键风险筛选专家访谈大纲 …… 150
附录 6 新时代智慧社区治理新模式网络扰动路径专家访谈大纲 …… 151
附录 7 新时代智慧社区治理新模式扰动后网络构建调查问卷 …… 152
附录 8 新时代智慧社区治理新模式水平评价指标优化专家访谈大纲 …… 154
附录 9 新时代智慧社区治理新模式水平评价指标重要程度专家调查问卷 …… 155

第1章　绪　　论

1.1　研究背景

1.1.1　新时代智慧社区被赋予新的历史使命

党的二十大报告指出，十年来党和国家事业发生历史性变革，明确了我国社会主要矛盾是人民日益增长的美好生活需要和不平衡不充分的发展之间的矛盾，并紧紧围绕这个社会主要矛盾推进各项工作，不断丰富和发展人类文明新形态。为了实现人民对美好生活的向往，充分发挥数字经济、数字社会、数字生态的引领作用，完善网格化管理，精细化服务、信息化支撑的基层治理平台，国家相关部门连续多次发文倡导和鼓励智慧社区的推进。《中共中央 国务院关于加强基层治理体系和治理能力现代化建设的意见》（中发〔2021〕16号）、《国务院办公厅关于印发〈“十四五”城乡社区服务体系建设规划〉的通知》（国办发〔2021〕56号）、民政部等9部门印发的《关于深入推进智慧社区建设的意见》（民发〔2022〕29号）等文件中均提到，要充分运用现代信息技术开展智慧社区建设工作，不断提升城乡社区治理服务智慧化、智能化水平。根据公开数据统计，中国数字经济增加值由2011年的9.5万亿元上涨到2020年的39.2万亿元，可见我国数字经济正处于快速发展阶段，而智慧社区产业作为智慧经济发展的一部分，也迎来了新的风口[1]。

站在新的历史起点，智慧社区建设被赋予新的历史使命，探索新时代智慧社区建设路径，推动技术赋能与基层治理深度融合，是大势所趋。在新时代背景下，智慧社区是城市精细化治理的“最后一公里”，是智慧城市的基本单元，也是为居民提供精准化、精细化服务的基础性工程，直接影响人民群众的幸福感、安全感和获得感。2022年6月23日，国务院发布《关于加强数字政府建设的指导意见》（国发〔2022〕14号），强调要积极推动数字化治理模式创新，推进智慧社区建设，提升基层智能治理能力，在数字社会、数字政府、新型智慧城市建设方兴未艾的大环境下，新时代智慧社区治理新模式的构建对于提升居民生活质量、引导智慧社区健康发展、打造共建共治共享的社区治理新格局以及实现智慧城市战略落地具有重要的作用。

1.1.2　韧性治理是构建新时代智慧社区治理新模式的必然要求

随着全球化程度的不断加深，各种风险层出不穷。早在1986年，德国社会学家贝克（Beck）就指出，人类社会正走向风险社会这一前所未有的新社会形态[2]。20世纪末期，尤其是进入21世纪以来，社会风险的发生频率和巨大影响已超过历史上的任何时期，恐怖袭击风险、金融风险和新型突发传染病风险被看作全球面临的3个最重大的风险，给人类社会带来前所未有的巨大考验[3]。

作为我国基层治理的微单元，智慧社区内历史遗留问题与发展中的新问题不断交织叠加，面临着日益多元的治理主体、严重滞后的社区服务、繁杂冗余的信息资源等"顽疾"，使社区治理的"根"与"魂"未能深扎，社区治理的"脉络"未能疏通，社区治理的"功效"未能充分发挥。特别是我国经历新冠疫情的"大考"，传统的以应对确定风险的社区治理略显"疲态"，难以适应风险社会的不确定性、复杂性和流动性，出现了包括地方政府行政惰怠、社会秩序混乱回弹、基层治理主体主动性薄弱、社会治理成本高昂等新的挑战，社区"治理滞距"问题凸显。例如，2022 年上半年上海新冠疫情爆发，在基层治理方面暴露出社区治理体系不完善、公共卫生资源储备不充分、社区智能化建设水平不高等严重问题，导致上海"停摆"3 个月，给当地人、长江三角洲地区、中国乃至世界的经济发展造成了巨大影响[4]。由此可见，创新智慧社区治理新模式已迫在眉睫，同时也是构建基层治理新格局与推进市域社会治理现代化的时代要求。

在不确定性逐渐常态化的现代社会，"韧性"理念逐渐被引入作为防灾减灾前沿阵地的社区中，旨在加强城市社区减灾力量与资源的统筹，提升城市风险防控能力。2022 年 5 月，民政部等 9 部门印发的《关于深入推进智慧社区建设的意见》（民发〔2022〕29 号）中，明确提出要拓展智慧社区治理场景，重点规划社区韧性治理领域的智慧化建设，提升城乡社区治理服务智慧化和智能化水平。与此同时，整合了"强国家、弱社会"刚性治理与"弱国家、强社会"柔性治理的韧性治理逐渐受到人们的关注，被用于应对社区应急管理任务带来的急性冲击和日常治理任务带来的各种压力，以动态调整治理区间，减少城市社区发展中的不确定性和脆弱性，使社区在遭受灾害、危机等冲击时仍能够链接内外资源、有效抵御灾害风险，并从有害影响中恢复、再生和保持可持续发展[5]。在此背景下，新时代智慧社区韧性治理被提出，用于应对日益多元的社区治理主题、亟待改造的社区环境以及严重滞后的社区服务等"顽疾"，疏通社区治理的"脉络"，更好地发挥政府和民众的主体作用，从而实现新时代智慧社区的可持续性发展。

1.1.3 动态网络分析是突破当前智慧社区治理困境的重要抓手

近年来，尽管社区治理已经得到了很大的提升，尤其在政策的颁布和物质环境的更新上有了极大的进步，然而在各地实践过程中，智慧社区治理重点往往落在社区信息传播、基础设施完善、应急物资储备、力量准备等"物"的改善层面，缺乏对社区治理主体"人"的关注，已有社区应急管理做法与传统社区治理实践处于分割状态，使得智慧社区在应对复合型灾害时仅流于"表面防范"，无法实现"动态平衡、冗余缓冲"和"自我修复"。

此外，由于社区类型不同，智慧社区治理困境表现出不同的特征。新时代智慧社区通常包括传统街坊式社区、过渡演替式社区、现代商品房式社区等典型社区，3 类智慧社区面临的治理困境略有不同，见表 1-1。传统街坊式社区（老旧小区等）存在房屋安全隐患多、火灾风险高、公共设施老化等问题，此类社区重点关注社区老旧建筑安全监测预警、燃气与供水管网泄漏综合监测定位、排水设施运行状态综合感知、充电桩火灾风险感知、社区安全文化教育等内容，社区治理问题突出集中在基础设施和社区安全方面。过渡演替式社区（城中村、村改居等）存在外来人口较多、教育资源匮乏、公共环境卫生条件差等问题，此类社区聚焦于雨情水位监测设备、社区疫情防控监测、社区公共安全风险的多维场景感知、态势精准智能认知技术应用、智慧社区应急救援和公共安全综合服务等方面的内容，倡导创新社区安全文化教育、求职服务、心理咨询、公益救助服务等民生服务，社区治理难点表现在社区安全和社区服务方面。现代商品房式社区（新建社区）呈现出居民文化程度较高、收入较稳定，社区自治性较高等特点，此类社区重点关注综合信息管理服务平台应用、社会治理重心下移、社区防灾减灾等方面的内容，社区治理困境集中在社区综合信息服务平台和社区服务方面。尽管不同学者提出多种社区治理模式，但未针对不同类型智慧社区定制精细化治理困境突破方案。

表 1-1 3类智慧社区治理困境

新时代智慧社区类型	治理困境表现	资料来源
传统街坊式社区	房屋安全隐患多，火灾风险高，公共设施老化，配套服务欠缺，公共维修资金缺口大，居民诉求难以得到满足	文献[6]
过渡演替式社区	人口杂乱，教育资源匮乏，土地权属关系复杂，公共环境卫生条件差，存在“三合一”现象	文献[7]
现代商品房式社区	治理结构的失衡与破碎，治理参与的不足与过度，治理规则的滞后与生硬，治理效能的内卷与低下，综合信息管理服务系统整合力度不够，社会治理重心下移，社区防灾减灾治理合力不足	文献[8]

不难发现，当前的治理困境，一方面源于社区建筑本体的物理硬件及产权软件，另一方面源于社区治理主体的多元关系协调，此外软硬件与多元关系问题的相互作用也会影响着整个社区的治理能力提高。既有的社区治理分析方法缺乏对智慧社区这一社会系统中治理主体、治理资源、治理信息和多项治理任务等要素的综合考虑，使得社区治理仍局限于传统社会网络分析。然而，作为网络理论研究的新领域，动态网络分析（dynamic network analysis，DNA）通过融合新时代智慧社区治理主体“人”与韧性社区建设对象“物”，使社会网络与“物理系统”交互分析同步开展成为可能，极大改善了“头痛医头，脚痛医脚”的社区治理原有模式。因此，本书以动态网络分析方法为重要抓手，聚焦韧性治理在新时代智慧社区治理领域的应用，重点关注新时代智慧社区的形成机理、定量测度及系统优化，为突破新时代智慧社区治理困境提供更为科学的应对策略。

1.2 国内外研究现状

1.2.1 智慧社区的相关研究

观照当今社区治理困境，新时代智慧社区治理新模式的构建直接影响城市社区治理绩效，成为社区治理领域的研究重点。基于研究背景和视角的不同，国内外学者对智慧社区的概念界定众说纷纭。国内对智慧社区的研究主要是从其概念、建设内容等方面入手，具体为通过对互联网、云计算等新一代信息技术的集成应用，形成管理与服务为一体的智慧型社区治理模式[9]；而国外对智慧社区的研究则主要集中在对信息和通信技术（information and communication technologies，ICTs）这些单一的“物理系统”研究层面[10]。许多学者在新时代智慧社区的治理困境、治理影响因素、治理效果评价、治理发展趋势等方面进行了探索。

（1）智慧社区治理困境剖析的相关研究

当前，智慧社区治理在应对历史遗留问题以及突发事件的过程中，仍存在着治理阶段性问题和长久性问题，多数学者采用定性分析方法对智慧社区治理问题进行分析，发现其集中表现在社区居民自治、社会组织参与、社区服务、社区工作者队伍建设、社区文化建设、社区空间建设等方面[11-16]，具体见表 1-2。其中，李阳[12]运用文献资料法等对我国新时代智慧社区体育建设的困境进行研究后，指出社区体育智能平台搭建不完善、社区专业人才配备严重不足是我国智慧社区体育建设面临的现实困境。陈秀红[14]从制度演进角度分析，认为城市社区治理的改革路径和发展方向虽已明确，但在社区服务及社区公共空间方面仍存在亟待攻克的难题。此外，仅有少数学者利用多元回归分析等传统统计方法，对社区治理过程中的问题进行定量分析。曾丽敏等[17]立足于制度主义理论的分析视角，运用定量研究方法，将正式制度和参与的机会、能力分别作为自变量和因变量，从而得出正式制度与社会组织参与城市社区治理的机会和能力存在正相关关系。

表 1-2 不同学者对智慧社区治理问题的分析结果

序号	治理问题	具体表现	文献来源
1	社区居民自治	社区居民自治环境仍需优化	文献[11,13]
		社区居民自治组织发育不足	
		社区居民自治能力有待提高	
		社区居民权利与义务失衡	
2	社会组织参与	社会组织内在固有的依赖性尚待去除	文献[15]
		社会组织发展的外在条件尚待完善	
		社区社会组织的制度化有待推进	
		社区组织间的协同治理路径有待拓宽	
3	社区服务	社区服务难以精准满足居民需求	文献[12,14]
		社区服务评价反馈机制不完善	
		综合服务配套设施建设水平有待提高	
4	社区工作者队伍建设	社区工作人员的待遇不高与违法乱纪	文献[11]
		高素质专业人才缺口较大	
		社区工作者超负荷工作	
5	社区文化建设	社会资源动员力低下	文献[11,16]
		管理体制不够完善	
		高素质专业建设人才稀缺	
		居民文化需求表达方式不合理	
		城市外来务工人员的社区融入困难	
6	社区空间建设	社区公共空间不足	文献[14]
		传统老城区社区——政府治理下的社区自治不足	
		村改居社区——以集体经济组织为依托的居委会占主导	
		新建商品房社区——业委会与居委会的博弈	

(2) 智慧社区治理影响因素的相关研究

在智慧社区治理困境剖析的基础之上，部分学者结合实际案例从政治、经济和社会等方面对智慧社区治理影响因素进行了深入探讨，具体见表 1-3。由表可知，政策层面的影响因素主要有社区参与、社区协同治理关系、社区治理制度体系、社区治理政策导向等。陈福平[18]从技术与治理的双重视角，基于一项社区调查数据的结构方程模型分析表明，社区治理水平影响了智慧社区建设效能，社区参与则能够直接或间接通过促进社区治理提升智慧社区建设效能。葛天任等[19]从风险社会的角度，阐述了在高风险社会背景下的智慧城市与智慧社区建设，技术革新与敏捷治理变革是推进智慧社区建设与治理的关键环节。陈桂生等[20]通过梳理"两津联动"的互嵌治理运行逻辑，发现健全规范化治理制度体系，融洽系统化协同治理关系和注重数字化技术人才引进与培育，是数字技术与城市社区互嵌治理的有效政策工具集。在经济层面，智慧社区治理影响因素主要有居民收入水平、数字社区治理专业人才存量和技术革新等。朱懿[21]在剖析城市社区智慧治理模式的动因分析中提到，市场创新、技术改良和群众需求是影响城市社区智慧治理模式形成和发展的主要外部驱动因素。在社会层面，智慧社区治理影响因素主要有社会组织的服务水平、社会力量的联动程度和社区治理的自组织能力等。张博[22]基于智慧社区养老服务链视角，通过对当前智慧社区养老服务的相关文献进行深入研究，认为从构成部分来看，完整的智慧社区养老服务链由需求链、供给链、治理链3部分组成，而在智慧社区养老服务链的各个环节分别存在信息不对称、选择失误、利益寻租等风险。吴海琳和程茹[23]从空间社会学视角深入解读了当前智慧社区建设还未实现真正意义上的"共建、共治、共享"的社区治理格局，其关键原因在于异质多元的社会空间发展不均衡、社会力量联动不足和社区治理主体自组织能力不够。

表1-3 不同学者对智慧社区治理影响因素的研究及方法

序号	不同层面	具体影响因素	研究方法	文献来源
1	政治层面	社区参与度	结构方程模型	文献[18]
		治理制度体系构建程度	案例分析	文献[20]
		协同治理关系	案例分析	文献[20]
		政策导向	定性分析	文献[21]
2	经济层面	居民收入水平	结构方程模型	文献[18]
		数字社区治理专业人才存量	定性分析	文献[18,20]
		技术革新	定性分析	文献[21]
3	社会层面	社会公益组织的服务水平	文献研究法	文献[22]
		社会力量联动程度	定性分析	文献[23]
		治理主体的自组织能力	定性分析	文献[23]

(3) 智慧社区治理效果评价的相关研究

在智慧社区治理效果评价上，国内外学者分别从不同的角度对其进行评价。国内对智慧社区治理效果的评价主要集中于智慧服务质量、通信基础设施完备度、居民生活便利度、居民满意度等方面[24-28]。在评价方法的选择上，学者们分别采用定性或定量的方法对智慧社区治理之后产生的经济效益、社会效益、政治效益、环境效益及综合效益进行评估，具体见表1-4。刘思等[26]认为，评价因子的选择遵循3个原则：一是前瞻性，指标可以代表智慧社区最新发展水平；二是操作性，指标选择要考虑数据采集的便利性与科学性；三是扩展性，能够根据实际情况对指标进行补充和完善。姜晓萍等[27]依据智慧社区的内涵与维度，按照质量管理的内在机理，认为智慧社区的标准应该涵盖以下方面：精细化的服务感知、交互式的信息平台、智能化的公共服务和网络状的行动协作，从而形成“感知＋平台＋内容＋行动”的整体性、开放式生态系统，有力推动智慧社区生态价值链的垂直整合，进而打破公共服务创新壁垒和鸿沟，持续满足社区多元主体的内在需求，全面优化升级社区居民美好生活体验。邹凯等[28]建立了包括治安信息化水平、服务信息化水平、环境卫生信息化水平等指标的社区信息化绩效评价指标体系，并运用灰色理论结合熵值法处理指标体系的权重，提出基于多层次灰色评价模型的社区信息化绩效评价模型，该模型能够较好地处理多指标的复杂评价问题以及指标之间的灰色关系，为综合评价社区信息化绩效水平提供了另一个思路。

表 1-4 国内不同学者对智慧社区治理效果评价内容及方法

序号	评价维度	评价主要内容	评价方法	文献来源
1	经济效益	社区体育服务成本，社区体育服务业绩，智慧城市基础设施性能，旅游资源开发，社区服务创新项目，“村改居”社区服务就业	加权求和法，质性系统评价，层次分析法	文献[24,30]
2	社会效益	社区居民满意度，社区服务状况，社区治安状况，治安信息化，社区参与，社区信息沟通方式创新状况，社区组织发展情况，老年服务，便民服务	加权求和法，数据包络分析(DEA)，主成分分析法(PCA)，多层次灰色评价法，结构方程模型	文献[18,24,26,28]
3	政治效益	组织体系健全程度，政务信息化，民族社区治理，融合发展，政治公平	数据包络分析(DEA)，主成分分析法(PCA)，多层次灰色评价法，质性系统评价	文献[28]
4	环境效益	社区环境状况，社区卫生状况，创新生态系统建设，“村改居”社区居住环境	数据包络分析(DEA)，主成分分析法(PCA)	文献[29-30]
5	综合效益	网络基础设施服务效果，智慧社区服务平台设施条件，智慧城市基础设施性能评价，社区治理水平，“村改居”社区治理，社区治理绩效测度	层次分析法，因子分析法，结构方程模型，模糊综合评价法	文献[25,27]

国外学者对智慧社区治理效果的评价主要集中于能源、环境、经济、社会指标方面[31-34]。Ceglia 等[33]认为，为了实现实施共享经济原则的目标，依赖于光伏能源开发的智慧能源社区已被引入欧洲监管框架，由于能源系统的去中心化、信息通信技术、物联网领域创新技术、设备对于提高能源系统的灵活性与能源供应息息相关，这些因素也成为能源、技术、环境、经济和社会目标，以此作为对智慧社区的审查和评价因素。以可持续发展为重点的智慧社区评价(smart community evaluation)将目光聚焦在以保障体系、基础设施、社区服务、社区管理 4 项一级指标、17 项二级指标构成的智慧社区评价体系，以期通过对指标的主观判断和证据推理来帮助决策者实现刺激家庭可持续消费的目标[31]。此外，环境可持续性的概念也被纳入了智慧社区的基础设施建设中，评价指数侧重评估工具和智慧应用等方

面。智能交通系统(intelligent transportion system)从交通结构、交通信息服务等6个方面评估智慧社区的交通系统性能。除此之外,由于涉及物联网和大数据等技术,人员信息的私密性让数据的安全性越发受到重视,有效的隐私保护成为评价指标中不可忽视的内容。

Ceglia 指出,未来的工作中,智慧社区评价指标创新将成为研究和案例分析的主要方向[33]。总体而言,国外研究更倾向于开发更多新的指标或从其他研究领域借用已经存在的可用于测量智慧社区的指标框架,而国内对智慧社区的评价更聚焦于人,在评价方法上也更加多样化。

(4) 智慧社区治理发展趋势的相关研究

近年来,随着突发公共卫生事件、极端气候灾害等不确定性事件频发,尤其是新型冠状病毒(COVID-19)疫情防控常态化趋势下,基于大数据、云计算、互联网等新一代信息技术的智慧社区尝试通过自身优势以达到最理想化的社区治理效果。在此背景下,智慧社区治理成为学术界的研究热点,且集中在韧性社区构建和智慧社区信息化建设两个方面[28,35]。

在韧性社区构建方面,唐明凤等[36]通过对我国韧性社区建设及发展困境的分析,提出应运用创新生态系统思想构建韧性社区治理框架,将韧性社区建设纳入国家战略,补齐治理短板。朱怡等[37]基于后疫情视角,梳理了国内外关于韧性理念的相关研究,认为应将韧性城市的概念融入社区空间,从社区空间布局和基础设施设计上实现韧性建设,以此提升社区空间应变能力。张伟等[38]采用扎根理论研究方法,对大量数据进行系统分析,构建了重大公共卫生事件背景下社区韧性影响因素的理论模型。结合已有学者研究发现,社区韧性影响因素主要有3类:第一类是来自于社区系统主体层面的管理创新能力、组织再造水平、信息治理能力、"变革"领导力、自治能力、政策执行力、志愿参与水平以及居民自主适应能力等;第二类是社区系统内部环境层面的共识渗透率,包括防控规范、协作氛围以及共同体文化等;第三类是社区外部环境层面的人力、资金、物资以及知识输入等。

在智慧社区信息化建设方面,杨雪妍等[36]采用文献计量分析法从主题分布、文献年度分布、主要研究力量等,对我国智慧社区的信息化研究进行可视化分析,并通过对关键词共现和高频统计分析、关键词热点聚类分析以及演进趋势分析,发现国内不同行业开始顺应趋势将信息化与自身联系起来,分别从智慧社区养老、智慧物业、智慧交通、智慧广电等领域进行了信息化建设的研究。随着智慧社区信息化建设的逐步发展,朱琳等[39]通过对大数据时代的城市社区治理进行研究,发现城市社区治理领域的大数据采集、分析、应用还存在一些障碍,这些障碍将制约城市社区治理创新的实现。为此,需要在健全我国保护个人数据隐私的法律法规、增强对欠发达地区城市社区基础设施的投入力度、培养复合型人才、关注信息数据缺位人群等方面作出努力。因此,如何在大数据时代健全保护个人数据隐私已成为了国内学者研究的重点。

1.2.2 韧性治理的相关研究

自20世纪90年代以来,全球进入具有不确定性(uncertainty)、易变性(volatility)、复杂性(complexity)和模糊性(ambiguity)特征的"UVCA"时代,传统的社区治理体系已无法有效应对"风险社会"中的外部冲击[40]。近年来逐渐兴起的"韧性"理念成为城市社区治理领域新的研究点,对"韧性治理"理论的研究呈上升趋势,主要集中在韧性治理发展现状及韧性治理应用探讨两个方面[41]。

(1) 韧性治理发展现状的相关研究

19世纪50年代,“韧性”在工程领域首次被提出,用于表示在外力作用变形后物体恢复至原始状态的能力,而后逐渐延伸至生态学、经济学及社会学等领域[42]。2014年,韧性治理(resilient governance)作为应对风险社会的创新治理理念被斯德哥尔摩应变中心(Stockholm Resilience Centre)提出,并拓展应用到城市治理、灾害治理、生态治理和风险治理等方面[43-44]。与适应性治理产生“社会-生态”韧性相似,韧性治理能够创造更适应、更灵活、更有响应能力和更有生产力的“社会-国家”互动,其存在的先决条件包括多层行政体制及治理内容非政治敏锐性[41]。韧性治理理论兴起的时间并不长,在我国相关理论研究也并未深入。尽管韧性治理作为社会风险治理的新视角,愈加成为学术界及政府高度关注的话题,但无论是在学术研究还是公共政策实践中,由于缺乏对治理韧性的理论溯源、概念辨析与场域锁定等的准确甄别,从而产生了韧性治理本质内涵解读差异化和形式外延界定多样化的认知分歧。姜晓萍等[45]尝试将韧性治理置于新时代中国社会治理的特定场域中,揭示了“调适有度”是韧性治理的本质,权力限度、结构密度、价值温度与目标精度是识别韧性的维度坐标。何继新等[46]以中国知网(CNKI)数据库中2000—2021年在文核心期刊和CSSCI期刊刊发的243篇城市韧性治理研究文献作为样本分析源,综合运用可视化分析法、内容分析法、文献计量等方法,对中国城市韧性治理研究的学术成长性、学术刊发性、学术职业性、学术分布性进行分析,发现20多年来中国城市韧性治理研究的学术成长性整体表现为萌芽期、缓慢上升期、快速上升期3个阶段。该领域现阶段主流研究类型是应用型研究,研究热点主要涵盖:韧性治理对象——城市风险、韧性治理体系——评估体系建构、韧性治理路径——可持续发展为中心3个方面。此外,我国城市韧性治理研究也存在研究团队间合作程度偏低、研究纵深不足、研究的系统性和定量化欠缺等问题。

(2) 韧性治理应用的相关研究

围绕城市中复合型灾害风险治理,国内外学者在不同时代背景下分别开展了城乡空间布局优化(生态城市建设、绿色城市建设、低碳城市建设)、信息技术创新驱动(数字城市建设、智慧城市建设)、城市硬件系统增强(海绵城市建设、韧性城市建设)等实践,旨在提升城市应对各类灾害风险时吸收、抵御和适应的能力[47-51],具体见表1-5。但就整体的实践情况而言,既有研究大多从“工程-技术”治理的视角出发,聚焦于城市防灾减灾,且限于城市规划、应急管理、组织管理等学科领域,韧性治理的相关应用尚未进入社区治理领域的实践视野。部分学者对韧性治理如何融入市域治理[52]、乡村建设[53]等方面进行了初步探讨,并提出加强组织韧性、强化社会韧性、重视公民韧性、建构物理韧性等实施路径。马奔等[52]以S省D市为例,通过实地调研和深度访谈,剖析D市在政策试点阶段和政策推广阶段城市安全发展和韧性治理的重点与差异,论述了韧性理念在城市安全发展方面的实用性和潜力。王杰等[53]聚焦于乡村治理,提出韧性乡村这一衍生理论概念。运用“体系-能力”的分析框架,以“枫桥经验”为叙事对象,为破解乡村善治何以可能这一现实难题做了理论回应,为实现新时代乡村治理现代化、推进乡村振兴战略提供了参考。然而,相关研究也仅停留在“上层”理论分析层面,对韧性治理形成机理、评价与提升等研究的忽视,使得其在社区治理应用层面如“空中楼阁”,鲜有实践落地。

表 1-5 国内外韧性治理应用的相关研究

序号	韧性治理应用	具体研究内容	研究方法	文献来源
1	优化城乡空间布局	生态城市建设，绿色城市建设，低碳城市建设，城市韧性治理的国土空间规划应对	定性分析	文献[51]
2	信息技术创新驱动	数字城市建设，智慧城市建设，数字乡村的韧性治理，数字技术对韧性治理的助力	定性分析、理论分析框架法	文献[48]
3	城市硬件系统增强	海绵城市建设，城市生命线系统建设	定性分析	文献[54-55]

1.2.3 动态网络分析的相关研究

根据前人研究成果，本书亟须从技术视角出发解决以下问题：如何识别新时代智慧社区这一复杂系统的韧性治理特征；如何分析扰动在新时代智慧社区治理新模式中的蔓延；如何关联新时代智慧社区治理新模式中治理网络的微观结构与宏观治理效能等。动态网络分析方法克服传统静态分析方法的弊端，为上述问题的解决提供了切实可行的技术支持。

作为网络理论研究的新领域，动态网络分析最早于 2002 年被 Carley 提出，其核心是动态网络信息收集、实时数据分析、网络动力关系预测及动力影响效应研究，包括元网络抽象、元网络节点和链接扰动识别、网络脆弱性量化、网络适应能力的确定及网络水平评估等内容，其中元网络通常由"智能体—信息—资源—任务"节点交互形成[56]。相较于传统的社会网络分析(synamic network analysis，SNA)，DNA 能够深入探究由多种类型的节点和链接组成的大型动态网络，这些节点和链接因不确定性的影响会随时间而变化，其网络水平的定量测度能通过计算模拟和数学分析对复杂系统进行研究[57]。

国外学者对 DNA 的应用主要集中在医患沟通[58]、建设项目水平绩效评价[56]、网络舆论演变[59]、在线互动平台演化与模式分析[60]等方面，部分学者结合仿真方法对网络绩效进行分析，如通过整合复杂系统、动态网络分析和蒙特卡罗模拟方法的元素，以预测评估项目中不确定性的脆弱性[56]。与国外相关研究的侧重不同，国内的相关研究更加关注高绩效科研合作网络[61]、新兴技术研发合作网络[62]、网络舆论意见领袖识别[42]、专利合作网络[63]等研究，利用 DNA 分析工具 ORA 软件构建相应的网络元矩阵，结合案例分析识别网络关键节点，分析网络特征及演变过程。动态网络分析应用的相关研究具体见表 1-6。

表 1-6 动态网络分析应用的相关研究

序号	研究领域	研究主要内容	文献来源
1	医疗卫生	医患沟通，卫生服务中心技术	文献[58]
2	建设工程	建设项目水平绩效评价，大型项目利益相关者冲突分析	文献[56]
3	网络舆论	网络舆论意见领袖识别，网络舆论演变，在线互动平台演化与模式分析	文献[42,59-60]
4	科研合作	高绩效科研合作网络，新兴技术研发合作网络，专利合作网络	文献[61-63]
5	经济管理	中国行业板块联动分析，货物贸易网络，投入产出关联效应分析	文献[64-65]

由表 1-6 可知，国内学者将 DNA 方法更多应用到科研合作和经济管理领域，且取得较

好效果。例如，李小龙等[61]运用动态网络分析法，以中国知网2017年综合指数排名前五的学者为核心构建的科研合作网络为研究对象，以2006—2017年学者们参与的国内期刊论文为数据样本，构建含期刊论文影响因子权重的合著网络和关键词网络，从网络总体结构、整体属性和个体属性3个层面系统揭示了不同领域高绩效科研合作网络潜在的共性特征，并按照时间段划分探究其演化规律，研究结果表明，高绩效科研合作网络具有整体规模大、平均聚类系数高、平均路径长度小、研究人员与关键词流动数目大等特点。李欣等[62]针对目前在新兴技术研发合作演化特征研究中存在的不足，提出一种新兴技术研发合作网络演化特征分析模型，以专利数据和网络信息为数据源，构建发明人合作网络、专利权人合作网络、发明人和专利权人隶属关系网络的多层网络，并在多层网络中划分不同的研发合作类型，从多个维度来揭示新兴技术研发合作网络的动态演化特征。刘彤等[63]以北京地区纳米技术领域专利为例构造具有多重属性节点的专利网络，利用动态网络分析方法对专利合作网络的演化与动态特征进行了分析，对网络中潜在的重要关系和变化进行了识别，得出了有助于科学理解纳米领域研发机构之间的合作机制的结论，并为合作战略选择提供理论依据和实践指导。目前，国内外尚无将DNA应用到社区治理这一管理学领域的研究，鉴于DNA能够克服SNA局限，使社会网络与“物理系统”交互分析同步开展成为可能，故本书选取DNA为主要研究方法之一，构建新时代智慧社区治理动态网络。

1.2.4 现有研究评析

既有研究丰富了智慧社区治理、韧性治理、动态网络分析的相关内容，为探讨新时代智慧社区治理新模式提供了线索和启发。然而，新时代智慧社区治理新模式的研究仍处于起步阶段，相关研究成果较少，未见“韧性治理”在新时代智慧社区治理新模式中的应用，缺乏新时代智慧社区治理新模式的形成机理、治理水平测度和提升对策方面的系统性研究成果，未能形成对应的理论与技术支撑。具体研究不足如下：

(1) 已有研究多集中在智慧社区的单一“物理系统”研究层面，缺乏“人”与“物”交互作用分析，对新时代智慧社区治理新模式的内涵界定不够清晰。既有对智慧社区的研究主要集中在智慧社区的数字建设方面，对智慧社区治理的研究则主要体现在对先进计算机技术和可再生能源的应用这些单一“物理系统”层面，缺乏对新时代智慧社区治理新模式中治理主体、治理资源、治理信息和多项治理事务等要素的综合考虑，尤其缺乏对“人”与“物”交互作用的分析。另外，由于新时代智慧社区治理新模式的研究和实践仍在探索中，其内涵尚不清晰，难以开展进一步分析。

(2) 已有研究开展了智慧社区治理问题及成因的定性分析，鲜有对影响因素“来因”及“去果”的定量探索，对新时代智慧社区治理新模式的形成机理的认识不够充分。既有关于智慧社区治理困境的研究主要集中在治理问题及其成因解读上，且多数学者采用定性的方法分析了经济、社会、政治3个层面的影响因素。然而，由于缺乏对风险因素“来因”(关键风险筛选)及“去果”(风险扰动路径)的探索，难以揭示新时代智慧社区治理新模式的形成机理。

(3) 已有研究采用了传统静态评估方法对社区治理水平进行量化，忽视治理主体在治理网络结构时间演变上的影响，对新时代智慧社区治理新模式的水平度量分析不够精确。国内外学者在社区治理评价方法上开展了相关研究，包括使用多元线性回归、层次分析法、因子分析等方法对治理水平进行量化。然而，随着大数据时代的来临，传统静态评估方法已无法适用于具有复杂性、动态性、易变性等特征的新时代智慧社区治理新模式的治理评估，缺少对治理网络结构时间特性以及虚实交互需求的考虑，难以精准地对新时代智慧社区治理新模式的水平进行度量。

(4) 已有研究畅想了社区治理提升策略及韧性治理应用，较少考虑社区韧性治理发展现状，对新时代智慧社区治理新模式优化对策的设计不够系统。既有关于社区治理水平提升的研究主要集中在韧性社区构建和智慧社区信息化建设阶段，相关策略的提出缺乏客观性、针对性和实时性，对不同智慧社区类型和不同治理水平下的优化对策探讨不足，在新时代智慧社区治理新模式的优化对策方面尚未有实质性进展，降低了相关优化对策的可落地性。

综上所述，本书将“韧性治理”理念融入新时代智慧社区治理新模式中，选取动态网络(DN)对治理中的“人”与“物”进行链接，全面开展新时代智慧社区治理新模式形成机理、水平测度与优化对策等研究，以期重构具有适应性(adaptive)、灵活性(flexible)及响应性(responsive)的社区治理体系。

1.3　研究内容与意义

1.3.1　研究内容

本书应用“界定研究问题(内涵剖析)→深度剖析问题(形成机理)→定量分析问题(水平测度)→系统解决问题(优化对策)”的思路，基于韧性理论、多层复杂网络理论等，利用动态网络融合新时代智慧社区治理主体“人”与韧性社区建设对象“物”(资源、任务、信息)，构建新时代智慧社区治理新模式的动态网络，剖析新时代智慧社区治理新模式的内涵，阐述其形成机理，评价其治理水平，探究其系统优化。主要研究内容包括以下方面：

(1) 界定新时代智慧社区治理新模式的内涵

“韧性治理”是一种新型治理理念，将其引入新时代智慧社区治理，剖析新时代智慧社区治理新模式的内涵，是后续研究的理论基础。首先，分析新时代智慧社区和社区治理模式概念相关的文献，明确新时代智慧社区的类型和特征，明晰国内外典型社区治理模式；其次，分析社区韧性治理概念相关的文献，明确社区“韧性治理”的概念，并总结社区韧性治理的内容和利益相关者；最后，界定新时代智慧社区治理新模式的概念，从动态网络视角出发，探讨新时代智慧社区治理新模式的基本要素，解析治理新模式中社会关系网络、信息获取网络、资源配置网络和任务参与网络的特征。

(2) 新时代智慧社区治理新模式的治理要素

归纳新时代智慧社区治理新模式的治理要素有助于定性分析新时代智慧社区治理现状，为新时代智慧社区治理新模式形成机理的探究提供现实基础。首先，在确定研究目标及思路的基础上，基于对文献资料与地方政策的梳理，从动态网络的视角出发，识别新时代智慧社区治理新模式中的治理主体、治理信息、治理资源以及治理任务 4 类要素；在此基础上，对治理主体(政府、市场、居民、社会组织)、治理信息(政府发布信息、入驻企业信息、居民内部信息)、治理资源(公有资源、私有资源)、治理任务(常态化任务、非常态化任务)4 类要素具体内容进行详细解读，从而明确新时代智慧社区治理新模式的发展现状，为新时代智慧社区治理新模式的形成机理研究打下基础。

（3）明晰新时代智慧社区治理新模式形成机理

在前述新时代智慧社区治理新模式特征分析基础上，对“韧性治理”新模式的风险因素和对应扰动网络进行深入分析，为探寻新时代智慧社区治理新模式形成机理指明方向。首先，结合新时代智慧社区治理新模式的概念、基本要素和特征分析结果，构建新时代智慧社区治理新模式形成机理分析框架；其次，以新时代智慧社区案例库为基础，提取新时代智慧社区治理新模式下动态网络节点，构建新时代智慧社区治理新模式理想网络；再次，识别新时代智慧社区治理新模式网络的关键风险，分析风险因素对治理网络的扰动路径，构建新时代智慧社区治理新模式扰动路径分析模型；最后，根据构建的扰动路径分析模型，选取深圳市A智慧社区进行案例研究，设计相应调查问卷，收集新时代智慧社区治理新模式风险和扰动关系相关数据，从定性和定量角度输出新时代智慧社区治理新模式形成机理分析结果，以期从“微观网络结构变化”诠释“宏观治理模式演化”。

（4）测度新时代智慧社区治理新模式的治理水平

对新时代智慧社区治理新模式水平进行评价，有助于客观量化治理新模式的优劣，为其有效提升奠定扎实基础。首先，梳理已有智慧社区治理模式评价的相关文献，分析新时代智慧社区治理新模式水平评价的原则和流程，明晰新时代智慧社区治理新模式水平评价的内涵；其次，结合新时代智慧社区治理新模式特征，选取社区网络、资源配置网络、信息获取网络和任务分配网络等动态网络评价相关指标为一级指标，并进一步分解二级指标，利用专家访谈数据对评价指标进行优化，构建新时代智慧社区治理新模式的评价指标体系；再次，对评价常用的方法进行比较，根据提出的治理新模式评价模型，构建基于CRITIC-FCE的新时代智慧社区治理新模式评价模型；最后，选取深圳市A智慧社区进行案例研究，对其治理新模式的水平进行定量评价，并对结果进行深入分析。

（5）探究新时代智慧社区治理新模式的优化对策

在揭示新时代智慧社区治理新模式的形成机理、测度治理新模式水平的基础上，针对关键风险因素、扰动路径和水平测度结果，可系统输出新时代智慧社区治理新模式的优化对策。首先，定位新时代智慧社区治理新模式的优势、劣势、机遇和威胁，并从这4个维度出发，确定智慧社区治理新模式优化的综合矩阵分析结果；其次，在此基础上结合矩阵分析结果，针对新时代智慧社区治理现状，从明确资源下沉方式、理顺基层治理秩序、整合各类信息资源和健全跟踪考评体系等方面提出系统的优化建议，使其更高效地应对当今社会突发的各种风险及冲击，全面优化新时代智慧社区治理新模式。

1.3.2 研究意义

超越传统社会网络，动态网络能够实现新时代智慧社区治理的“人”与社区韧性建设中的“物”动态链接，故本书聚焦韧性治理在智慧社区治理领域应用的特殊性，重点关注新时代智慧社区治理新模式的形成机理、水平测度和系统优化3大科学问题，具有如下理论和现实意义：

（1）理论意义

① 有助于厘清新时代智慧社区治理新模式扰动，深入揭示新时代智慧社区治理新模式的形成机理，拓宽新时代智慧社区治理新模式的内在规律研究视角。尽管现阶段在智慧社区治理模式方面已有众多探索实践，尤其是在智慧社区软硬件“物理系统”层面的研究应用，但鲜有研究考虑新时代背景下智慧社区治理的内涵变化，缺乏对新时代智慧社区治理

新模式的理论构建，使得新时代智慧社区治理问题难以突破。因此，本书利用动态网络分析法和解释结构模型(ISM)构建新时代智慧社区治理新模式的形成机理分析框架，从定性和定量两个角度揭示新时代智慧社区治理新模式的形成机理，拓宽新时代智慧社区治理新模式内在规律研究视角，丰富动态网络和韧性治理等理论的相关研究。

② 有助于定量呈现新时代智慧社区治理新模式的水平演化，推动 CRITIC 和 FCE 在新时代智慧社区治理领域的应用，改进新时代智慧社区治理新模式水平的测度技术。尽管国内外学者从不同角度对社区治理成效进行了有益探索，但是现阶段对社区治理成效的评价主要是采用定性方法，这难以客观呈现社区治理的整体成效。且当前新时代智慧社区发展时间较短，鲜有学者对新时代智慧社区治理新模式的治理水平及成效进行定量研究。因此，本书聚焦新时代智慧社区治理新模式，通过 CRITIC 和 FCE 集成的方法实现对新时代智慧社区治理新模式水平的测度，有助于科学评判新时代智慧社区治理新模式的建设成效，丰富新时代智慧社区治理领域的研究。

③ 有助于设计新时代智慧社区治理新模式的优化方案，创新“深入阐释扰动路径→定量测度治理水平→系统提出优化对策”的新时代智慧社区治理新模式的研究范式。当前国内外学者对社区治理的研究多集中于对治理困境、治理水平测度等方面，对治理模式的优化对策研究较少，鲜有学者对社区治理优化对策进行系统研究。因此，本书从动态网络视角出发，在对新时代智慧社区治理新模式的形成机理和治理水平测度基础之上，运用 SWOT 分析方法对新时代智慧社区治理新模式提出系统优化对策，有助于创新新时代智慧社区治理新模式的研究范式，丰富新时代智慧社区治理新模式的研究。

(2) 现实意义

① 居民方面，新时代智慧社区治理新模式中更多考虑治理主体“人”的参与，有助于形成多元主体协同、信息沟通顺畅、资源要素共享的新时代智慧社区治理共同体，提升社区居民的获得感、幸福感和安全感。

② 社区方面，智慧社区是智慧城市的基本单元和城市精细化治理的“最后一公里”，新时代智慧社区治理新模式的内容更是涉及社区的方方面面，通过对智慧社区治理新模式的形成机理、水平测度和优化对策的研究，有助于全面了解智慧社区治理情况，改善当前智慧社区治理困境，提升新时代智慧社区治理成效，促进新时代智慧社区可持续健康发展。

③ 城市方面，在数字社会、数字政府、新型智慧城市建设方兴未艾的大环境下，融入“韧性理念”创新智慧社区治理新模式，定量呈现智慧社区治理新模式水平，有助于提升城市治理科学化及精细化水平，推进市域社会治理现代化。

1.4 研究方法与技术路线

1.4.1 研究方法

本书主要选取动态网络分析法进行研究，采用定性分析与定量分析相结合的方法进行探索，注重理论与实际的结合，具体研究方法包括：

(1) 文献综述法

文献综述法是指针对研究所需资料的搜集和整理，经过归纳总结已有的研究结论与成果，获取研究对象性质并得出自己观点的方法。本书第2章通过查阅分析国内外文献，对新时代智慧社区的内涵、社区治理模式的内涵、韧性治理的内涵及新时代智慧社区治理新模式的内涵进行详细阐述；第3章通过对文献资料与地方政策的梳理，阐述当前新时代智慧社区治理新模式的发展现状；第5章利用文献综述法归纳已有社区治理模式的评价方法，选取常用的网络层级静态评价指标，并结合文献对比评价常用方法。

（2）动态网络分析法

动态网络分析法（DNA）是通过动态网络完成信息收集，开展实时数据分析和网络动力关系预测的方法。本书第4章利用动态网络分析法构建新时代智慧社区治理新模式的动态网络，利用网络化的思维将网络的风险与扰动一并纳入，实现研究对象的网络解构；第5章结合动态网络分析中网络水平评估的相关指标，构建新时代智慧社区治理新模式水平评价指标体系。

（3）邻接矩阵法

邻接矩阵（adjacency matrix，AM）是表示顶点之间相邻关系的矩阵。本书第4章利用邻接矩阵法将获得的理想网络数据以矩阵的形式进行存储，便于后期的网络可视化以及治理新模式水平定量评价。

（4）解释结构模型

解释结构模型（interpretative structure modeling，ISM）是结构模型化技术的一种。它可以根据事物的实际逻辑关系建立模型，通过数学计算最终形成一个多级阶梯的结构模型，进而将模糊错乱的关系转化为直观有层次的关系模型。本书第4章通过ISM将优化筛选后的风险点与理想网络节点分层整合，得到具体的关系矩阵及可达矩阵，形成新时代智慧社区治理新模式扰动路径分析模型。

（5）扎根理论

扎根理论（grounded theory，GT）可以从实际情景中构建理论知识，突破空大理论和个人经验的局限，实现研究的可追溯性、可重复性和可验证性。本书第4章使用扎根理论从已有文献资料和学者对风险因素认知两方面出发，识别新时代智慧社区治理新模式相关的风险。

（6）问卷调查法

问卷调查法是研究者通过设问的方式对研究的问题进行表述形成标准化问卷，经过统计完成对所研究问题的度量，问卷调查法可以客观展现社会现象，准确获得问题反馈。本书第4章通过问卷调研，构建了新时代智慧社区治理新模式的理想加权网络，识别了治理新模式下治理网络的风险及链接扰动，并进行了扰动路径分析；第5章通过问卷调查法，完成了新时代智慧社区治理新模式的优化。

（7）指标重要性相关法

指标重要性相关法（criteria importance through intercriteria correlation，CRITIC）是1995年由迪亚库拉基（Diakoulaki）等提出的将指标值的对比强度（散度）进行量化，并得出指标权重的方法。对比强度指同一个指标在不同评价方案中取值差距的大小[66]。本书第5章利用CRITIC完成对新时代智慧社区治理新模式的治理网络评价指标的权重确定，确保指标权重的客观性。

（8）模糊综合评价法

模糊综合评价法(fuzzy comprehensive evaluation method,FCE)是基于模糊数学的一种综合评价方法,由美国自动控制专家查德(Zadeh)于1965年首次提出,它在处理不确定的及信息不完善的问题方面有很大的优越性。本书第5章通过模糊综合评价法构建最终的新时代智慧社区治理新模式评价模型,以期达到最佳的测度效果。

(9) 隶属度方法

隶属度函数是模糊控制的应用基础,是否正确地构造隶属度函数是能否用好模糊控制的关键之一。本书第5章利用隶属度方法对新时代智慧社区治理新模式网络的初步评估指标进行筛选,确定最终评估指标。

(10) SWOT 分析法

SWOT 分析法是将研究对象的内部优势(strengths)和内部劣势(weakness)及其所处外部环境的机会(opportunities)和威胁(threats)等4个方面的因素综合考虑,从而制定与内部条件和外部环境相适应的发展战略。本书第6章利用SWOT分析法对新时代智慧社区治理新模式的优势、劣势、机遇和威胁进行分析,定性阐述新时代智慧社区治理新模式的优化方向。

1.4.2 技术路线

本书在"新时代智慧社区治理新模式构建"这一需求牵引下,开展新时代智慧社区治理新模式的内涵界定、形成机理探究、水平测度分析及系统优化研究,以突破科学问题瓶颈,实现新时代智慧社区治理新模式创新,助力推进社区治理现代化,形成共建共治共享的整体格局。研究技术路线具体见图1-1。

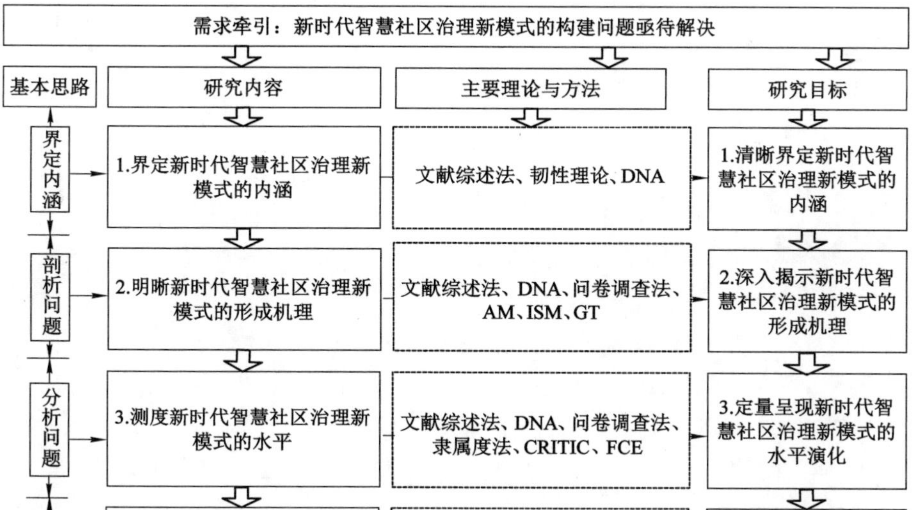

图1-1 新时代智慧社区治理新模式研究技术路线

1.5 本章小结

本章阐述了研究的背景，总结了国内外智慧社区治理、韧性治理及动态网络分析的研究现状，发现对新时代智慧社区治理新模式的研究仍处于起步阶段，相关成果较少，缺乏新时代智慧社区治理新模式的形成机理、水平测度和优化对策方面的系统性研究成果。在此基础上，明晰本书的主要研究内容、研究意义及研究方法，并确定本书的研究的技术路线，引导形成了本书的研究思路。

第 2 章　概念界定和内涵剖析

本章按照上一章节制定的技术路线，对新时代智慧社区治理新模式进行概念界定和内涵剖析。首先，通过梳理新时代智慧社区的概念、类型、特征来明确新时代智慧社区的内涵。其次，对社区治理和社区治理模式的概念进行界定，并整理当前国内外社区治理的典型模式。再次，提出韧性治理理念并分析社区韧性治理的概念、内容、利益相关者。最后，将韧性治理理念融入新时代智慧社区治理中形成新时代智慧社区治理新模式，并概括新时代智慧社区治理新模式的基本要素和特征，从而完成新时代智慧社区治理新模式的内涵剖析。

2.1　新时代智慧社区的内涵

2.1.1　新时代智慧社区的概念

2.1.1.1　新时代的概念

2017 年 10 月 18 日，在中国共产党第十九次全国代表大会上，习近平总书记郑重宣示："经过长期努力，中国特色社会主义进入了新时代，这是我国发展新的历史方位。"中国特色社会主义新时代这一概念被首次提出。同时，习近平总书记在党的十九大报告中对中国特色社会主义新时代的本质内涵做了高度归纳和科学概括，即"这个新时代，是承前启后、继往开来、在新的历史条件下继续夺取中国特色社会主义伟大胜利的时代，是决胜全面建成小康社会、进而全面建设社会主义现代化强国的时代，是全国各族人民团结奋斗、不断创造美好生活、逐步实现全体人民共同富裕的时代，是全体中华儿女勠力同心、奋力实现中华民族伟大复兴中国梦的时代，是我国日益走近世界舞台中央、不断为人类作出更大贡献的时代"。[67]

党的十九大报告从历史方位、时代特征及实践要求等方面对"新时代"进行了论述，使其更加符合当前时代特征。其中，站在历史方位的角度，新时代思想既继承了马克思主义和中国传统文化的精华，又立足新时代大胆进行理论创新，发展了 21 世纪中国的马克思主义[68]。从时代特征来看，新时代的提出也重新界定了我国的主要矛盾，由"人民日益增长的物质文化需要同落后的社会生产之间的矛盾"转变为"人民日益增长的美好生活需要和不平衡不充分的发展之间的矛盾"。从实践要求的视角来说，时代是思想之母，实践是理论之源，实践是检验真理的唯一标准，唯有将理论与实践相结合，通过实践发现理论的不足之处并加以改进，思想才能一直不断完善进步。

已有研究通过聚焦新时代社会治理格局内涵剖析、新时代相关政策制定、新时代技术革新等方面，对新时代的理念、政策、技术等进行了全方位研究。在新时代社会治理格局内涵剖析上，提出要创新社会治理，将"共治"增加到社会治理格局中，最终形成"共建共治共享”的“新”格局，从而明确“以人民为中心”的社会治理理念，打造政府、社会组织、公众彼此之间联动互通，权责对等的社会治理共同体[69]。在新时代相关政策制定上，已有研究认为新时代条件下人民的生产生活需求也发生了变化，相对应的政策也作出了一定的调整，因此针对不同群体的多元化需求，在税收、就业、教育、社会保障等领域都提出了新的政策，来保障人民的利益[70-73]。此外，部分学者提出新时代条件下技术不断革新，对互联网＋、大数据、云计算、物联网及人工智能技术等新技术进行深入分析，如依托物联网、大数据和人工智能等新技术建成的智慧社区给居民提供人性化、智能化、便捷化、精准化服务，大大提高了居民的生活舒适度[74]。

综上所述，新时代的“新”主要体现在新理念、新政策、新技术这 3 个方面，其从思想观念到实际执行层面都进行了一定的更新。结合对政策及已有文献的梳理，可以发现新时代指的是：在“共建共治共享”理念指导下，为满足人民对美好生活的强烈需求，通过制定相关新政策和利用智能化手段，实现全体人民共同富裕的时代。新时代的提出顺应当前社会发展形势，符合当下人民需求，切合当下国家发展方针，为实现“两个一百年”奋斗目标和中华民族伟大复兴的中国梦打下坚实的基础。

2.1.1.2 智慧社区的概念

目前，国内外对智慧社区的理解有所不同。国外对智慧社区的定义更加侧重于信息技术的应用，以实现社区的可持续发展。例如，智慧社区论坛（intelligent community forum，ICF）提出智慧社区是在互联网经济的背景下，利用网络和信息技术实现社区的健康和可持续发展[75]；智慧社区国际研究网络（smart community international network，SCIN）认为智慧社区是基于信息通信技术（information and communications technology，ICT）和网络技术为居民、机构等提供更好的服务、商业、医疗等[76]；迪比克（Dubuque）作为美国第一个智慧城市，在推进智慧社区建设过程中运用传感器、物联网等信息技术将区域内的水、电资源进行整合，在居民家中安装智能水表、电表等，以帮助居民实时监测和调整其用水、用电情况[77]；日本对智慧社区的理解更加关注能源资源、节能减排、智慧防灾等[78]。而国内学术界对智慧社区尚未形成统一的定义，且智慧社区的主要建设者——政府、企业对智慧社区也有各自理解，其具体界定如下文所述。

（1）政府角度对智慧社区的界定

近年来，我国政府为推动智慧社区建设发布了许多相关政策文件，对智慧社区有不尽相同的定义。在中央层面，住房和城乡建设部 2014 年印发的《智慧社区建设指南（试行）》中给出的解释是：智慧社区是通过综合运用现代科学技术，整合区域人、地、物、情、事、组织和房屋等信息，统筹公共管理、公共服务和商业服务等资源，以智慧社区综合信息服务平台为支撑，依托适度领先的基础设施建设，提升社区治理和小区管理现代化，促进公共服务和便民利民服务智能化的一种社区管理和服务的创新模式。2020 年 7 月，住房和城乡建设部出台的《智慧城市建筑及居住区第 1 部分：智慧社区建设规范（征求意见稿）》中更新智慧社区的定义为：利用物联网、云计算、大数据、人工智能等新一代信息技术，融合社区场景下的人、事、地、物、情、组织等多种数据资源，提供面向政府、物业、居民和企业的社区管理与服务类应用，提升社区管理与服务的科学化、智能化、精细化水平，实现共建、共治、共享管理模式的一种社区。2022 年 5 月，民政部等 9 部门印发的《关于深入推进智慧社区建设的实施意见》（民发〔2022〕29 号）中再次明确了智慧社区的概念：充分应用大数据、云计算、人工智能等信息技术手段，整合社区各类服务资源，打造基于信息化、智能化管理与服务的社区治理新形态。在地方层面，2013 年 12 月北京市发布的《北京市智慧社区建设指导标准》将智慧社区定义为：利用新一代信息技术，通过对与居民相关的信息资源的整合共享，使社区居民“吃、住、行、游、购、娱、健”七大生活要素实现数字化、网络化、智能化、互动化和协同化，让居民生活更智慧、更幸福、更安全、更和谐、更文明的新型社区。2020 年 1 月，西安市出台的《西安市智慧社区建设评定标准(2020)》将智慧社区解读为：主要着力于充分整合社区信息，统筹社会资源，借助智慧社区综合信息平台，依托基础设施建设，提升社区治理和服务现代化，为社区居民提供高效便捷和智慧化的公共服务和便民服务的社区。2020 年 5 月，河北省发布的《河北省智慧社区评价指南》中明确指出智慧社区是利用物联网、云计算、移动互联网等新一代信息技术，整合本区域内自然、社会、信息等各类资源，为居民提供数字化、网络化、智能化、互动化和协同化社会管理与服务的一种新型社区。

通过上述从中央到地方部分政策文件的梳理，可以发现政府层面对智慧社区界定时均提到基础设施、社区生活、社区治理和社区服务等方面的内容，且重点关注社区治理和社区服务。其中，社区治理指是相关部门和机构按照有关要求通过智慧化手段提高工作人员的办事效率和办事质量，从而提升居民满意度，达到智慧治理目标的过程；社区服务则是面向社区居民提供所需智慧服务，从而改善社区居民生活水平的活动。

(2) 企业角度对智慧社区的界定

① 科技公司角度对智慧社区的界定。随着人工智能以及大数据的发展，诸多科技公司为了在智慧化发展的趋势中占得先机，纷纷开始推进智慧社区项目，海尔、美的、腾讯等典型的科技公司成为其中的领跑者，它们对智慧社区的定义见表 2-1。

表 2-1　典型科技公司对智慧社区定义

科技公司	智慧社区定义
海尔	智慧社区是在传统家庭与社区的基础上，运用云计算、物联网等新型信息技术，凭借海尔的优势资源实现家庭向社区甚至社会的互联，以建立一个满足用户需求的平台或系统
美的	智慧社区是通过云端连接各类设备与服务，形成统一、整合的云管理平台服务于业主，提供更智慧、更节能、更高质量的服务与生活方式
腾讯	智慧社区是依托微信、QQ 等社交软件核心入口的海量用户数据资源，打造“智慧营销＋社区服务＋智能硬件”三位一体的生态模型

综上所述，从科技公司的角度来讲，在“互联网＋”的背景下，智慧社区是基于大数据、云平台等技术以及移动智能终端的便利性，通过打造智慧家庭与社区管理系统，为业主的生活与出行等提供各种便利的新型社区形态。

② 物业管理公司角度对智慧社区的界定。对于传统物业管理来说，存在“招工难、成本高”等弊端，智慧社区的出现将会给传统物业管理注入新鲜活力，因此物业管理公司是智慧社区建设与运行的重要参与方。部分房地产开发商旗下的物业管理公司以及知名社区服务平台在现阶段均已布局智慧社区业务，它们对智慧社区定义见表 2-2。

表 2-2 典型物业管理公司对智慧社区定义

物业管理公司	智慧社区定义
彩生活	智慧社区以彩之云社区平台为核心，整合社区信息与社区资源，为用户提供物业服务一体化与应用一体化的独特生活方式
万科物业	以“睿服务”平台为基础，整合社区资源，实现社区的网络化、智慧化、数据化运营，推动服务升级，提升业主满意度
弘生活	运用移动互联网、物联网、大数据技术，以弘生活 App 智慧服务平台、弘生活智能管控平台为支撑，探索“社区＋互联网”服务模式，让社区更便捷、更智慧

从物业管理公司角度来讲，智慧社区是以物联网、云计算等信息技术和手段为基础，将分散在小区内的信息进行整合，实现资源的有效配置，从而为社区居民提供与生活密切相关的各类服务，同时方便物业管理人员服务工作的新型社区服务与管理模式。

③ 房地产开发商角度对智慧社区的界定。在物联网等信息技术快速发展与深入普及的背景下，结合智慧社区的理念，打造智慧住宅小区成为各房地产开发商优化产品结构、提升企业竞争力的重要选择。智慧社区的出现使得房地产开发商从传统简单的卖房模式向提供更多生活服务的模式拓展，以提供更前沿、更具有前瞻性的商业经营模式，同时信息化技术的应用为后续系统升级提供了便利，可以满足房地产开发商后期业务转型升级的需要。部分典型深耕智慧社区业务的房地产开发商对智慧社区的定义见表 2-3。

表 2-3 典型房地产开发商对智慧社区的定义

房地产开发商	定义	来源
金茂	金茂智慧家是指以云端互联平台为基础，以智慧面板为服务控制终端，涵盖智能家居、智慧服务、智慧社区管理 3 个方面，为居民带来绿色、智慧、健康、便捷居住体验的品质住宅小区	《金茂智慧家白皮书》
中南置地	智慧社区是指以中南信息服务平台为支撑，以新型信息技术为基础，基于大数据和智慧管理系统，统筹社区资源，构建涵盖智慧生活、智慧安防、智慧物业、智慧健康等方面的社区平台	《中南地产智慧社区及智慧办公建设指引》
阳光城	阳光城绿色智慧家是指以阳光城住宅平台为基础，涵盖绿色健康、智慧生活、家文化理念的舒适、健康、环保、智慧的品质住宅	《阳光城绿色智慧家白皮书》

由上述定义可以发现，不同房地产开发商对智慧社区的定义在理念、组成等方面具有一定共性。结合上述定义，本书认为：房地产开发商主导的智慧社区是以住宅小区为平台，以移动互联网等信息技术为基础，实现从智慧安防、智能家居、智慧服务、智慧物业到智慧环保、智慧养老、智慧健康等共同发展，进而实现小区智慧一体化和可持续发展的新型社区管理形态。通过不同企业对智慧社区概念界定的分析可以发现，科技公司主导的智慧社区侧重于智能家居与智慧家庭，并逐步实现智慧家庭与社区的互联；物业管理公司主导的智慧社区侧重社区资源的整合以及提供各类智慧服务；房地产开发商主导的智慧社区不仅侧重智能家居、智慧服务等内容，还注重健康与绿色理念的宣传。

结合上述梳理的国内外智慧社区的相关概念，本书将智慧社区界定为：充分利用物联网、云计算、大数据、人工智能等新一代信息技术，融合社区场景下的人、事、地、物、情、组织等多种数据资源，将“技术＋住宅＋服务＋社区”有机结合起来的新型社区，以最终实现社区居民生活质量、物业管理水平、房地产开发商品牌和经济价值的提升。

2.1.1.3 新时代智慧社区的概念

经过40多年的改革开放，我国经济发展成就斐然，在此基础上中国特色社会主义进入了新时代，社会主要矛盾转化为人民日益增长的美好生活需要和不平衡不充分的发展之间的矛盾。党的十九届四中全会明确提出“建设社会治理共同体”的新目标，强调“必须加强和创新社会治理”“要健全运用互联网、大数据等技术手段进行行政管理的制度规则，推动社会治理重心向基层下移，更好地提供精准化、精细化服务，实现政府治理、社会调节、居民自治良性互动”。社区作为社会治理系统的重要组成部分，率先开展智慧化、精细化建设活动，对推进社区治理现代化和完善国家公共服务体系具有极其重要的实践探索意义。特别是在新时代背景下，人民对美好生活的需求日益强烈，社区居民更加渴望拥有高效、便捷、智能的服务。而智慧社区的建设能够充分利用各种信息化手段，全面整合社区内各类分散的资源，让居民足不出户就可以享受到多种优质、便捷的服务，在一定程度上解决社区发展中不平衡不充分的问题，有助于增强社区居民的归属感、舒适感和未来感。随着以大数据、移动互联网、区块链、第5代移动通信技术（简称“5G”）等信息技术为主导的“信息革命”开展，智慧社区建设也取得了阶段性的成果。但总的来说，智慧社区建设仍在统一规划、民众参与、资源整合以及联合决策等方面面临诸多棘手难题。

通过对相关政策文件及文献的梳理，发现新时代智慧社区相较于原有智慧社区更加注重社区治理，着力提升社区治理精细化水平和丰富社区治理主体，尤其是把增强居民获得感、幸福感、安全感作为新时代社区治理的根本目标，拓宽居民参与社区治理的渠道和途径，实现共建、共治、共享，从而提升整体城市治理水平。因此，本书对“新时代智慧社区”进行了界定：新时代智慧社区是指以和睦共治、信息集约、智慧共享为基本内涵，充分利用物联网、云计算、大数据、人工智能等新一代信息技术，融合社区场景下的人、事、地、物、情、组织等多种数据资源，提供面向政府、社区各类营利和非营利组织、居民和社区自治组织的社区管理与服务类应用，可以提升社区治理的科学化、智能化、精细化水平，打造具有获得感、幸福感、安全感和未来感的新型城市功能微单元。

2.1.2 新时代智慧社区的类型

近年来，随着我国城市化进程的不断深化，城市规划管理逐步发展与完善，城市社区也呈现出一些新类型和新特征。在智慧社区的建设中，不同的社区类型注定了智慧社区建设的侧重点有所不同。黎熙元和陈福平[79]根据城市化程度、受制度因素影响强度和人口流动性为标准，将社区划分为城中村、老城居民区和商品住宅区，分别代表传统的、过渡的和新兴的社区类型。随着我国社会转型与改革的进一步深化，现实中的城市社区类型复杂多样，包括农转居社区、城中村/城市边缘本地外来人口混合社区、老城传统社区、单位售后公房社区、纯商品房社区、商品房回迁房混合社区等。原珂[80]结合社会转型期我国城市社会的发展变化以及城市社区建设的实际状况，根据城市社区历史演变、发展形态、社会关系及主要特点等，将城市社区大致划分为5类：传统街坊式社区、单一单位式社区、综合混合式社区、过渡演替式社区（主要涉及“城中村”社区、“村改居”社区）和现代商品房式社区。综上所述，本书结合新时代下社区建设发展变化以及目前智慧社区建设的实际状况，根据其建成时间、产权归属以及主要特点，将新时代智慧社区类型划分为传统街坊式社区（主要包括棚户区和老旧社区）、过渡演替式社区（主要包括村改居和城中村）和现代商品房式社区（主要由现代商品房组成的社区）这3类社区。

（1）传统街坊式社区的概念

本书以“街坊社区”“传统小区”“街坊式社区”“传统街坊式社区”“旧社区”“地缘性社区”“社区更新”为关键词，对文献覆盖广且权威的知网和万方数据进行检索（截至2022年8月），在阅读文献标题及摘要后，剔除无关文献，剩余43篇。通过对上述文献的归纳，发现学者们主要从建成时间、产权形式和社区特征的研究视角阐述传统街坊式社区的相关概念，具体见表2-4。

表2-4 不同学者对传统街坊式社区概念的探究

研究视角	传统街坊式社区的相关概念	文献来源
社区特征	对于传统街坊社区而言，其多数建筑楼层较低，建筑功能多为居住与商业混合，往往土地空间资源紧张，配套设施不足	文献[81]
	这类社区居民长期互为邻里，交流相对频繁，但居民职业构成相对繁杂，社会关系也较为复杂，在某种程度上还具有“城市村落”的些许共同体特征，如北京的老胡同、老四合院社区等	文献[80]
	传统街坊社区的房屋脆弱性最强，其房龄最长，房屋结构大部分为最不稳固的砖木结构，并且每家都有高空坠物危险性最大的衣架，安全隐患较多	文献[82]
	传统街坊社区以旧城老街坊为主，社区内部多为旧式传统住宅，街道空间构成多由市政道路围合形成，社区建筑形式与空间形态构成独具地方传统特色，社区原住居民地域归属感较强	文献[83]
	这类社区是以城市旧城区的老街坊为主，有较长历史，其社区建筑形式和社区空间构成较有地方特色和传统特色，层数一般不超过3层。社区内社会结构较为紧密，居民之间形成了复杂的社会纽带，邻里人际互动较强	文献[84]
建成时间	传统街坊社区是指在1980—2000年由政府主导开发，以道路围合体以及其他用地作为社区的边界，住栋单元是社区主体的社区	文献[85]
	在计划经济时期，社区内社会结构较为紧密，但是随着新建商品房小区的增多，这类社区存在因自然损坏和配套设施的先天不足	文献[80]
	年代最久的是传统街坊社区，多在新中国成立以前就已经形成了，带有历史遗留下来的痕迹	文献[85]
产权形式	传统街坊式社区的房屋产权经过新中国成立后的私房公房化改造，属于公房。个人通过一定的程序和手续向公房的管理部门租用公房，个人只有居住权，没有产权，具有街道性质	文献[82]
	由政府主导与开发，以城市主、次干道为居住社区边界，以住栋单元为社区的主要建设内容，通过邻里组团的方式进行组合的居住社区模式	文献[83]
	楼房多为市场化改革前由政府、单位出资建设的职工房，后来经过房改后，较多产权归为居民个人所有，或者依然保留了部分公房用于低价出租	文献[85]

由表2-4可知，学术界普遍认为传统街坊式社区指的是：在2000年年底以前由政府主导开发，以道路、围合体以及其他用地作为社区的边界，以住栋单元作为社区的主体内容，并以土地集约为导向，以空同组合为方式而形成的社区。

在传统街坊式社区相关文献梳理中，“棚户区”和“老旧社区”多次被提到，为了界定这两种社区和传统街坊式社区之间的关系，本书借鉴相关文献中的定义将这两类社区从产权归属、社区特征以及建成时间 3 个角度进行对比界定，具体见表 2-5。

表 2-5　棚户区和老旧社区的界定

社区类型	产权归属	建成时间	社区特征	文献来源
棚户区	国有	计划经济时期	简易结构房屋较多、建筑密度较大，使用年限久，房屋质量差，建筑安全隐患多，使用功能不完善，配套设施不健全	文献[86]
老旧社区	产权形式复杂，多数国有	20 世纪 90 年代	设计标准低，房屋本体破坏严重，基础设施落后，配套设施不全，空间布局不合理，产权形式复杂，住宅及居住环境无法满足人民对美好生活的需求	文献[87]

由表 2-5 可知，棚户区和老旧社区在社区特征方面和传统街坊式社区基本一致，主要表现为使用年限久，安全隐患多，配套设施不足，其建成时间均在 2000 年年底以前，并且产权形式多为国有。因此，本书将老旧社区和棚户区归为传统街坊式社区范畴。

在明确传统街坊式社区的学术界定义和相关类型之后，本书对实践层面的相关政策进行了梳理。在实践的过程中，我国从 1992 年开始了大规模的老旧住宅整治翻新，但是此类改造的标准比较低，只能满足基本居住需求。近年来，中央和地方政府分别出台相关文件，对老旧小区改造的对象、内容及标准进行了定义。在中央层面，2020 年 7 月出台的《国务院办公厅关于全面推进城镇老旧小区改造工作的指导意见》（国办发〔2020〕23 号）中明确指出，城镇老旧小区是指城市或县城（城关镇）建成年代较早、失养失修失管、市政配套设施不完善、社区服务设施不健全、居民改造意愿强烈的住宅小区（含单栋住宅楼），其中重点改造对象为 2000 年年底以前建成的老旧小区。2021 年 9 月，国家发展和改革委员会以及住房和城乡建设部发布的《关于加强城镇老旧小区改造配套设施建设的通知》（发改投资〔2021〕1275 号）中指出，城镇老旧小区改造配套设施建设的对象为 2000 年年底前建成的需改造城镇老旧小区。2022 年上半年，住房和城乡建设部再次对老旧社区的定义进行了解读：城镇老旧小区是指城市或县城（城关镇）建成年代较早、失养失修失管、市政配套设施不完善、社区服务设施不健全、居民改造意愿强烈的住宅小区（含单栋住宅楼）。在地方层面，选取了江苏、广东、上海这 3 个有代表性的省（市）进行分析。江苏省住房和城乡建设厅于 2021 年 4 月发布的《江苏老旧小区改造（宜居住区创建）技术指南》提到老旧小区改造对象以 2000 年年底以前建成的城镇住宅小区（含独栋住宅楼）为主，2000 年以后建成但小区基础设施和功能明显不足、物业管理不完善、居民改造意愿强烈的保障性安居工程小区也可纳入改造范围。广州市人民政府办公厅也在 2021 年 4 月发布的《广州市老旧小区改造工作实施方案》（穗府办函〔2021〕33 号）中界定了老旧小区是指广州市行政区内建成年代较早、失养失修失管、市政配套设施不完善、社区服务设施不健全、居民改造意愿强烈的住宅小区（含单栋住宅楼），并明确重点改造 2000 年年底前建成的老旧小区。上海市人民政府办公厅于 2021 年 7 月发布的《上海市住房发展"十四五"规划》（沪府办发〔2021〕19 号）提到，深化城市更新的重点任务是全面完成中心城区成片二级旧里以下房屋改造，并在规划期内力争提前完成中心城区零星二级旧里以下房屋改造。

通过上文对理论和实践的梳理，对传统街坊式社区的界定可以从社区特征、建成时间和产权形式 3 个维度进行定义。因此，本书结合上述 3 个维度从广义角度对传统街坊式社区进行界定：传统街坊式社区是指 2000 年年底前建成并投入使用，其产权形式复杂，主要由政府主导开发，以城市主、次干道为居住社区边界，以住栋单元为社区主要建设内容，具有规划设计标准低、房屋本体破坏严重、基础设施落后、配套设施不全、空间布局不合理、物业管理缺乏、居民改造意愿强烈、未经改造等特征的老旧住宅区，其通常表现形式为老旧社区和棚户区。

（2）过渡演替式社区的概念

本书以“过渡演替式社区”“演替混杂式社区”“过渡型社区”“演替式社区”等为关键词在文献覆盖广且权威的知网和万方数据进行检索（截至 2022 年 8 月），在阅读文献标题及摘要后剔除无关文献，剩余 52 篇。通过对上述文献的归纳，本书从社区特征、建成时间、产权形式的视角阐述过渡演替式社区的相关概念，具体见表 2-6。

表 2-6　不同学者对过渡演替式社区概念的探究

研究视角	过渡演替式社区的相关概念	文献来源
社区特征	过渡演替式社区以城市扩张和乡村向城市的渗透、演替等为特点，既包含着城市社区空间形态的特征，又延续着一定的农村社区属性，“非城非乡，亦城亦乡”是此类社区的重要特征	文献[80]
	演替混杂式社区具有经济地理空间和地域区位空间混合交错、城市管理体制与农村管理体制二元并轨、居住人口构成与各自利益需求复杂多样的主要特征	文献[86]
	过渡型社区具有经济区位和地域空间混合交错、居住人口与利益需求复杂多样的主要特征。过渡型社区处于演变的初始阶段，体现着社区农村空间属性逐渐减少，城市空间属性逐渐占据主体的动态过程	文献[86]
	过渡演替式社区具有过渡性、演替性等动态特性，是中国特色城镇化进程中的特定社区演进形态，这类社区既包含着城市社区空间形态的特点，又延续着一定的农村社区属性	文献[83]
建成时间	有关统计数据显示，我国城市化率已经从 1990 年的 18.9%增长到 2008 年的 44.9%，城市化率近十几年每年增长都在 1%左右。过渡型社区就是在这个过程中产生的一种具有中国特色的城市化产物	文献[87]
	20 世纪 90 年代以来的城市化进程，使得社区形态的演进呈现出独具中国特色的图景。政府主导的强制性变迁带来了过渡型社区的生成	文献[86]
	进入 21 世纪以来，随着城市化进程的加快，逐步显现出一种独特的社区形态，既不同于成熟的城市社区，同时也保留了乡村的传统精华，这种社区就是过渡型社区	文献[88]
产权形式	在那些由集体自主开发形成的过渡型社区里，由于土地产权秩序没有发生根本改变，加之集体内部利益的关联高度紧密，集体经济高度发达，比较容易形成集体产权形态	文献[89]
	在政府统筹整体开发模式下，集体土地产权完全国有化。在局部开发情况下，过渡型社区原有的产权结构只发生了部分变化，大部分仍保留着原有的集体产权秩序	文献[87]

由表 2-6 可知，学术界普遍认为，过渡演替式社区是指我国城市化进程中的一种常见的社区形态，一般被认为是农村拆迁整体安置社区。这类社区起源于 20 世纪 90 年代，产权主

要归属原有集体。形成原因主要是由于城市化主导的城市扩张，为了节约失地农民的安置成本，政府一般采取统一规划、集中修建的方法，用较少的地理空间集聚大量的失地农民。采用“过渡演替式社区”这个名称强调的是这类社区的过渡、演替的特征，既包含着城市社区的特点又很好地保存着农村社区精神。

在梳理文献的过程中，很多学者都将过渡演替式社区和“城中村”与“村改居”联系在一起[80,90]。本书结合学术界的相关定义，从产权归属、形成时间、社区特征 3 个角度对 2 类社区进行对比，见表 2-7。

表 2-7　城中村和村改居社区的界定

社区类型	产权归属	形成时间	社区特征	文献来源
城中村社区	集体所有	20 世纪 90 年代	城中村社区是中心城市建成区的一块夹缝地，这些位于城区边缘的农村被划入中心城市规划区，在区域和户籍上已经成为中心城市的组成部分，但在土地权属、周边环境和基础设施上仍然保留着农村模式，又称为“都市里的村庄”	文献[7]
村改居社区	集体所有	20 世纪 90 年代	村改居社区是在我国以城市扩容为主的城乡一体化过程中出现的一种过渡类型的社区。村民的身份变为居民，由村庄的身份变为社区。“村改居”是在我国现行城乡二元体制下，加快中小城市扩张、加速近郊农村向城市融合的重要手段	文献[91]

由表 2-7 可知，城中村社区和村改居社区在产权归属、形成时间、社区特征 3 个方面和过渡演替式社区基本一致。因此，本书将村改居社区和城中村认定为过渡演替式社区的 2 种表现形式。

在政策方面，本书梳理了政府针对过渡演替式社区、村改居社区和城中村的相关政策。中央层面，住房和城乡建设部 2008 年 2 月发布的《建设部关于加强城中村整治改造工作的指导意见》(建规〔2008〕15 号)中将城中村的产权归属做了界定，并且描述了城中村一定的社会特征：位于城市规划区内、已经被城市建设用地包围，但在土地权属、户籍等管理体制上仍然保留着农村模式的城中村地区。2016 年 11 月，住房和城乡建设部在发布的《对十二届全国人大四次会议第 7655 号建议的答复》中也描述了城中村的一些特点：城中村地处城市，却是农村，基础设施陈旧落后，私搭乱建严重，外来人口聚集，环境脏、乱、差，存在消防等公共安全问题，成为城市管理难点，影响了城市环境。2021 年 8 月出台的《住房和城乡建设部关于在实施城市更新行动中防止大拆大建问题的通知》(建科〔2021〕63 号)中要求不短时间、大规模拆迁城中村等城市连片旧区，防止出现住房租赁市场供需失衡加剧新市民、低收入困难群众租房困难，注重稳步实施城中村改造，完善公共服务和基础设施，改善公共环境，消除安全隐患。在地方层面，选取了山东、北京、河南 3 个省(市)进行分析。山东省济南市人民政府曾在 2014 年 4 月发布的《济南市人民政府关于加快推进城中村改造的意见》(济政发〔2014〕7 号)中提出了努力实现“村民变市民、集体土地变国有土地、集体经济变股份制经济、村庄变社区”4 个转变，从中可以看出城中村的一些特点。北京市民政局于 2020 年 12 月发布的《关于开展撤村建居工作的指导意见》(京社领办发〔2020〕8 号)中规定了撤销村委会建制的 4 个条件：一是村民全部转为居民；二是村集体土地被征占；三是集体资产处置完毕，或者已经完成集体经济产权制度改革，成立新的集体经济组织；四是转居村民全部纳入城镇社会保障体系。2022 年 6 月，河南省民政厅发布的《关于严格规范撤村设居工作 推动“村改居”平稳有序进行的指导意见（试行）》进一步提到村改居应满足的条件：一是符合规划（拟撤销的村委会须位于不设区的市、市辖区范围，且处于城市规划确定的城镇建设规划区域之内）；二是耕地不足（农民集体所有的土地已被依法征收完毕；三分之二以上村民不以农业收入作为主要收入来源），三是改制完成（集体资产、债权债务得到妥善处置，已经完成村集体产权制度改革，实行“村企”分离，产权关系明确）。

通过对理论和实践的梳理，本书结合学术界的相关定义以及政策上的相关内容，从广义角度对当前阶段的过渡演替式社区进行界定：过渡演替式社区是指 20 世纪 90 年代开始出现，产权多为集体所有，大部分分布在城乡接合地带，具有明显过渡性和演替性以及城市与乡村的双重社会特性，因城市建设、政府规划等需要而被占用土地的失地农民的安置社区，主要表现形式为城中村和村改居。

（3）现代商品房式社区的概念

本书以“商品房社区”“现代商品房式社区”“商品房小区”“商品房”“大产权房”“新建社区”等为关键词在知网、万方数据库等本学科研究常用的数据库中进行关键词检索（截至 2022 年 8 月），在对文献标题及摘要筛选过后，最终得到 34 篇中文文献，并在相应的中文数据库中进行下载。通过对上述文献的归纳，本书同样从社区特征、建成时间、产权形式来梳理学者们的相关观点，见表 2-8。

表 2-8 不同学者对现代商品房式社区概念的探究

研究视角	现代商品房式社区的相关概念	文献来源
社区特征	此类居住区以单一的居住功能为主，配以适量的商业和公共服务设施	文献[92]
	关注社区公共空间、生态环境等因素，更注重以人为本。设施配套较为完备，居民分异性较大，日常互动少，物业管理较为专业	文献[93]
	现代的商品房居住区陌生化、碎片化的特点与传统社区熟人世界具有共同精神生活的特点完全相反	文献[94]
	商品房社区更多是基于市场选择而形成的陌生人社区，居民的原子化、人口的异质性程度都显著较高	文献[95]
	房地产市场成片开发的模式，使人们生活在一个相对独立的住宅小区，互不相识的人们以房产为纽带，结成了一个个利益相关的命运共同体	文献[96]
建成时间	1998 年，我国明确停止住房实物分配，此后房地产的市场化进程明显加快。目前，房屋的商品属性得到了社会各界的普遍认可	文献[97]
	20 世纪 90 年代开始，我国房地产行业逐步发展崛起，历经了 2 次金融危机与多轮政策调控的涤荡，市场渐趋成熟	文献[98]
	广泛分布于主城区，主要是建成于 2000 年以来的商品房社区，社区品质和综合配套条件较好，居民职业层次多样，消费能力与年龄结构接近城市平均水平，住宅价格适中	文献[99]
产权形式	普通商品房产权主体是非特定的、广泛的，任何人都可以在房地产交易市场上购买商品房，成为产权人	文献[100]
	商品房社区是指由房产商开发、业主自愿购买、产权归个人、管理靠物业的契约化组织	文献[101]
	新建商品房社区是指住房私有化以后，由开发商主导建设、专业物业公司进行管理的设施齐全且配套完善的居民小区	文献[102]

由表2-8可知，学术界大多认为这类社区主要以房地产开发为主体，包括企业开发、政府开发、政企合作开发建设等多种形式，其可分为高档、中档和福利小区等。现代商品房式社区（新建社区）呈现出居民文化程度较高、收入较稳定、社区自治性较高等特点，此类社区多建成于2000年以后，个人可以拥有房屋产权40～70年。

在梳理现代商品房社区相关文献的过程中，“商住社区”和“现代社区”经常被学者作为研究对象进行探讨，本书为了界定商住社区和现代社区是否属于现代商品房社区的表现形式，分别从产权归属、形成时间、社区特征3个方面对两类社区进行对比，详细见表2-9。

表2-9 现代社区和商住社区的界定

社区类型	产权归属	形成时间	社区特征	文献来源
现代社区	个人购买，个人拥有最高70年产权	2000年以后	高楼大厦逐渐取代传统社区的外在观感。居民文化程度较高、收入较稳定，但在人际交往模式上发生重大改变，以感情为纽带的传统社区正在逐渐被“陌生人社会”所取代，邻里交往大幅度减少。开发商主导建设，专业物业公司进行管理	文献[103-104]
商住社区	个人购买，个人拥有最高70年产权	2000年以后	主要以房地产开发为主，居民个人出资购买一定期限的产权。社区物业服务完备，自治性较高，互不相识的多元业主以房产为纽带，结成了一个个利益相关的命运共同体，但相互之间互动频率较低	文献[105-106]

由表2-9可知，现代社区、商住社区和现代商品房社区都属于2000年以后由地产商开发出售、产权归属个人的社区，并且在社区特征上都具备居民文化程度较高、收入较稳定、流动性强、居民身份趋于多元化的特点。因此，本书将商住社区和现代社区认定为现代商品房社区的两种表现形式。

在实践方面，本书梳理了现代商品房社区有关的一些政策文件。2000年以后，伴随着一系列的社会保障改革和住房改革，商品房物业小区逐渐成为城市社区的主流[107]。在中央层面，2001年8月发布的《建设部关于修改〈城市商品房预售管理办法〉的决定》（建设部令第95号）中提到“开发企业进行商品房预售，应当向房地产管理部门申请预售许可，取得《商品房预售许可证》”。2021年5月，《住房和城乡建设部等15部门关于加强县城绿色低碳建设的意见》（建村〔2021〕45号）中规定县城新建住宅以6层为主，6层及以下住宅建筑面积占比应不低于70%，县城新建住宅不超过18层。2021年7月，住房和城乡建设部等8部门发布的《住房和城乡建设部等8部门关于持续整治规范房地产市场秩序的通知》（建房〔2021〕55号）表示，将持续整治规范房地产市场秩序，房地产市场调控进一步加码，制度化常态化整治机制正在建立。在地方层面，地方政府出台了许多政策进一步确保房地产市场平稳健康发展，本书选取了上海、郑州、南通3座城市进行分析。2021年3月，上海市发布的《关于进一步加强本市房地产市场管理的通知》（沪建房管联〔2021〕129号）中指出新房需要严格价格备案管理，强化商品房交易管理和中介管理等多方面。同月，郑州市住房公积金管理中心发布的《关于征求住房公积金个人住房贷款政策调整意见和建议的通知》要求按照缴存和购房情况设定贷款比例。2021年4月，南通市住房公积金中心发布了《关于调整购买第二套住房公积金贷款额度的通知》(通金管规〔2021〕1号)，明确提出对购买第二套住房公积金贷款额度进行调整，按照原标准的50%执行，即贷款额度从40万元/人降到20万元/人。2021年以来，可以说是房地产行业的关键转折时期，“十四五”规划全面开启，“房住不炒”成为主题词，要求提供不同层次的商品房给居民，更好地满足不同居民的不同需求，同时为居民打开其他有效投资渠道，缓解货币宽松环境下热钱炒作房地产的压力。

通过上述对理论和实践的梳理，可以发现新时代背景下现代商品房社区从产权归属到配套设施再到政策扶持都体现了“以人为本”的大方针。因此，结合相关文献政策梳理内容，可以将现代商品房社区定义为：现代商品房式社区是指2000年以后由开发商主导建设完成，产权归属购买个人所有，具有居住功能单一、设施配套完备、居民分异性较大、物业管理较为专业、更加注重居民幸福感、安全感、获得感等特征的社区。

(4) 3类社区概念辨析

随着当前智慧社区建设的不断推进，3类社区在智慧社区的建设中各有侧重点。因此，从建成时间、产权归属、主要特点、建设侧重点4个方面对3类社区概念进行辨析，见表2-10。相关社区的逻辑关系见图2-1。

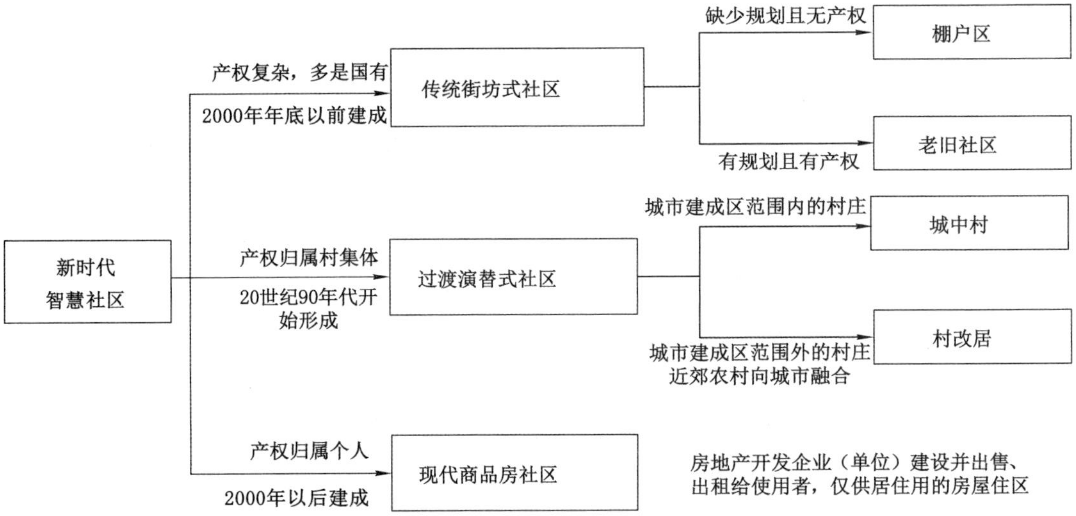

图2-1 智慧社区分类逻辑图

从3类社区产权归属来看，传统街坊社区由于建设时间较早，产权归属虽然较为复杂，但多为国有。过渡演替式社区是由集体自主开发形成的过渡型社区，由于土地产权秩序没有发生根本改变，加之集体内部利益的关联高度紧密，集体经济高度发达，比较容易形成集体产权形态。现代商品房社区由于多为个人出资购买，因此产权多为个人所有，拥有房屋40～70年的产权。

从3类社区建成时间来看，传统街坊式社区存在时间最长，50年代就已经具有街坊式居住区，结合前文的概念界定，2000年以前建成的社区多为此类社区。过渡演替式社区是政府快速推进城市化的产物，从20世纪90年代开始进行城市周边村落的过渡演替。现代商品房社区则出现在1998年国家停止住房实物分配制度以后，个体出资购买房屋成为产权人,2000 年以后此类社区开始大量建成。

从3类社区特点来看,传统街坊式社区大多设计标准低、房屋本体破坏严重、基础设施落后、配套设施不全、空间布局不合理、产权形式复杂、住宅及居住环境无法满足人民对美好生活的需求。过渡演替式社区由于大多存在于城乡接合部,因此存在外来人口多而杂、教育资源匮乏、公共环境卫生条件差等特点。现代商品房式社区由于建成时间较晚,呈现出居民文化程度较高、收入较稳定、社区自治性较高,但社区居民之间互动的频率低、邻里关系相对淡漠的特点。

从3类社区建设侧重来看,传统街坊式社区在智慧社区建设中重点关注社区老旧建筑安全监测预警、地下管网燃气与供水泄漏综合监测定位、排水设施运行状态综合感知、充电桩火灾风险感知、社区安全文化教育等内容,在社区治理上应更加注重基础设施和社区安全方面的治理。过渡演替式社区在智慧社区建造中应多聚焦雨情水位监测设备、社区疫情防控监测、社区公共安全风险的多维场景感知、态势精准智能认知技术应用、智慧社区应急救援和公共安全综合服务等方面的内容,倡导创新社区安全文化教育、求职服务、心理咨询、公益救助服务等民生服务,在社区治理上应更加注重社区安全和社区服务方面的治理。现代商品房社区在智慧社区建设中应重点关注综合信息管理服务平台应用、社会治理重心下移、社区防灾减灾等方面的内容。

表 2-10 3类社区概念辨析

类型	建成时间	产权归属	主要特点	智慧社区建设侧重点
传统街坊式社区	2000年年底以前	多数为国有,产权复杂	设计标准低,房屋本体破坏严重,基础设施落后,配套设施不全,空间布局不合理,产权形式复杂	因建成时间较长,存在房屋安全隐患多,在社区治理上应更加注重基础设施和社区安全方面的治理
过渡演替式社区	20世纪90年代至今	集体所有	多存在于城乡接合部,因此存在外来人口较多而杂、教育资源匮乏、公共环境卫生条件差	聚焦雨情水位监测设备,社区疫情防控监测,社区公共安全风险的多维场景感知,态势精准智能认知技术应用,智慧社区应急救援和公共安全综合服务
现代商品房式社区	2000年以后	个人	居民文化程度较高,收入较稳定,社区自治性较高,但社区居民之间互动的频率低,邻里关系相对淡漠	综合信息管理服务平台应用,社会治理重心下移,社区防灾减灾

2.1.3 新时代智慧社区的特征

通过对国内外智慧社区惠民建设的梳理,可总结出新时代智慧社区的理论特征、技术特征和时代特征,3个特征之间的逻辑关系见图2-2。

(1) 理论特征:不断坚持和发展复杂系统论的基本思想

复杂系统论是复杂性科学研究的一个分支,其主要观点是任何复杂系统都是由若干个功能子系统构成的,并且是由各个功能子系统相互作用影响的结果[108]。而社区本身就是一个复杂系统,就智慧社区而言,其在社区的基础上,借助新一代信息技术,如大数据、物联

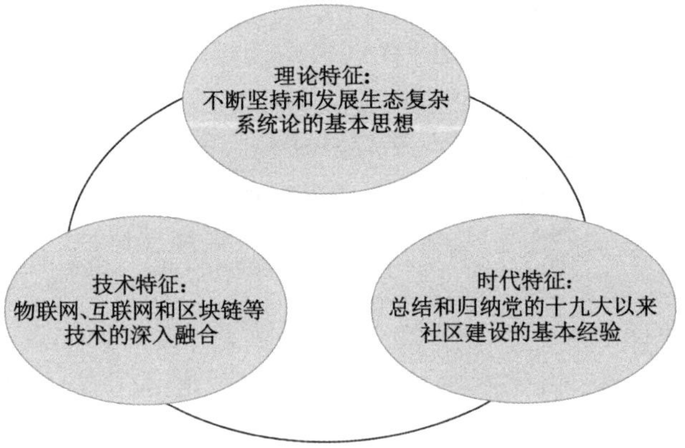

图 2-2　新时代智慧社区的特征逻辑关系图

网、区块链等技术，融合社区场景下的人、事、地、物、情、组织等多种数据资源，构成一个复杂生态系统。在新时代背景下，智慧社区的建设和发展更离不开复杂系统论的理论指导，通过信息技术整合社区各类数据资源，实现智慧社区内的资源互通共享，在一定程度上也是对复杂系统论的应用与发展[9]。

（2）技术特征：物联网、互联网和区块链等技术的深入融合

新时代背景下的智慧社区建设被赋予了新的历史使命、新的技术特征，探索新时代智慧社区建设路径，推动技术赋能与基层治理深度融合，是大势所趋。以人工智能、区块链、云计算、大数据、边缘计算、智慧家庭、物联网为核心的新一代信息技术为支撑的智慧社区，结合 5G 技术的普及推广，打破了技术壁垒，消除了信息“孤岛”，加快了社区数字化，为提升社区治理的科学化、智能化、精细化水平，打造更具获得感、幸福感、安全感和未来感的新型城市功能微单元，提供了有力的技术保障，是新时代背景下智慧社区建设所具有的技术特征[9]。

（3）时代特征：总结和归纳党的十九大以来社区建设的基本经验

通过分析与总结党的十九大以来有关智慧社区建设的创新经验发现，当前的时代特征主要有 3 个方面：一是自上而下的中央政府顶层设计，推动智慧社区建设离不开中央政府的顶层设计，《中华人民共和国国民经济和社会发展第十四个五年规划和 2035 年远景目标纲要》《“十四五”城乡社区服务体系建设规划》（国办发〔2021〕56 号）、《关于深入推进智慧社区建设的意见》（民发〔2022〕29 号）等一系列有关智慧社区建设的政策文件都是中央政府为引导智慧社区建设而颁布的，这也为新时代智慧社区建设明确了任务、指明了方向；二是自下而上的地方政府试点先行，当前各地区政府在智慧社区建设方面都有所创新，将智慧社区作为经济转型新引擎，以协同度、便利度、安全度、感知度为标准，加强智慧社区建设的适用性、先进性；三是地方政府间的对标先进，大数据时代的到来，让智慧社区建设的创新内容很容易被其他地区学习借鉴，同时对于中西部地区也可以通过相关网站获取优秀的智慧社区建设成果，从而有效推动了智慧社区建设在全国范围内的推广[9]。

2.2　社区治理模式的内涵

2.2.1　社区治理的内涵

社区治理可以理解为在一定的地域范围内，政府部门、企业、社会组织、个人等不同主体依据国家法律法规或地方约定习俗，通过平等协商、参与行动等方式，对社区事务实施管理，为社区成员提供服务，维护社区安全稳定，实现多方利益主体满意，为构建共建共治共享的社会治理新格局奠定基础的活动[109]。社区治理强调多元主体的互动与合作，包括社区居民、社区自治组织、政府组织、社区各类服务营利与非营利组织。

社区治理内容涉及社区成员社会生活的多个方面，事关社区成员的切身利益，常见的社区治理内容包括以下方面：

（1）社区服务与社区照顾主要涉及生活服务（如生活便利服务和消费、休闲、娱乐等）、生活照料、家政维修、医疗保健、精神慰藉、安全防护、文化体育等。

（2）社区安全与综合治理主要包括社区人口管理、公共秩序维护、内部矛盾调解、社区治安防范、社区综合治理、社区群众工作、社区监督和处罚等。

（3）社区公共卫生与疾病预防主要包含对重大疾病（尤其是传染病）的预防、监控和治疗，对食品、药品、公共环境卫生的监督管制，以及相关的卫生宣传、健康教育、免疫接种等。

（4）社区环境及物业管理主要涉及对社区范围内的区域空气和水体质量、环境污染源的治理监控等，对住宅小区居民和小区内房屋建筑及其设备、市政公用设施、绿化、卫生、治安、环境等进行管理。

（5）社区文化和精神文明建设主要包含社区居民综合文化素质的培养，法律、民主、教育、科技、生态和审美意识的加强，家庭美德、职业道德和社会公德水平的提高。

（6）社区社会保障与社区福利针对社区成员特别是生活有特殊困难的人们的基本生活权利给予保障，如养老、医疗等社会保险体系，完善最低生活保障机制。

2.2.2　社区治理模式的概念

模式是对事物存在方式的高度抽象和概括，是经验与理论之间的一种知识系统。按照美国著名社区工作专家罗斯曼的看法，模式是较为具体、详细和紧凑的内在形式或典范，模式处于较为松散的一般性取向和较为严谨的"理想类型"之间的位置。人们的思想认识不断深入，对社区治理模式概念的理解也经历了一个由窄变宽、由单层面变为综合化、由管理形态上升为理论范式的过程。概括而言，当前学者对社区治理模式的界定包括"标准样式""治理形态与运行机制""模型与范式""工作模式"4 种不同的理解。这 4 种理解分别是：

（1）模式是某种事物的标准形态或使人可以照着做的标准样式，社区治理模式一般是指一种相对稳定的社区功能结构方式，也就是根据社区治理需求的变化，把辖区内部有关组织的功能进行优化组合，构成一套"区域共同体"的社区管理方式。

（2）实际工作部门对模式概念的基本理解是指社区治理形态与运行机制，即社区治理是如何运作的。

（3）有学者认为，模式包含"模型"和"范式"两层意义。从模型的角度看，模式具有理论意义，它是一种实施理论或操作理论；从范式的角度看，模式又具有实践意义，它是一种榜样或样式。

(4) 工作模式是指如何推进社区治理或社区发展实践的操作化工作模式。

早在1955年，联合国在有关社区发展的报告中表明，在社区这片地域内，引导居民和治理机构共同合作参与治理，和政府保持一致，整合社区资源和外部援助，从社区自身的利益和需求出发，改善社区经济、社会、文化状况，这在当时被称作社区治理模式。狭义的社区治理模式是指参与社区治理的组织凭借其管理职能有效开展社区治理活动的物质载体与运作方式。随着研究的进一步推进，多数学者进一步完善界定社区治理模式：为实现特定的治理目标，在社区治理实践中所采取的方式、手段和体制等要素的有机结合就是社区治理模式。

基于此，本书对社区治理模式进行界定：对社区治理实践中所采取的方式、手段和体制等要素进行反思和概括，得出具有代表意义的典型形式，或者是可以使人参照执行的标准样式。

2.2.3 社区治理的典型模式

2.2.3.1 国外社区治理典型模式

现代意义上的社区研究起源于西欧、发展于美国、流行于西方发达国家，之后逐渐传播至发展中国家。国外的社区治理已趋于成熟。由于各个国家地理环境、经济形态、历史背景、文化传统、宗教信仰不同，其城市社区治理模式也大相径庭，而且都在不断探索以建立更先进、更完善的社区治理模式。鉴于"国家和社会"存在诸多的关系模式，这里从"国家和社会"关系的理论视角和分析框架出发，根据政府行政力量和社会力量的强弱程度，将国外城市社区治理模式概括为3种类型(见图2-3)：① 以新加坡为代表的"强政府-弱社会"行政主导型治理模式；② 以美国为代表的"弱政府-强社会"自治主导型治理模式；③ 以日本为代表的"强政府-强社会"合作型治理模式。它们的主要区别在于政府与社区结合的紧密程度不同，最终使其社区治理也各具特色。

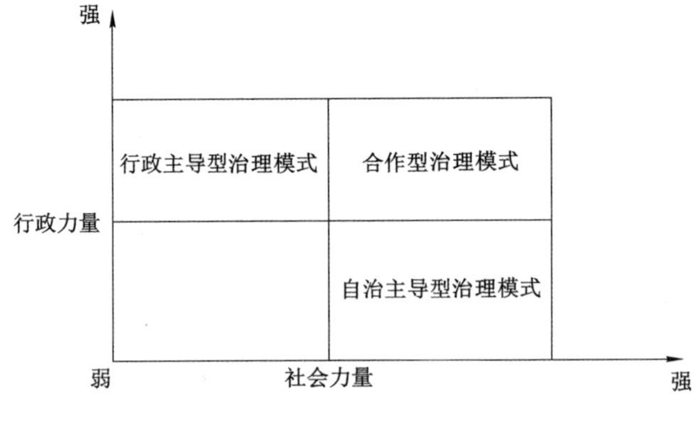

图2-3 根据行政力量和社会力量的强弱程度区分的3种治理模式

(1) 行政主导型治理模式

行政主导型治理模式(政府主导的社区治理模式)是一种政府主导、居民参与、自上而下推行的社区治理模式，主要以新加坡、韩国等国家为代表。在行政主导型社区中，社区治理主体较单一，对行政力量的依赖度较高，行政管理手段是社区治理的主要方式，社区治理路径以自上而下为主[110]。这种模式下，政府占据社区治理的中心地位，对社区治理的法律、政策组织规范体系提供计划及方案，并予以财政支持，而社区层面的组织及居民则按照政府的计划与方案实施或参与活动[111]。在这种模式中，政府对社区的干预较为直接、具体，使得政府行为与社区行为紧密结合，社区中还设有各种形式的派出机构，使社区治理表现出浓厚的行政色彩。

新加坡可谓这一模式的典型代表，政府通过强有力的法律、制度、组织和财力支持对社区建设进行干预[112]。在新加坡，政府对社区工作的指导与管理主要涵盖以下几个方面：① 负责对住宅小区、邻里中心和社区中心及公共服务设施的规划；② 负责对社区居民委员会等社区组织领导人进行培训；③ 为居民委员会提供场所和设施，为政府和社区的联系提供沟通的桥梁；④ 发起某些社区活动，倡导特定的社区价值观念；⑤ 给予社区建设财政上的支持等。

政府主导治理模式有一个最为显著的标志，即社区组织的领导人员都不是由社区居民选举产生，而是由所选出的国民议员委任或推荐。总之，在这种模式下，政府对社区的管理涵盖社区生活的方方面面，政府职能部门的工作方法和责任心对社区治理具有重要的影响作用，要使此种模式得到很好的运行，就必须要求政府职能部门履行好自己的职责。

（2）自治主导型治理模式

自治主导型模式与行政主导型模式在结构上有着明显的不同，这种治理模式居于主导地位的是社区中的社会组织，并且由本社区的居民自主参与，采用的方式是自下而上进行治理。政府在社区治理过程中多以辅助和补充的作用出现，主要是完善法律法规以及提供资金和政策支持，社区治理大多依靠居民公众参与、公共服务企业和公共服务组织机构等第三方的平等参与。治理过程中，公众参与为社区带来活力和发展动力，促使社区治理的民主化、市场化、制度化、多元化，逐渐形成了政府引导监督、第三方组织主导实施、社区居民为参与主体的社区治理模式[113]。这种由社区主导的治理模式也并没有忽视政府的作用，政府的主要职能范围是在社区内协调居民之间的利益关系，并对社区的有序发展制定相应的制度和规定，以保证社区居民在制度规定的范围内充分发挥自主治理的权利。

美国属于自治主导型治理模式的典型代表，其社区治理具有高度的自治性，第三方力量的崛起发挥了极大的作用。这种模式之下，社区治理具有以下特征：

① 非常发达的非营利组织而非政府成为社区发展的重要组织力量。社区事务一般由非常发达的非营利组织具体操作实施。社区就是其基层社会管理单位，社区自治组织权限职责清晰，机构健全，社区内建有自治性的社区委员会、社区董事局、社区服务顾问等组织机构，社区治理的各项服务性工作一般是由非政府非营利性组织具体操作实施的[114]。非营利组织从事社区建设活动，增强社区居民的参与意识。通过向各级政府提供服务，改变公共机构作为社区服务主导力量的局面，实现社会主导的格局，充当自上而下与自下而上的中介作用，为居民参与社会事务提供服务。

② 社区居民积极主动参与治理活动。自治型治理更多地强调民主的参与和多元的分权，强调权力的双向互动运行[114]。居民在社区生活中积极主动参与社区活动，并采用无偿志愿者的形式参与社区居民服务的项目，社区中形成了居民主动参与社区志愿活动的意

识,并建立了志愿者组织。城市社区治理模式主要是由社区自主决策和执行的,政府在社区治理活动中扮演的角色就是财政的支持者、制度规范的制定者。

③ 城市社区教育宣传力度大。美国是世界社区教育最为发达的国家之一,目前美国已经有社区学院 1 171 所,40%的大学生在社区学院就读。它对居民进行全方位的教育,已被广泛视为推进终身教育体系构建进程中的一个重要途径,是迈向学习型社会的桥梁。美国的社区教育管理受政府的间接干预,政府只对其提供管理规范。

(3) 合作型治理模式

合作型治理模式既带有民主自治的性质,又具有东方文化注重行政性的特征,指政府与社区均处于主导地位、政府推动与社区自治相结合、自上而下与自下而上两种方式并轨的社区治理模式,主要以日本、以色列等国家为代表。这种模式处于行政模式向自治模式的过渡阶段,其特点是政府对社区治理加以规划和指导,并予以资金支持,但政府对社区的干预相对宽松,社区工作和社区建设仍以自治为主。合作型社区治理模式是由政府对社区进行间接和宽松的干预,由政府部门人员与地方及其他社团代表共同组成社区治理机构,社区组织和治理以自治为主,政府有关部门负责对社区工作和治理进行规划和指导,并提供较多的经费支持[114]。此模式下的政府角色介于自治型与行政型之间,起着指导和支持作用,指导是指对社区工作和建设的规划与指导,支持是经费上的支持。

在合作型治理模式的建设中,基本的价值取向是社区自治,政府介入是必经的过渡,是在政府推动下培育社会以及在社会发展中规范政府的多元主体共赢的过程[115]。其突出特点是由政府人员与社团代表共同组成社区治理机构,在政府的指导下对社区进行治理,并由政府提供较多的经费支持,但政府的干预相对比较宽松和间接,社区组织和管理以自治为主。政府与社会的关系发生了变化,新生的社会组织开始产生并发挥着越来越重要的作用。如在以色列,社区中心协会是全国性的社区组织,实行董事会负责制,董事会成员一般是由经过居民代表选举产生的由政府代表、地方代表和其他机构代表等组成,国家对社区中心协会的指导、支持主要通过教育部、文化和旅游部进行,社区中心协会对全国各个地方的社区中心负有指导、协商、培训、监督的职责,社区中心则实行委员会负责制。在日本,中央政府设立自治省分管社区工作,地方也设对应的机构,其中地域中心是隶属区政府地域中心部的行政管理机构(相当于我国的街道办事处),所需经费全额由政府财政拨款,工作人员全都是公务员身份,主要职责范围包括:负责收集居民对地域管理的各种意见,对居民活动与民间公益团体活动予以支持和帮助,对地域的各项事务进行管理等。

(4) 国外社区治理典型模式特征分析

从 3 种不同的社区治理模式的分析中,可以看出 3 种社区治理模式无论是产生背景还是政府、社区组织与社区居民彼此之间的关系以及在社区治理中的职责和作用,都各具特色。然而,在制度安排和实践中,3 种不同的社区治理模式也存在一些共性特征。一是国外不同的社区治理模式都与当地社会所处的政治、经济和社会文化传统等大环境有关,这些国家在社区治理模式的选择上有着鲜明的政治背景。二是这些国家都形成了"政府行政介入、社区组织自治、社区居民参与"的三位一体的社区治理体制,作为社区事务共同治理的组织者和参与者,不同的治理主体之间,分工明确、职能清楚、责任到位,如政府承担适度的行政职能,社区组织发挥自我管理和自我服务的主体功能,社区居民参与社区治理。

此外,从发达国家社区治理现状分析可以看出,社区治理越来越离不开信息化、智慧化、平台化的技术手段,像日本、新加坡这样的国家,传统的社区治理制度体系已经被现代化技术所影响,甚至发生系统性变革,这些都值得深入研究。

2.2.3.2 国内社区治理典型模式

21 世纪以来,中国出现最大的变化是城镇化和工业化,这不仅是中国也是世界上引人瞩目的事件,它在成功地推动经济体制改革向纵深前进的同时,也带来了城市管理的难度。城市社区治理模式的选择是一个亟待解决的难题,从单位制转向街居制再转向社会制的过程中,出现了很多典型的社区治理模式,不仅充实了社区治理的理论素材,而且提供了可供操作的经验借鉴。本书梳理了当前国内典型的 7 类社区治理模式,各类模式具体内容如下:

(1) “三社联动”或“五社联动”治理模式

在“三社联动”治理模式中,将社区、社会工作者(机构)、社会组织三方进行整合,推动社会治理中心向基层下沉,是基层社会治理的一种创新。社区治理是国家治理工程的重要组成部分[116],也是国家权力延伸至社区的重要手段,“三社联动”能够有效填补国家治理与社区治理之间存在的沟壑,能够在社区治理过程中实现“国家在场”,形成三方中心聚合力量来推动社区发展。

“五社联动”是以社区为平台、社会工作者为支撑、社区社会组织为载体、社区志愿者为辅助、社区公益慈善资源为补充的共建机制[117]。“五社联动”是在“三社联动”的三角结构下的创新推进,有效促进了“三社”的协调联动与发展。

两种治理模式都是坚持以群众需求为导向、社区建设为基础、社会组织为载体和社会工作者为支撑,逐步形成政府与社区、社会组织、社会工作者“互联、互动、互补”的服务性治理方式,从而真正实现由传统的社会管理方式走向现代社会治理体系的转变。多社联动模式有利于发挥社区组织、社会组织、社会工作机构在国家治理体系和治理能力现代化方面所起的独特作用,对新形势下创新社会治理、提升公共服务、促进社会和谐具有重要的意义。社区“三社联动”等治理模式亦对突发事件应急管理有很大的帮助,例如武汉百步亭社区采用“三社联动”治理模式,面对突如其来的新型冠状病毒疫情,社区积极响应《湖北省民政厅关于动员慈善和社工力量依法有序参与新型冠状病毒感染的肺炎疫情防控工作的通知》中的相关要求,于 2020 年 2 月 10 日起在百步亭社区各居委会的居民微信群中开展线上心理关怀服务,通过一对一心理疏导、每天心理微课、每日红雁心语等多种形式为居民和社区工作者提供心理干预和疏导,送上“心理处方”。

(2) “党建+服务”治理模式

“党建+服务”是贯彻践行党建引领下社区治理“大党建”战略的一种创新实践,是政党治理功能的重要体现,它的特点是将党建与服务结合起来,听党指挥、服务人民。“党建+服务”中的“服务”是社区治理模式的重点与抓手,社区党建引领作用的发挥程度与社区治理和服务的效果也呈现明显的正相关性[118]。因此,“关键小事”成为社区治理工作的切入点,关注居民生活中遇到的难点、热点、痛点、堵点问题成为工作的重中之重。在了解核心问题的基础上,通过政府提供的公共服务与居民自我服务相结合的方式来满足居民多样化需求，提高居民生活质量与品质，塑造更加优良的社区公共秩序成为重要目标。另外，借助居民自治服务、物业服务、企业商品化服务等载体能够进一步巩固党在基层的执政基础，强化党组织的凝聚力和战斗力，提升社区服务水平，提高社会治理的能力。

社会治理的重心在基层，“党建＋服务”社区治理模式是巩固和加强党在基层执政根基的重要实践。其中，多元主体共同参与的社区治理就是在街道党委领导下，以社区为主体，由业主委员会、物业服务企业等组织针对社区公共事务、社区政治生活、社区组织生活等“关键小事”开展多层次、多形式的多元协商，发挥党组织赋能基层社会治理的作用，巩固党的执政基础和“从群众中来，到群众中去”的群众路线[119]。例如，吉林省 T 街道各社区在新冠肺炎疫情防控中，充分发挥党组织战斗堡垒作用和党员先锋模范作用，形成了在党建引领下的“党委统筹，党员带头”的社区疫情防控模式。具体来说，社区党组织充分发挥领导核心影响力，负责统筹协调工作，在人员调配、物资协调和防控方案制定等方面起到非常好的作用。而且，社区党员冲锋在前，积极主动在数九寒天站岗，保卫居民生命安全，在应对突发公共事件时充分发挥党组织引领党员、党员引领群众的效果，并将辖区资源有效整合运用，使得社区党建由过去“独角戏”变为“大合唱”[120]。

(3) “一核多元”治理模式

“一核多元”是指坚持以中国共产党为核心枢纽，充分协调发挥社区居委会、业主委员会、物业管理公司、社会组织以及社区居民等多方主体的力量，实现组织共建、事宜共商、资源共享、功能优化的基层治理模式[121]。“一核多元”治理实质上是一种具有中国特色的公共治理和公众参与相结合的协商式治理模式[122]，这种模式有非常鲜明的特点，那就是党组织是唯一的领导核心，在党组织的领导下，汇聚多方主体发挥各自优势，整合各方社会资源形成耦合治理合力。在“一核多元”的治理模式下，社区治理水平得到了显著提升，主要成效包括：拉近了群众距离，服务群众更直接；疏通了信息传输渠道，信息处理更顺畅；优化了事务分配程序，任务指派更规范；提高了为民办事能力，解决问题更彻底。作为保障社区安全、应对社区风险的主要力量，我国的公安机关在“条块结合、以块为主”的管理体制下，要接受同级党委、政府和上级公安机关的双重领导，并以接受同级党委政府领导为主[123]。应急管理部门的管理架构并没有延伸到社区一级，但是街道和社区层面都会建立应急管理委员会、减灾委员会等，负责区域内的突发事件应对。在当前的社区治理格局下，对于社区安全风险防控这一具有特殊公共性质的安全服务，坚持党委政府的核心地位，为强化社会组织参与提供了途径，通过组织调控下的权力集中，可以强化组织力量、集中优势资源、发挥集体效能，从而保障社区安全。

(4) 元治理模式

元治理是治理中的再治理，即国家在多元参与治理的大环境中充当着治理者的角色，在治理网络中占据绝对地位，统筹市场、科层制和网络治理 3 种治理途径。元治理理论的核心是统筹与平衡，统筹指的是在多元主体提供不同资源、发出不同声音时，国家能够整合利用各方资源，统领全局来更好地发展；平衡则是指在各方主体参与治理时，国家能够平衡各方力量，既预防市场化的逐利行为，又为多元主体参与共同治理提供了和谐的环境。我国目前存在的治理困境、多方主体权责分配的复杂性、政府在社区治理中统筹的实践，都为元治理提供了发展条件。

元治理模式应用到社区治理中，可以有效降低不同治理模式失败的可能性。社区“元治理模式”的治理主体依然是政府、居民以及社会组织，但政府占据主导地位。因为政府本身的权威性决定了其在多元治理体系中所具备的话语权，可以起到协调其他治理主体的作用，以免出现主体关系混乱、职责界定不明确以及意见不一致的问题。所以，“元治理”并不是对过去治理理论的一种颠覆，而是一种完善，使其能够更好地发挥治理作用。进入新时代，中国政府逐渐向市场和社会放权赋能，多元主体参与应急管理逐渐成为常态，政府出台了一系列促进多元主体参与应急管理的政策法规。2015 年 10 月，民政部印发了《民政部关于支持引导社会力量参与救灾工作的指导意见》(民发〔2015〕188 号)，强调“统筹协调社会力量高效有序参与救灾工作”。2016 年 12 月发布的《中共中央国务院关于推进防灾减灾救灾体制机制改革的意见》，将“坚持党委领导、政府主导、社会力量和市场机制广泛参与”列为应急管理的基本原则之一。2022 年 11 月，应急管理部、民政部等进一步研究起草了《关于进一步推进社会应急力量健康发展的意见》(应急〔2022〕110 号)。以上文件表明，政府不仅认可应急管理中多元参与的合法性，并意图通过吸纳多元参与，提高我国面对突发事件的综合应急能力。这种由政府主导、多个自组织发挥专长参与应急管理的治理格局，为元治理理论的适用提供了现实可能性。

(5) 参与式治理模式

参与式治理是政府、各参建方以及公民社会对公共事务的合作治理，其核心是让利益相关者积极参与进来，通过赋权、协商和资源分配等形式，找到共同利益，采取互利行动，以培养公民参与的主动性，增进治理的科学性[124]。将参与式治理应用到城市社区治理中，则能够促使居民直接、主动参与到社区公共事务治理过程中，充分表达诉求，积极参与政策决议，形成社区居民自治与政府管理良性互动的社区善治格局。社区参与式治理是政府、非政府组织和社区自身的合作，一方面政府放权并通过资金扶持非政府组织，另一方面非政府组织在政府的支持下通过培训、服务提供模式共建和志愿服务，推动社区组织化和治理能力培育，最终实现“公民治理”。城市社区治理过程涉及多部门、多主体、多方利益，而参与式治理正是在复杂交织社会系统中逐渐凸显自身独特优势，能够产生联合治理效果[125]。例如，新冠疫情发生后，成都市在市委市政府的领导下秉承“一盘棋”思维，走出了“党建引领+群防群治+智慧治理”的多元参与治理路子，有效地筑牢了社区防控线。为集中多元疫情防控力量，成都市动员居民自组织、志愿者、网格员、红袖套等群众力量配合社区工作，形成了群防群治强大合力。

(6)“微治理”治理模式

社区“微治理”是指社区根据居民的需要，在社区微单元(如居住区、网格、庭院、建筑物等)进行的治理，以及对涉及部分成员(特定群体)利益的社区微事务，通过民主协商方式解决民生小微问题，实现社区的共建共治共享。“微治理”实施过程中，采取增加整改内容、探讨整改方法、评价整改效果的模式，把“微协商”融入社区“微整治”实践中，利用举行社区居民议事协商会等方式，梳理社区“微治理”项目。社区“微治理”存在的问题也相对复杂，认真研究各地社区参与社区“微治理”的经验，经过分析提出适宜大多数社区实施“微治理”的意见[126]。“微治理”是由微结构、微机制、微项目和微参与共同构成的有机系统。其“从社区居民‘微需求’出发，组建‘微组织’，搭建‘微平台’，整合‘微资源’，提供‘微服务’，遵循‘微机制’”的运行逻辑，有益于社区居民多元化服务需求的精准匹配，构建起全民共建共治共享的基层社会治理模式[127]。

社区"微治理"把群众的关注点当作党建引领治理的"结合点"和惠民政策落实的"发力点"，是"微治理"的最大亮点。选准小切口，普惠大民生。微治理，既可洞察细微，亦可察微知著，在探索良法善治中实现"四两拨千斤"，最终实现基层党建、民生事业和安全稳定的多赢之效。社区居民的"微需求"是社区微治理的核心和出发点，按照业缘、趣缘、志缘、地缘等要素，在社区中提供居民各抒己见的场合，唤起社区居民的责任意识和参与热情，促进社区民众参与社区事务。围绕了解民意，各地开展了"开放空间""圆桌会议室""股东议事厅"等议事、参事"微平台"。在公共交流平台中，志趣相投的人通过思想碰撞往往产生成立兴趣组织的设想。例如，成都市社区治理机构和应急管理部门充分结合城市社区安全环境和发展现状，指导基层组织和有关单位形成具有共性及自身特色的社区应急管理微治理功能模式。社区通过微治理功能服务应急管理，有效发动了社区应急救援队伍、网格员、志愿者的力量，加强了社区与社会团体之间的协作，充分整合了社区内相关保障资源，居民参与到社区应急管理主动性也随之增强。

（7）网格化治理模式

网格化治理作为社区治理的一种创新形式，实际上是通过技术化方法实现传统被动分散化管理到主动精细化管理的转换，从而克服了以往社区公共管理和服务上的低效率弊端，有利于推动资源整合和多方参与[128]。在网格化治理的条件下，社区成功将党群力量和社区网格相结合，能够有效吸纳社区各类人群，以实现"需求发现在网格、问题解决在网格、纠纷调解在网格、服务落地在网格"的理想模式。由于突发公共卫生事件对基层治理提出严峻挑战，为提高基层监测预警与响应处置能力，转变以往被动服务与静态管控、资源分散与主体单一的治理格局，社区网格化治理模式作出巨大贡献。突发公共卫生事件社区网格化治理模式，是以网格单元为基本单位，以社区（村）、街镇、区县、市 4 级网格管理中心为纵向协同架构，围绕突发事件监测、响应、恢复 3 个关键环节，结合理念共生、资源共享、多元共治等协同维度，对突发公共卫生事件进行网格化治理的范式[129]。

2.3 社区韧性治理的内涵

2.3.1 社区韧性治理的概念

社区一词最早起源于近代西方社会，从德文的"gemeinschaft"演变到英文的"community"，再辗转翻译成中文的"社区"，其含义愈加多样复杂[16,130]。尽管社区的定义众说纷纭，但多数学者认为社区是指居住在同一地域内的人群从事多种社会活动所组成的地域共同体，具有地域性、社会互动和共同关系这 3 个基本特征[131-132]。随着改革开放以来我国社会转型的推动，"社区治理"逐渐取代了"社区管理"这一概念，在理论层面得到了广泛关注的同时，也被应用到城市老旧社区、城市综合混合式社区、城市过渡演替式社区、城市新建商品房式社区和农村社区等不同类型社区的治理实践中[16,80]。

"韧性"表示在外力作用变形后物体恢复至原始状态的能力，而后逐渐延伸至生态学、经济学及社会学等领域。相较于"强国家、弱社会"刚性治理与"弱国家、强社会"的柔性治理，韧性治理克服了"精准性"与"流动性"的内在矛盾，利用不同层级人员与组织形成治理网络，通过适应期、可变期、修复期和再生期这 4 个阶段演化，实现了有效应对风险急速传播与跨域流动，如图 2-4 所示[43,133]。

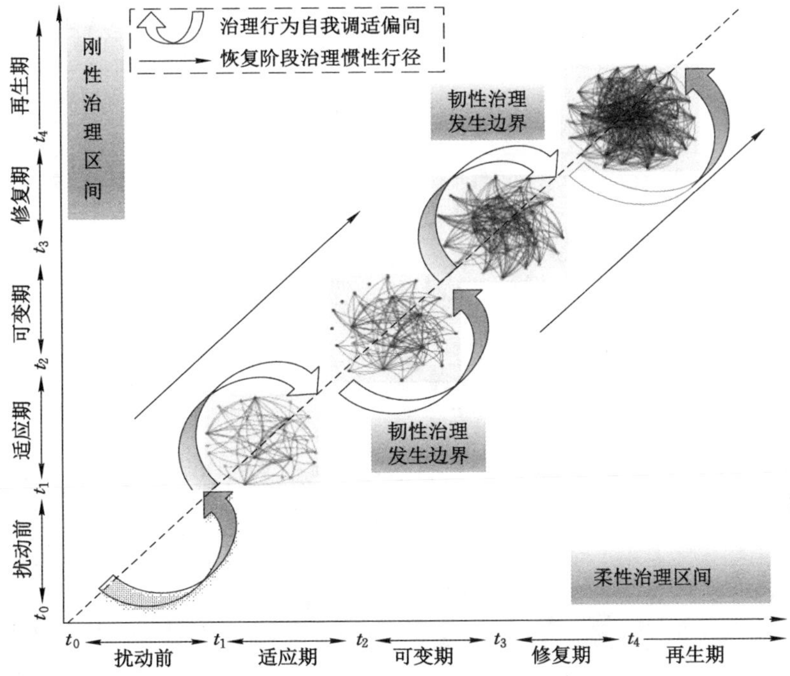

图 2-4　“刚柔并济”韧性治理演化过程图

在概念界定及特征分析上，部分学者从城市层面对韧性治理进行了解读，认为韧性治理采取多元主体合作治理的手段，实现了城市系统应对不确定扰动的适应能力、自组织能力及学习能力的增强，其特征表现在治理主体凝聚性、资源利用高效性、合作方式多样性、危机应对常态性及治理系统稳定性[43,46-47,134]。有学者将目光聚焦到社区层面的韧性治理，强调韧性治理是蕴藏在社区治理中的一种潜力，在应对常态和非常态干扰冲击时，以网络化的形式链接多元治理主体形成社区韧性共同体，实现社区向更稳定和更安全系统的自主演化[34,40,133]。

结合前述学者的观点，将城市社区韧性治理的概念定义为：在应对常态和非常态干扰冲击时，城市社区中多元治理主体采取合作治理的手段，实现社区系统适应能力、自组织能力及学习能力的增强，其特征表现为治理主体凝聚性、合作方式多样性、危机应对常态性及治理系统稳定性。

2.3.2　社区韧性治理的内容

对社区进行韧性治理是一个复杂且庞大的过程体系。在明确社区韧性治理概念的基础上，详细分析治理的具体内容，有助于明晰其不同维度的治理关键点，把握治理的内在运行机制，从而为梳理不同利益相关者之间的协调关系奠定基础。

本书以社区综合整治内容为主体，辅以部分地级市文件提到的整治内容，将常态化背景下社区韧性治理的内容划分为建筑本体、公共设施、自然环境及长效管理 4 大类共 13 项，具体内容见表 2-11。

表 2-11 常态化背景下社区韧性治理的内容

治理类型	治理内容	内容说明
建筑本体	违建拆除	包含对立面违建、屋顶违建、公共违建以及院落违建的拆除
	房屋修缮	处理屋面渗漏，整治房屋立面，规整沿街立面，设置楼栋标牌，粉刷破旧墙面，油漆楼梯扶手，维修破损门窗，安装节能灯具
公共设施	管线优化	分设雨污立管和收集井，疏浚雨污下水管道，更换维修破损雨污井盖，协助接入雨污管道，清理立杆，整理线路
	道路整修	修整路牙，平整路面，拓宽路幅，优化线路，安装路灯
	配套更新	电梯安装，共享单车设置，增设物流快递收送中心，新增停车空间，提供体育设施，图书馆等文化服务配套
自然环境	景观绿化	整修裸露地被，补栽缺株断带，丰富植物品种，增加垂直绿化
	卫生改善	完善环卫设施，取消垃圾道(房、池)，配置封闭的垃圾箱，清除乱贴乱画
	节能改造	旧窗改造，屋面保湿，节能涂料，光伏利用，窗外遮阳，垃圾回收
	精细施工	扬尘防护，施工围挡，材料科学堆放，建筑垃圾清理，夜间灯光调控，安全防护
人文关怀	鼓励居民自治	出台相关制度政策鼓励居民参与并成立居民志愿者组织，引导各类新型社会自组织构建，提升对公共利益的认同感，实现社区自治
	保障社区安全	建立完善的安全防护机制，增强居民在社区中的安全感
	拓宽沟通渠道	设立社区居民号，建立智能化信息交流平台，增加公告栏的布置，构建多元沟通体系
	培育社区文化	定期开展群体性娱乐活动，增加文化宣传，增设文化景观

除上述常态化治理内容外，社区韧性治理还包括对突发事件的应急管理。随着气候变化加剧、极端天气出现的概率增加，社区可能会发生各类突发自然灾害事件，同时面临灾害本身及其引发的各类衍生影响。本书根据国家发布的灾害事故标准，主要从自然灾害、事故灾难、社会安全、公共卫生 4 大类、共 11 个方面来总结概括当前社区面对的突发事件及相应的治理内容，具体见表 2-12。

表 2-12 突发事件背景下社区韧性治理内容

事件类型	突发事件	治理内容说明	文献来源
自然灾害类	内涝	社区内开展暴雨致涝预报预警工作，常备水灾救生装备，加强排洪排涝基础设施改造，依据社区特点，进行海绵化改造，推进社区与城市生态文明建设	文献[135]
	大风	做好大风来袭预警工作，合理规划社区内景观绿植布置，对路面上路灯、电线等基础设施进行加固改造	文献[136]
事故灾难类	火灾	消防设施定期维护保养，更新老旧电路电线，对疏散通道杂物进行清理，加强群众防火演练，提升消防安全意识	文献[137]
	爆炸	对供气管道进行定期维护，加强天然气使用管控，推进天然气煤气正确使用与关闭知识普及	文献[138]
	房屋坍塌	对违规建筑进行拆除，对部分年久失修建筑物进行加固改造，安装避雷装置，严禁业主私自改造墙体建筑	文献[139]
	交通事故	合理规划停车位，疏通社区内部道路，设置多重减速带及标识牌，对进出车辆进行分类登记	文献[140]

表 2-12(续)

事件类型	突发事件	治理内容说明	文献来源
社会安全类	盗窃	联合公安部门加强技防设施建设,鼓励居民正确合法安装门禁监控等防范措施,就近设置公安亭,加强保安巡逻	文献[141]
	新型诈骗	外来人口进出登记,定时开展普法教育及防诈骗专题讲座,重视网络诈骗新手段	文献[142]
	群体性事件	开展问卷调查工作,设置政府信箱,拓宽居民上访渠道,对居民需求有求必应、合理解决	文献[143]
公共卫生类	公共卫生事件	疫情期间招募志愿者加强进出人员管控,对外来货车货物进行排查,设置防疫站或卫生站,要求居民自主进行疫苗接种	文献[144]
	食品安全	联合食品安全部门对社区周边饭店商铺进行检查,邀请附近医院医生进行食品安全知识普及工作	文献[145]

2.3.3 社区韧性治理的利益相关者

城市社区韧性治理的内容繁复冗杂,在对各政府文件和文献内容归纳总结的基础上,厘清韧性治理利益相关者之间的关系,使社区治理机制行之有效。在利益相关者识别方面,国内学者及各级政府主要将其划分为政府、市场、居民 3 类。其中,政府是韧性治理的绝对核心,通过颁布政策、分配资源、考核监督等方式参与,在社区韧性治理过程中占据主导权。在整个韧性治理过程中,政府职能部门各司其职、通力合作,大致可以划分为非常驻现场和常驻现场两类。非现场常驻单位的职能属性较为单一且层级较高,主要包含了政府办公厅、区管委会、城建重点办、发改委、公安局、财政局、自然资源和规划局、水务局、审计局、供电公司、通信行业管理办公室以及原有产权部门 11 个政府部门。现场常驻单位则包含了住建局、城管局(治违办)、街道办和居民委员会 4 类主体,其具体工作内容见表 2-13。

表 2-13 社区韧性治理的政府主体及其工作内容

部门名称		部门工作内容
非现场常驻单位	政府办公厅、区管委会	治理工作的实施主体,负责组织实施本辖区内小区的韧性治理工作,各地成立领导机构,明确责任单位和工作职责,积极筹措资金;按照统一设计、招标、监理、检查调度、验收的相关流程,抓好施工管理工作
	城建重点办	负责列入市城建重点工程的整治项目的方案审查、资金拨付与检查督导
	发改委	负责指导各地申请中央财政资金和整治项目立项等工作,做好电线私拉乱接整治的牵头和指导工作
	公安局	负责指导小区内电子监控的规划设置和安保设施建设并接入公安网工作,指导规范小区道路行车和停车划线;指导各地公安局做好小区整治工作中违法案件的查处,依法查处影响公共安全和破坏小区公建配套设施的违法行为

表 2-13(续)

部门名称		部门工作内容
非现场常驻单位	财政局	负责指导小区整治工程项目财政评审、市级以上投资资金使用的指导和监督；负责列入市城建重点工程的小区整治经费的预算评审，市级资金的筹集及拨付
	自然资源和规划局	负责提供市区综合整治小区规划图，对小区违章建筑快速认定，指导各县(市)、区做好相关工作
	水务局	负责指导供水、排水、排污设施的修整和建设工作，指导雨污分流的实施和接入市政主管网工作
	审计局	负责指导综合整治工程的审计工作，特别是使用中央财政资金审计的指导工作；直接负责列入市城建重点工程小区整治的审计
	供电公司	负责协调施工用电、路灯用电、电动车充电设施用电审批，以及电力架空线路入地改造工作，做好电线私拉乱接整治和偷电等查处工作
	通信行业管理办公室	负责协调电信、广电、移动、联通、邮政等部门，分别做好小区内弱电线路的管线入地或归整、绑扎以及相关设施设备的铺设、更新、调整及维护工作
	原有产权部门	大多为国有企业和政府机构，为具有房改房性质的老旧小区的原有产权所属者，其应在一定程度上负责房屋维护资金的供给
现场常驻单位	住建局	市城镇老旧小区综合整治指挥部办公室设在市住建局，人员从市住建局、城管局、公安局、水务局、通管办等有关单位抽调，负责指挥部办公室的日常工作；主要负责整治内容、标准、实施方案和考核办法的制定，以及整治过程中综合协调、检查、调度、考核等工作
	城管局(治违办)	负责对整治工作过程中的违法建设拆除以及环卫设施、垃圾分类设施、照明设施、道路公共设施建设的指导；指导各地实施小区内疏导点规范建设，指导各地做好城管进小区工作，做好执法管理工作
	街道办	作为属地责任主体，负责本区域内小区整治工作的组织实施，具体负责本区域内老旧小区整治的宣传发动、项目立项、方案设计、工程招标、工程预算决算、组织施工、纠纷处理、违章拆除、工程资料收集归档装订、竣工报验、长效管理等；负责协调并督促相关产权单位协助完成本单位的老旧小区整治工作
	居民委员会	同样为城市服务的基层机构，为下沉到地方的最基础机构，尽管其职能权力较为局限，但是其充当了居民与政府沟通的关键桥梁角色，其负责的工作内容相对街道更为具体，且与居民保有最为密切的关系，是协调政府与居民利益的核心

市场作为社区韧性治理的技术及资源提供者，是柔性治理的关键角色，其在整个韧性治理过程中发挥着重要作用，在某些紧急情况下甚至影响总体决策的制定。因此，可以将市场参与方划分为建设施工单位和商业单位两类，其中建设施工单位包含建设单位、专营单位、设计单位、土建施工单位、监理单位 5 类主体，商业单位则包括物业单位及其他商业单位，具体工作内容见表 2-14。

表 2-14　社区韧性治理的市场主体及其工作内容

市场主体	部门名称	部门工作内容
建设施工单位	建设单位	通常为住建部门下设立的代建公司，负责项目全寿命周期的建设管理
	专营单位	包含了路灯管理处、供电公司、燃气公司等单位，负责各项专营职能工作的实施
	设计单位	主要负责前期的现场勘察和设计方案的制定，还需负责改造过程中与施工单位的工作沟通
	土建施工单位	主要负责专营单位之外的房屋修缮、道路整修工作等
	监理单位	负责对项目施工过程进行经济、质量、工期等多方面的监督，保障项目的顺利完成
商业单位	物业单位	需要提供专业的物业服务，维持小区的日常管理和维护，满足居民的日常需求
	其他商业单位	通过招商引资方式进驻老旧小区环境整治的商业单位，为小区提供更多便民服务设施

居民是社区韧性治理的被干扰者和最终受益者，而提升居民参与深度与广度，激发基层治理现代化活力，是提升社区韧性治理水平的创新举措。根据居民参与韧性治理的形式和任务不同，居民可分为业主委员会、居民积极分子、居民监督员、社区志愿者以及普通居民 5 大类，具体工作内容见表 2-15。

表 2-15　社区韧性治理的居民主体及其工作内容

居民组织形式	组织工作内容
业主委员会	指物业管理区域内由业主选举出的业主代表组成，一般通过执行业主大会决定，代表业主向社会各方反映业主的意愿和要求，并监督和协助物业单位或其他管理人履行物业服务合同
居民积极分子	为活跃于各项社区活动的居民，是代表居民表达意见和传达代建方、社区信息的中介角色
居民监督员	为热心活动的居民，一般要求每个片区至少 2 名以上，负责监督整治过程中的各项活动
社区志愿者	社区志愿者是以社区为范围无偿主动承担社会责任的人，帮助社区协调各项社区活动的开展
普通居民	物业管理区域内的业主，有权对片区发现的问题进行检举，其意见信息大多由业主委员会收集

2.4　新时代智慧社区治理新模式的内涵

2.4.1　新时代智慧社区治理新模式的概念

基于上述对国内社区治理模式以及社区韧性治理的分析，可以发现当前基层社区的公共安全问题日益突出，亟待进一步增强应对重大公共卫生事件等各类突发事件的应急处置能力，更好地为新时代人民群众美好生活质量的提高做好扎实保障。国内新冠疫情得到初步控制之际，党中央、国务院适时提出要统筹疫情防控与经济社会秩序恢复。然而，一些社区存在“一刀切”“一味设限”“层层加码”等干扰大局的“土政策”，导致农民工面临农村社区“出不去”、城市社区“进不来”的两头难问题，凸显了社区韧性治理的重要性与紧迫性。

在新时代背景下，智慧社区飞速发展，为了进一步满足居民的获得感、幸福感、安全感和未来感，智慧社区的韧性治理更加符合新时代的紧迫需求。智慧社区韧性治理强调社区在复杂风险的扰动冲击中有恢复原状的能力，并具有在不断适应变化环境的过程中进行创新的能力，以适应不同时期应急管理的多样需求，这也是实现应急管理能力现代化的新方向。因此，鉴于前述分析，新时代智慧社区治理新模式可以界定为：在应对常态和非常态干扰冲击时，智慧社区中的多元治理主体采取合作治理的手段，在提升社区治理的科学化、智能化、精细化水平的同时，实现社区系统适应能力、自组织能力及学习能力的增强，以提升居民获得感、幸福感、安全感和未来感的典型社区治理形式。

2.4.2 新时代智慧社区治理新模式的基本要素

智慧社区治理新模式是一项包含多类治理主体及多项治理任务的综合性工程，传统的分析工具在分析内在关系时具有较大的局限性，而动态网络分析能够更好地处理智慧社区治理新模式的多元复杂性。动态网络分析方法源于已经发展成熟的社会网络分析方法，一个动态网络包含了一系列的节点，这些节点通过某种联系（又称为链接、弧、边）互相连接。在动态网络中节点通常代表行动者，也可以是社区中的资源、任务、信息，而这些节点又将通过某种形式的社会互动联系相连接，节点之间的关系是多维度的，可以囊括一系列不同的关系类型。因此本书借助动态网络分析方法来对治理过程的内涵进行详细分析。在进行具体内容分析之前，应从动态网络视角出发，将智慧社区治理新模式的全过程进行网格化，从网络最为基本的结构特征"点"和"线"来阐述智慧社区治理新模式动态网络的基本要素。

（1）智慧社区治理新模式动态网络的"点"

在动态网络中，"点"包括了主体、资源、任务等多种类型[146]。根据前述对智慧社区治理新模式的分析，可以发现在治理新模式中主要包含治理主体和治理内容。考虑动态网络系统中涉及治理信息和治理资金，本书将智慧社区治理新模式动态网络的节点类型最终限定为治理主体、治理任务、治理信息、治理资源。其中，治理主体（agent）节点包含了政府、市场、社会组织、居民等各类主体；治理任务（task）节点包含违建拆除、房屋修缮、管线优化等社区历史遗留问题的综合环境整治和对自然灾害、事故灾难、社会安全以及公共卫生等突发事件的应急管理；治理信息（information）节点则由政府发布内容、入驻社区企业信息、居民获取信息、物业发布信息组成；治理资源（resource）节点则包含了政府财政资金、专营单位资金、居民公积金等不同出资来源的资金。

（2）智慧社区韧性治理动态网络的"线"

"线"即各类节点之间的链接，尽管链接可以体现为一种定性的内容描述，但本书还是沿用传统网络分析的量化表达，利用数值反映节点之间的关系。数值类链接主要包含数值和方向两大基础属性，按数值划分可以分为二值网络和加权网络两类，如果网络数据只体现某一链接的存在与否，则该社会网络可以被称为"二值网络"，其中 1 和 0 分别表示特定链接存在与不存在。相应地，其他网络数据利用定序或者定距量度来反映网络行动者之间的关系强度，被称为"加权网络"。选用二值网络或加权网络，取决于研究网络链接的定义，两类网络各有优劣。相比加权网络，二值网络的数据更加易于收集，对被调查对象而言也不构成负担；然而，加权网络数据比二值数据的信息量更大，更加易于捕捉关系细微的差别。因此，在网络数值选取上要充分考虑数据的可收集性和分析深度。此外，按网络中"线"的方向可分为有向网络和无向网络，有向关系代表一种非对称关系，按照关系的定位需要确定关系的来源和目标，无向关系则不区分目标和来源，代表了关系的相互性。

结合对动态网络视角下智慧社区治理新模式中"点"和"线"的解读，可以得到新时代智慧社区治理新模式的 10 类网络，分别是 TT、TI、TA、TR、II、IA、IR、AA、AR 和 RR，具体见表 2-16。

表 2-16 新时代智慧社区治理新模式动态网络的元矩阵

	治理任务(task)	治理信息(information)	治理主体(agent)	治理资源(resource)
治理任务(task)	TT	TI	TA	TR
治理信息(information)		II	IA	IR
治理主体(agent)			AA	AR
治理资源(resource)				RR

考虑治理主体(agent)是动态网络的核心内容，因此在新时代智慧社区治理新模式网络分析时选取以治理主体(agent)为核心的子网络作为重点研究对象，对其社会关系网络(agent-agent，AA)、信息获取网络(agent-information，AI)、资源配置网络(agent-resource，AR)、任务参与网络(agent-task，AT)和集成动态网络(agent-information-resource-task，AIRT)进行解读：

① 社会关系网络(AA)通常包含交易关系、交流关系、权力关系、情感关系等。为了满足研究与简化数据收集的两类需求，本书将主观描述性的密切程度作为社会网络链接定义，密切程度一方面源于治理主体参与同一任务所产生的沟通、合作等，另一方面源于任务实施者与接收者之间产生的交易、服务等。在链接取值上，不同主体之间的密切程度不同，数值的高低决定了密切程度的高低。在链接方向上，密切程度体现一种相互的关系，具备无向性。因此，将 AA 定义为一种体现治理主体密切程度的多值无向网络。

② 信息获取网络(AI)以治理主体能获取到信息的各种渠道为主，包含治理主体与治理信息的链接网络。在链接取值上，考虑到不同主体接触到的信息数量不一样，因此数值的高低取决于主体可获得信息容量的多少。在链接方向上，包括信息发布的主体和信息接收的主体。因此，AI 是一种智慧社区内部信息流通的多值有向网络。

③ 资源配置网络(AR)反映了智慧社区可获得的各种治理资源与参与主体节点间的关系。在关系方向上，社区资源同样具有方向性，由治理主体作为来源节点，治理资源作为目标节点。在链接取值上，不同主体的出资能力不同。因此，将 AR 定位为治理资源分配的多值有向网络。

④ 任务参与网络(AT)包含了智慧社区治理新模式的治理任务与治理主体间链接的网络。在节点的方向上，治理任务具有明确的导向性，由治理主体作为来源节点，任务作为目标节点。在链接取值上，考虑到不同治理主体所负责的治理内容与工作能力不同，因此选择所负责工作对整体工作的重要程度作为量化标准。因此，将 AT 定义为体现治理新模式任务分配的多值有向网络。

⑤ 集成动态网络(AIRT)是将智慧社区治理新模式治理主体、治理信息、治理资源、治理任务相链接的网络，是将上述 4 个子网络进行了整合。因此，将 AIRT 定义为以参与主体为核心搭建的 AA、AI、AR、AT 共同组成的多元混合网络。各类网络的形式特征见表 2-17。

表 2-17　新时代智慧社区治理新模式的核心子网络和集成动态网络

网络类型	网络形态	链接定义	网络图例
社会关系网络(AA)	多值无向	体现多元主体密切程度,强度取决于彼此间的密切关系	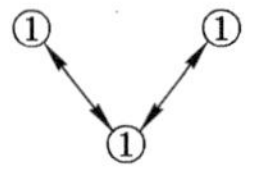
信息获取网络(AI)	多值有向	体现获取信息的各种渠道,强度为信息数量的多少	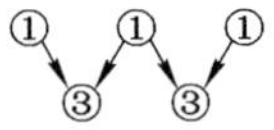
资源配置网络(AR)	多值有向	体现治理资源分配,强度为整体资源的大小	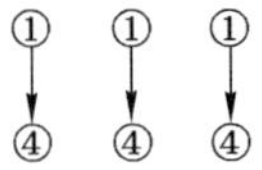
任务参与网络(AT)	多值有向	体现治理任务的分配,强度为工作的重要程度	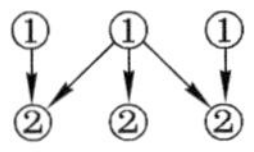
集成动态网络(AIRT)	多元混合	包含以治理主体为核心,与资源、信息、任务间连接的综合性网络	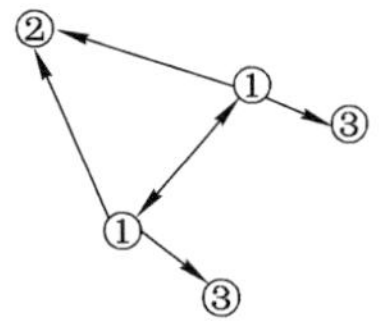

备注:网络图例中,①点代表"治理主体";②点代表"治理任务";③点代表"治理信息";④点代表"治理资源"。

2.4.3　新时代智慧社区治理新模式的特征

在对新时代智慧社区治理新模式概念界定和基本要素梳理后,可以发现新时代智慧社区治理新模式主要是以治理主体为核心,分别链接治理任务、信息及资源搭建而成。因此,可以通过对 AA、AI、AR、AT、AIRT 等 5 类网络的特征阐述,诠释新时代智慧社区治理新模式的特征。根据复杂网络理论和韧性理论,网络的特征通常表现为凝聚性、高效性、及时性、多样性、稳定性和常态性。考虑到新时代智慧社区治理新模式的 5 类网络中"点"和"线"有所不同,这些网络分别呈现出不同的特征。

(1) 社会关系网络具有治理主体凝聚性的特征。智慧社区治理新模式的治理主体作为社区治理动态网络搭建的核心部分,其在整个治理过程中发挥着关键作用,因此 AA 作为一类体现治理主体间密切关系的网络,一定程度上反映了社区韧性中的社会交互元素,体现治理主体在整个治理过程中发挥作用的大小,从而 AA 的健康状态也应作为治理网络韧性的评判标准之一,主体层面韧性的高低取决于主体关系的维持程度。因此,AA 的特征表现为能够凝聚多元主体合力,促进政府、市场和社会等主体加强合作,实现社会治理多元主体的广泛参与。

(2) 信息获取网络具有信息获取及时性的特征。信息时代的到来意味着信息在智慧社区治理新模式中发挥着不可忽视的作用,尤其是从大量复杂信息中筛选出重要信息准确传达到治理主体手中,而信息一般都具有时效性,一个运转良好的信息获取网络可以帮助我们及时获取信息并及时处理。AI 可以有效地反映社区沟通渠道的数量,从而减少社区居民面对各类风险时的反应时间,最终达到提升社区韧性治理水平的目的。因此,AI 的特征表现为能够及时获取信息并提升运转效能。

(3) 资源配置网络具有资源利用高效性的特征。资源作为社区遭遇风险时的后勤储备，其重要程度不言而喻，社区里各类主体提供资源的数量越多，资源利用率越高，其在面临常态及非常态外界风险和冲击时的应急能力越强。因此，做好社区资源供给和利用工作，是提升社区韧性治理水平最简单有效的途径，而 AR 的特征则表现为能够快速有效地利用社区各类主体所提供的资源，体现出社区资源层面的韧性水平。

(4) 任务参与网络具有治理内容多样性的特征。在智慧社区治理新模式中包含大量的治理任务，主要包括常态治理相关任务(提升社区服务质量、推进社区全面发展以及加强安全建设等)和非常态化治理相关任务(自然灾害应急管理、事故灾难应急管理以及社会安全应急管理等)。在常态化治理任务中，社区的韧性治理水平应从硬件和软件两个方面提升，并对智慧社区的综合服务水平进行有效提高。而在非常态化治理任务方面，主要针对智慧社区中容易发生的各类高风险事件进行事件发生前、发生中及发生后的治理。因此，对 AT 而言，智慧社区韧性治理水平取决于网络中包含的各项活动，反映了网络治理内容多样性的特征。

(5) 集成动态网络具有危机应对常态性及治理系统稳定性的特征。在新时代智慧社区治理新模式中，AIRT 整合了上述 4 类网络形成了一个集多元参与、信息获取、资源利用、危机应对的动态网络。因此，AIRT 基本能够长效应对社区常态风险和非常态风险，展现出其危机应对常态性及治理系统稳定性的特征。

2.5 本章小结

首先，本章梳理了新时代智慧社区的概念及内涵，分析了新时代智慧社区类型以及特征。其次，结合相关文献解释社区治理模式的概念，并在此基础上对中外社区治理的典型模式进行介绍。再次，充分考虑当前社区治理中遇到的诸多困境，总结出韧性治理是实现社区应急管理能力现代化的新方向。最后，结合前文表述，对新时代智慧社区治理新模式进行定义，并对新时代智慧社区治理新模式的基本要素和特征进行解读，从而明确本书的研究对象，为后文新时代智慧社区治理新模式形成机理的分析提供了必要的理论基础。

第3章 新时代智慧社区治理新模式要素分析

新时代智慧社区治理新模式作为一个新兴的概念,鲜有学者对其治理现状进行梳理,需要对治理主体要素、治理信息要素、治理资源要素和治理任务要素进行分析。因此,本章在确定研究目标及思路的基础上,基于对文献资料与地方政策的梳理,从动态网络的视角出发,识别新时代智慧社区治理新模式中的治理主体、治理信息、治理资源以及治理任务4类要素,并针对各要素包含的具体内容进行详细解读,从而明确新时代智慧社区治理新模式的发展现状。

3.1 新时代智慧社区治理新模式的主体要素分析

伴随着时代的进步与科技的发展,大数据、物联网等新一代科学技术在社区中得到了广泛应用,新时代智慧社区作为智慧城市的基本组成部分应运而生。智慧社区建设不仅涉及智能科技的应用,还涉及社区的利益相关者(参与主体)。只有充分激活社区建设过程中各参与主体的作用,形成多元主体协同治理的格局,才能将社区建设成为人人有责、人人尽责、人人共享的社会治理共同体。在新时代智慧社区治理新模式中,政府权力下沉到社区多元主体中,不断增强社区的自治能力,以居民为核心,政府主要提供指导服务功能,强调利益最大化,加强政府和社区内多元主体的合作以弥补政府管理方面的不足,最终实现"善治"的目标[147]。

在新时代智慧社区治理新模式的参与主体方面,国内学者及各级政府主要将其划分为政府、市场、居民和社会组织4类主体。具体而言,政府主体包括统筹协调类、财政金融类、技术指导类和社区保障类,其中统筹协调类包括政府办公厅、区管委会和住建局;财政金融类包括发改委、财政局和审计局;技术指导类包括城建重点办、交通局、生态环境局、气象局和卫健委;社区保障类包括供电公司、通信行业管理办公室、民政局、信访局、城管局、街道办和居民委员会。市场主体分为建筑施工单位和商业单位,建筑施工单位的具体部门主要有建设单位、专营单位、设计单位、土建施工单位、监理单位等;商业单位的具体部门为物业单位、智慧服务企业和其他商业单位。居民主体主要包括业主委员会、居民监督员、居民积极分子、普通居民、社区志愿者等。社会组织可分为行政事务类、居民自组织、爱心公益类3种主要类型。

3.1.1 政府相关要素分析

政府是新时代智慧社区治理的绝对核心,通过颁布政策、分配资源、考核监督等参与方式在智慧社区治理过程中占据主导权。在整个治理过程中,政府职能部门各司其职、通力合作,大致可以划分为统筹协调类、财政金融类、技术指导类、社区保障类4类。其中,统筹协调类单位的职能属性较为单一,主要包含了政府办公厅、区管委会、住建局3个政府部门;

财政金融类单位主要负责中央及省级各类专项经费和补贴的申请，并落实资金和各项融资方案政策，包括发改委、财政局和审计局 3 个部门；技术指导类单位负责指导各类社区建设技术标准，制定社区建设各项规范准则，包含的政府部门有城建重点办和自然资源和规划局；社区保障类单位主要负责做好社区建设或改造时统筹协调电力、通信、排水、燃气等各项工作，及时听取居民意见建议做好社区长效管理工作，包括的部门有公安局、水务局、供电公司、通信行业管理办公室、原有产权部门、城管局（治违办）、街道办和居民委员会。各部门具体职能详见表 3-1。

表 3-1　智慧社区治理政府主体及具体部门工作内容

部门类型	部门名称	部门工作内容	参考文献
统筹协调类	政府办公厅、区管委会	政府办公厅是治理工作的实施主体，负责组织实施本辖区内小区的治理工作，明确有关责任单位和各机构工作职责，督促各单位落实相关政策措施；区管委会按照统一的设计单位、招标、监理、检查调度、验收标准等抓好施工管理	文献[148]
	住建局	市城镇智慧社区建设指挥部办公室设在市住建局，人员从市住建局、城管局、公安局、水务局、通管办等有关单位抽调，负责指挥部办公室的日常工作；主要负责整治内容、标准、实施方案和考核办法的制定，以及整治过程中综合协调、检查、调度、考核等工作	
财政金融类	发改委	负责指导各地申请中央财政资金和整治项目立项等工作，做好电线私拉乱接现象整治的牵头和指导工作	文献[149]
	财政局	负责指导小区整治工程项目财政评审、市级以上投资资金使用的指导和监督；负责列入市城建重点工程的小区整治经费的预算评审，市级资金的筹集及拨付	
	审计局	负责指导综合整治工程的审计工作，特别是使用中央财政资金审计的指导工作；直接负责列入市城建重点工程小区整治的审计	
技术指导类	城建重点办	负责列入市城建重点工程整治项目的方案审查、资金拨付与检查督导	文献[150]
	交通局	负责本地区交通行政管理，一般包括公路和航道的规划、建设和管理、公路和水路的运输管理、规费征收等职能	
	生态环境局	负责贯彻执行国家生态环境基本制度，生态环境问题的统筹协调和监督管理，减排目标落实的监督管理，环境污染防治的监督管理，应对气候变化工作，组织开展生态环境保护督察，开展生态环境宣传教育与对外合作工作	
	气象局	负责本行政区域内气象事业发展规划的制定及气象工作的组织实施，对本行政区域内的气象活动进行指导、监督和行业管理；负责本行政区域内的气象台站和气象设施的组织建设和维护管理；组织管理本行政区域内气象探测资料的采集、传输和汇交；依法保护气象设施和探测环境；负责审查建设项目大气环境影响评价所使用的气象资料	
	卫健委	开展宣传教育，协助提供基本公共卫生服务，协助开展卫生健康重要工作，做好社区环境卫生工作，整合公共卫生服务资源，在基层群众和政府之间架设沟通桥梁	

表 3-1(续)

部门类型	部门名称	部门工作内容	参考文献
社区保障类	供电公司	负责协调施工用电、路灯用电、电动车充电设施用电审批，以及电力架空线路入地改造工作，做好电线私拉乱接整治和偷电等查处工作	文献[151]
	通信行业管理办公室	负责协调电信、广电、移动、联通、邮政等部门，分别做好小区内弱电线路的管线入地或归整、绑扎以及相关设施设备的铺设、更新、调整及维护工作	
	民政局	负责落实社会救助、社会福利政策，兜牢民生保障底线，保障困难群众生活；增强社区组织动员能力，优化社区服务功能	
	信访局	负责代表组织和社区听取群众意见和要求，及时汇集和反映社情民意，为领导科学决策、完善政策、改进工作提供参考；负责督促解决信访问题，进一步增进人民群众对党组织的信任与感情，密切党同人民群众的血肉联系，发挥桥梁、纽带作用	
	城管局(治违办)	负责对建设工作过程中的违法建设拆除以及环卫设施、垃圾分类设施、照明设施、道路公共设施建设的指导；指导各地实施小区内疏导点规范建设，指导各地做好城管进小区工作，做好执法管理工作	
	街道办	作为属地责任主体，负责本区域内智慧社区建设工作的组织实施，具体负责本区域内智慧社区建设的宣传发动、项目立项、方案设计、工程招标、工程预算决算、组织施工、纠纷处理、违章拆除、工程资料收集归档装订、竣工报验、长效管理等；负责协调并督促相关产权单位协助完成其本单位的智慧社区建设工作	
	居民委员会	同样为城市服务的基层机构，为下沉到地方的最基础机构，尽管其职能权力较为局限，但是充当了居民与政府沟通桥梁的关键角色，其负责的工作内容相对街道更为具体，且与居民保有最为密切的关系，是协调政府与居民利益的核心	

统筹协调类单位中的区政府是治理工作的实施主体，负责组织实施本辖区内小区的治理工作，明确有关责任单位和各机构工作职责，督促各单位落实相关政策措施；区管委会主要负责按照统一的设计、招标、监理、检查调度、验收标准等抓好施工管理。社区保障类单位中的责任主体是街道办，一方面负责本区域内智慧社区建设的宣传发动、项目立项、方案设计、工程招标、工程预算决算、组织施工、纠纷处理、违章拆除、工程资料收集归档装订、竣工报验、长效管理等工作；另一方面还要负责协调并督促相关产权单位协助其完成本单位的智慧社区建设工作。居民委员会作为社区保障类单位，是下沉到地方的最基础机构，尽管其职能权力较为局限，但是充当了居民与政府沟通桥梁的关键角色，其负责的工作内容相对街道更为具体，且与居民具有最为密切的关系，是协调政府与居民利益的核心。

在社区治理进程中，政府最大的优势就是可以统筹安排各部门参与到社区治理中来。如秉承"群众利益无小事"的观念，内蒙古乌兰察布市卓资山镇东街社区打造"一站式"便民服务大厅，集成了多项民生事务办理业务，使多种服务事项能够一窗办成，体现了"让数据多跑腿、让群众少跑路"的理念。社区便民服务大厅设立新时代文明实践志愿服务、党群服务、社会事务、平安建设 4 个便民服务窗口，将涉及社区服务的各项民生事务统一纳入一站式大厅，实现了手续简、流程短、办事快、质量好的工作目标，群众满意度持续提升，这一举措也体现了政府的有效引导对于社区治理效率提升的重要性。

3.1.2 市场相关要素分析

市场作为新时代智慧社区治理的技术及资源提供者，是治理的关键角色，其在整个治理过程中发挥着重要作用，在某些紧急情况下甚至影响总体决策的制定。通常可以将市场参与方划分为建设施工单位和商业单位两类，建设施工单位包括建设单位、专营单位、设计单位、土建施工单位、咨询单位、监理单位 6 类主体；商业单位则包括物业单位、智慧服务企业及其他商业单位。在建设施工单位中，建设单位通常为住建部门下设立的代建公司，负责项目全寿命周期的建设管理；设计单位主要负责前期的现场勘察和设计方案的制定，还需负责改造过程中与施工单位的工作沟通；咨询单位负责在甲方明确需求的前提下，提供全面的分析报告、建议、意见及实施路径；监理单位负责对项目施工过程进行经济、质量、工期等多方面的监督，保障项目的顺利完成。商业单位中以物业单位最为重要，其需要提供专业的物业服务，维持社区的日常管理和维护，满足居民的日常需求；智慧服务企业则负责为社区提供智能软硬件设备以及后续运营服务，提高智慧社区居民生活舒适度；其他商业单位通过招商引资方式进驻智慧社区，为社区提供更多便民服务设施。各单位工作内容详见表 3-2。

表 3-2 智慧社区治理市场主体及具体部门职能

市场主体	部门名称	部门工作内容	参考文献
建设施工单位	建设单位	通常为住建部门下设立的代建公司，负责项目全寿命周期的建设管理	文献[152]
	专营单位	包含了路灯管理处、供电公司、燃气公司等，负责各项专营职能工作的实施	
	设计单位	主要负责前期的现场勘察和设计方案的制定，还需负责改造过程中与施工单位的工作沟通	
	土建施工单位	主要负责专营单位的房屋建设、道路整修工作等	
	咨询单位	负责在甲方明确需求的前提下，提供全面的分析报告、建议意见以及实施路径	
	监理单位	负责对项目施工过程进行经济、质量、工期等多方面的监督，保障项目的顺利完成	
商业单位	物业单位	需要提供专业的物业服务，维持社区的日常管理和维护，满足居民的日常需求	文献[153]
	智慧服务企业	为社区提供智能软硬件设备以及后续运营服务，提高智慧社区居民生活舒适度	
	其他商业单位	通过招商引资方式进驻智慧社区的商业单位，为小区提供更多便民服务设施	

3.1.3 居民相关要素分析

居民是新时代智慧社区治理的被干扰者和最终受益者，提升居民参与新时代智慧社区治理的深度与广度，激发基层治理现代化活力，是提升智慧社区治理水平的创新举措。由于居民参与社区治理的参与意愿和参与能力不同，根据相关文献将居民组织分为积极主导型、权益诉求型和自我发展型 3 种类型[154]。其中，业主委员会属于积极主导型，居民监督员、居民积极分子、社区志愿者属于权益诉求型，普通居民为自我发展型。业主委员会指物业管理区域内由业主选举出的业主代表组成，一般通过业主大会决定，代表业主向社会各方反映业主的意愿和要求，并监督和协助物业单位或其他管理人履行物业服务合同。居民积极分子和居民监督员虽然都是在社区活动中较为活跃的居民，但两者之间还是有一些差别。居民积极分子起到代表居民表达意见和传达代建方信息的中介角色；而居民监督员则是负责监督整治过程中的各项活动，一般要求每个片区至少有2名。具体内容详见表3-3。

表3-3 智慧社区治理居民主体及职能

主体类型	居民组织形式	组织工作内容	参考文献
积极主导型	业主委员会	指物业管理区域内由业主选举出的业主代表组成，一般通过执行业主大会决定，代表业主向社会各方反映业主的意愿和要求，并监督和协助物业单位或其他管理人履行物业服务合同	文献[155]
权益诉求型	居民积极分子	为活跃于各项社区活动的居民，起到代表居民表达意见和传达代建方信息的中介角色	文献[156]
	居民监督员	为热心活动的居民，一般要求每个片区至少2名，负责监督整治过程中的各项活动	
	社区志愿者	由高素质老年居民和社区青年群体组成，帮助社区协调各项社区活动的开展	
自我发展型	普通居民	物业管理区域内的业主，有权对片区发现的问题进行检举，其意见信息大多由业主委员会收集	文献[157]

居民是社区治理的主体，但大多数情况下居民并不会积极参与社区治理，因此这也成为了长期困扰我国理论界和实务界的问题。并且在人们以往的印象中，参与社区治理事务的绝大多数为老年人群体，属于社会中坚力量的青年人群体则由于时间、环境、家庭等因素无法参与到社区治理中来。然而，在成都市涌泉街道瑞泉馨城社区，青年志愿者成为了社区治理活动的参与主力，并建立了“青藤之帮”参与社区建设项目。在前期针对社区青年的调查中发现，社区有一部分青年群体对于社区公益活动很感兴趣，他们通过大众媒体、参加或旁观公益活动，以及从亲朋好友处了解公益活动；同时，通过后天的学习对公益活动有了一定的认知，也有践行公益活动的想法。但是，苦于没有直接、有效的渠道了解到具体的公益活动，青年志愿者不清楚如何去参与公益活动并实现自我发展。该社区运用社会学习理论，在社区范围内招募青年人群，通过小组互动，让组员认识更多志同道合的人。通过组内交流、分享，选取可模仿的社工“模特”，观察和学习社工的策划与执行活动的经验，并通过团队合作，实地实践学习成果，将观察、模仿学习到的间接经验转化为直接的实践经验，进而参与到社区建设中来，促进社区的发展。也有一部分青年群体参与社区治理时，是应学校要求或社区邀请，但在参与过程中青年群体逐渐发现其公益行为对社区的改变、对服务对象的改变、对家庭的改变以及对自身的改变，于是逐渐由被动地参与服务转变为主动地服务他人。以青年医生李波为例，最初参与社区服务是受到社区的邀请而参与义诊服务，但在服务过程中他发现社区有很多中风老人、残障老人需要他的理疗服务，因此他成立了“健康有约小分队”，定期为这些老人进行家访，提供理疗服务。自该项目开展以来，总共调

动约 200 人次社区青年参与到社区治理活动中。与其他群体参与社区治理相比,青年人的参与让社区变得更有活力,同时也发挥了他们独特的创造性与行动力,使得社区内的问题解决得更加高效,从而推动了社区的全面发展[158]。

3.1.4 社会组织相关要素分析

我国将社会组织分为 3 类,即社会团体、民办非企业单位和基金会。而新时代智慧社区治理中涉及的社会组织类型相对来说更为复杂,可能存在某一组织同时属于社会团体和民办非企业单位的情况。因此,本书将社会组织按照它们在社区中的定位分为行政事务类、居民自组织类和爱心公益类 3 种类型。行政事务类社会组织主要包括妇联、红十字会、残联等。这类组织主要是配合政府进行工作。居民自组织类社会组织不是官方组织,因此成立时需要在街道或社区备案,工作内容主要为组织开展社区内的文体娱乐活动,一般情况下只允许社区内居民参加。爱心公益组织包括慈善组织、公益基金会及爱心企业等,这类社会组织主要进行不以盈利为目的的社会服务活动。具体内容详见表 3-4。

表 3-4 智慧社区治理社会组织主体及具体部门职能

社会组织类型	具体工作内容	参考文献
行政事务类	主要包括妇联、红十字会、残联等。这类组织主要是配合政府进行工作	文献[159]
居民自组织类	社区内居民自发成立的组织,需要在街道或者社区备案,工作内容主要为组织开展社区内的文体娱乐活动,一般只允许社区内居民参加	文献[160]
爱心公益类	包括慈善组织、公益基金会及爱心企业等,这类社会组织主要进行不以盈利为目的的社区服务活动	文献[161]

不以营利为目的进行社区服务的慈善组织是社会组织参与社区治理最常见的一种形式。以上海市长寿路慈善超市为例,长寿路慈善超市是由长寿路街道办事处委托民间组织服务中心在 2004 年创办的公益社会组织。在慈善超市建立和发展的过程中,以街道办为首的政府部门积极发挥指导、扶持和监督 3 大作用,充分利用政府的公信力,组织、整理、协调社区各部门资源,出台鼓励性政策,激活社会力量,降低运营成本,使慈善超市实现可持续发展,创造更大的社会效益。2017 年以来,长寿路街道向慈善超市提供超过 200 m^2 场地,并通过重新制作全市统一的标准化门头,合理规划超市内部布局等举措,领跑普陀区慈善超市的标准化建设。另外,以政府购买服务的方式运作慈善超市的日常经营,充分发挥社会组织的作用,同时也严格规范慈善募捐的款物和资金与超市日常运作资金分离运作,确保慈善资金全部用于社区慈善救助。同时,慈善超市总管街道内 26 个居民区和 10 个商务楼宇的经常性社会捐助点,形成了一张覆盖全街道的经常性衣被捐赠接收网。居民委员会随时可以将积压、滞销的商品捐赠给慈善超市,居民也可以将家中的闲置物品捐给超市,而社区中的困难群众可以从超市获得帮助。此举不仅解决了社区困难群众日常基本的生活需求,同时也满足了爱心人士回报社会的美好愿望,为推动社会公益事业发展提供了便利的平台和渠道[158]。

3.2 新时代智慧社区治理新模式的信息要素分析

新时代背景下智慧社区治理新模式中的信息要素是社区治理体系的重要组成部分，贯穿整个社区治理的过程，承担链接治理主体与治理任务的“中介”。然而，智慧社区建设尚不成熟，随着其治理环境日益复杂，社区不同治理主体或各个部门为了提高治理效率纷纷建立了各自的信息系统，呈现出重复建设、交叉混乱的状态，消耗了大量人力、物力和财力。随着信息技术的飞速发展，信息治理系统逐渐成为国家治理与社区治理有效链合的纽带[162]。因此，厘清社区治理信息要素的内容，对于提升社区治理效能具有重大意义。

依据识别的治理主体要素，新时代智慧社区治理新模式的信息要素可分为政府发布内容、入驻社区企业信息和居民内部信息 3 类。政府发布信息的主要内容有行政法规、国民经济和社会发展规划、专项规划、区域规划及相关政策、国民经济和社会发展统计信息等。入驻社区企业信息的主要内容有企业社区嵌入、企业招聘信息、企业救助信息、企业投资信息等。居民内部信息的主要内容有邻里间谈话居民委员会发布信息、业主委员会发布信息、社区志愿者组织发布信息等。

3.2.1 政府发布信息相关要素分析

在经济全球化的时代，瞬息万变的信息已成为社会经济发展的决定性因素。信息社会就是信息和知识将扮演主角的社会。作为最重要的信息资源，政府信息涵盖全社会信息的 80%，它既是公众了解政府行为的直接途径，也是公众监督政府行为的重要依据。新时代智慧社区治理新模式中政府发布的信息主要包括“行政法规或规章”“国民经济和社会发展规划、专项规划、区域规划及相关政策”“国民经济和社会发展统计信息”等 13 大类，具体类型及工作内容见表 3-5。

表 3-5 智慧社区治理政府发布信息类型及具体内容

信息类型	具体内容	参考文献
行政法规或规章	行政法规：国务院为领导和管理国家各项行政工作，根据宪法和法律，按照行政法规规定的程序制定的政治、经济、教育、科技、文化、外事等各类法规的总称。行政规章分为部门规章和地方规章，部门规章是指国务院各组成部门以及具有行政管理职能的直属机构根据法律和国务院的行政法规、决定、命令，在本部门权限内按照规定程序制定的规范性文件总称。地方规章：省、自治区、直辖市以及较大的市人民政府根据法律、行政法规、地方性法规所制定的普遍适用于本地区行政管理工作的规范性文件总称	文献[163]
国民经济和社会发展规划、专项规划、区域规划及相关政策	指全国或者某一地区经济、社会发展的总体纲要，即具有战略意义的指导性文件。国民经济和社会发展规划统筹安排和指导全国或某一地区的社会、经济、文化建设工作	
国民经济和社会发展统计信息	指以国民经济为总体，反映和研究国民经济总体运行状况的数量关系，即从总体上说明社会再生产过程的全貌和在再生产过程中由各种纵横交错的复杂经济联系所形成的各项比例关系的状况与变化，特别是国民经济运行供求总量和结构的状况与变化，为国民经济宏观调控及决策提供系统、完整的资料	

表 3-5(续)

信息类型	具体内容	参考文献
财政预算、决算报告	一般详细阐述收支任务完成情况、惠民政策的落实情况、税收征管情况、财政改革情况、队伍建设情况以及一些法律法规的贯彻情况，并总结工作中存在的不足之处；对当年财政预算草案进行通报，并阐述当年完成财政目标任务	文献[163]
行政事业性收费的项目、依据、标准	指国家机关、事业单位、代行政府职能的社会团体及其他组织根据法律、行政法规、地方性法规等有关规定，依照国务院规定程序批准，在向公民、法人提供特定服务的过程中，按照成本补偿和非营利原则向特定服务对象收取的费用及其收费依据和收费标准	
政府集中采购项目的目录、标准及实施情况	指政府采购对象的具体分类的详细品目，它是政府采购范围的具体化，是编制政府采购预算和政府采购计划的基础和依据	
突发公共事件的应急预案、预警信息及应对情况	明确了各类突发公共事件分级分类和预案框架体系，规定了国务院应对特别重大突发公共事件的组织体系、工作机制等内容，是指导预防和处置各类突发公共事件的规范性文件	
环境保护、公共卫生、安全生产、食品药品、产品质量的监督检查情况	有关部门对环境保护、公共卫生、安全生产、食品药品、产品质量监督检查结果的通报	
社区就业服务信息	街道办或居民委员会定期通过智慧信息发布平台向居民发布就业相关服务信息，如大型招聘会、人才交流会等	文献[164]
社区社会保障信息	街道办或居民委员会定期通过智慧信息发布平台向居民发布与社会保障管理和业务有关的各类社会、经济、劳动、保障信息，以及群众卫生健康信息和医疗卫生服务信息等	文献[165]
社区救助服务信息	街道办或居民委员会定期通过智慧信息发布平台向居民进行最低生活保障、特困人员供养、困境儿童保障、残疾人两项补贴、临时救助、支出型困难等相关政策的宣传	文献[166]
社区安全服务信息	街道办或居民委员会定期通过智慧信息发布平台向居民宣传社区内常见安全隐患及相关应急知识，如交通安全、消防安全、诈骗防范等	文献[167]
社区流动人口管理服务信息	利用智能化信息技术，为流动人口提供信息采集、登记、居住证明等服务，提供健全的文化、体育、卫生服务设施和丰富的服务内容，提升社区内流动人口社会保障、基本公共服务水平	文献[168]

3.2.2 入驻企业信息相关要素分析

企业的社会责任感，不仅体现在企业是否诚信和是否遵纪守法方面，企业与社区之间的互动、参与社区治理也是社会责任感的重要体现之一。新时代智慧社区治理新模式中入驻企业信息包括 4 类，分别为企业社区嵌入、企业招聘信息、企业救助信息和企业投资信息。具体而言，企业社区嵌入是指企业通过社区嵌入增强社区服务职能，在参与社区事务与社区活动的过程中获取社会资源。企业招聘信息是指社区入驻企业向社区居民发布招聘信息，符合条件的居民可入职企业，解决部分居民就业问题。企业救助信息指的是企业在社区内发布救助信息，对社区进行慈善捐助，缩小贫富差距，帮助社区内困难群众解决生活问题。企业投资信息是指企业对社区服务机构进行投资，如社区养老、社区医疗等，提高社区居民生活水平。具体内容详见表 3-6。

表 3-6 智慧社区治理入驻社区企业信息类型及具体内容

信息类型	具体内容	参考文献
企业社区嵌入	是指企业通过社区嵌入增强社区服务职能，在参与社区事务与社区活动的过程中获取社会资源	文献[169]
企业招聘信息	社区入驻企业向社区居民发布招聘信息，符合条件的居民可入职企业，解决部分居民就业问题	文献[170]
企业救助信息	企业在社区内发布救助信息，对社区进行慈善捐助，缩小贫富差距，帮助社区内困难群众解决生活问题	文献[171]
企业投资信息	企业对社区服务机构进行投资，如社区养老、社区医疗等，提高社区居民生活水平	文献[172]

3.2.3 居民内部信息相关要素分析

居民作为主要的社区治理参与主体，其内部的信息交流也成为各组织及个体获取信息的重要来源。新时代智慧社区治理新模式中居民内部信息主要包括邻里间谈话、居民委员会发布信息、业主委员会发布信息、社区志愿者组织发布信息 4 类。在居民内部信息要素中，居民委员会和业主委员会发布的信息更为官方和重要。居民委员会发布的信息主要包括涉及居民利益的各项政策规定，居民委员会制定的规章制度，对社区建设近期的发展规划和居民委员会财务收支，成员选举及人员聘用情况等。业主委员会发布的信息包含管理规约、业主大会议事规则、业主大会和业主委员会的决定、物业服务合同、专项维修资金的筹集和使用情况、物业共有部分的使用和收益情况、占用业主共有的道路或者占用其他场地停放汽车的处分情况、业主大会和业主委员会工作经费的收支情况等。具体内容详见表 3-7。

表 3-7 智慧社区治理居民内部信息类型及具体内容

信息类型	具体内容	参考文献
邻里间谈话	社区居民内部通过日常面对面或社交软件交谈时传递的信息	文献[173]
居民委员会发布信息	主要包括涉及居民利益的各项政策规定、居民委员会制定的规章制度、对社区建设近期的发展规划和居民委员会财务收支、成员选举及人员聘用情况等	文献[174]
业主委员会发布信息	包含管理规约、业主大会议事规则、业主大会和业主委员会的决定、物业服务合同、专项维修资金的筹集和使用情况、物业共有部分的使用和收益情况、占用业主共有的道路或者其他场地用于停放汽车车位的处分情况、业主大会和业主委员会工作经费的收支情况	文献[175]
社区志愿者组织发布信息	包括志愿者招募情况，志愿者活动内容宣传，志愿者服务内容	文献[176]

区别于以往社区居民的守望相助，如今很多社区却变成了陌生人社区，近如对门也没有任何交流。针对这一现象，多地社区尝试营建社区共同体，破解居民“无意参与”“无力参与”和“无路参与”的困境。例如，广州市南珠社区海鹰路小区针对邻里互动太少的情况，提出了打造熟人社区的想法，通过召开楼长会议、居民座谈会，建立居民常态议事机制，增强社区居民对社区事务的关心，培养居民的自治能力。社区共进行 3 个阶段的治理活动来完成对熟人社区的打造：首先，建立熟人共同体，将陌生人变为熟人。通过在楼栋、院落创建居民兴趣小组，举办“社区邻里节”“楼宇纳凉会”等各种集体活动，增加居民之间的相处频率，拓展交往渠道，形成熟人社区的氛围。其次，建立情感共同体，由熟人变为家人。社区各类组织之间、居民小组与居民群众之间，通过互助协作培育社区温情，通过参与公共议题找到利益共同点，增进社区信任，营造温馨社区大家庭。最后，建立自治共同体，由家人变为主人。通过多种参与渠道引导居民关心和参与社区公共事务，建立具有约束力和激励功能的居民公约，逐步提升社区责任感，最终以主人翁的心态，形成强烈的社区认同和归属感。在此基础上，开启社区自治共管模式，建立健全社区的楼长队伍，打造多元治理体制，最终建立居民生活共同体[158]。

3.3　新时代智慧社区治理新模式的资源要素分析

透过繁杂的社区治理工作，可以清晰地看到，资源要素是影响新时代智慧社区治理新模式的重要问题。新时代智慧社区治理新模式的资源不仅是开展各项治理工作的基本前提，而且始终贯穿和服务于社区治理工作的全过程。从这个角度看，科学整合治理资源对不断提高智慧社区治理能力具有重要的意义。治理资源包括公有资源和私有资源两类，公有资源主要有政府财政资金、专营单位资金和土地资源等，私有资源主要有居民公积金、个人及组织捐款和自筹经费等。

3.3.1　公有资源相关要素分析

公有资源为公众集体所有，主要用于涉及公共集体利益的事务。新时代智慧社区治理新模式中的公有资源包含了政府财政资金、专营单位资金、土地资源、公共服务设施、人力资源和应急物资 6 项，公有资源中的政府财政资金是指国家运用价值形式参与社会产品分配，形成归国家集中或非集中支配，并用于指定用途的资金。具体内容详见表 3-8。

表 3-8　智慧社区治理公有资源类型及具体内容

公有资源类型	具体内容	参考文献
政府财政资金	指国家运用价值形式参与社会产品分配，形成归国家集中或非集中支配，并用于指定用途的资金	文献[177]
专营单位资金	老旧小区内水、电、气、通信、广播电视等专业经营设施进行改造时，对应专营单位出资	文献[178]
土地资源	社区内建筑建设用地、配套设施建设用地、公共空间用地	文献[179]
公共服务设施	指社区内承载居民日常生活、满足社区日常功能需求的公共空间，提供包含教育、医疗、文化、体育、交通市政、商业服务和社会综合服务等满足居民日常需求的服务	文献[180]
人力资源	社区中处于劳动年龄、未到劳动年龄和超过劳动年龄但具有劳动能力的人口之和	文献[181]
应急物资	指为应对严重自然灾害、事故灾难、公共卫生事件和社会安全事件等突发公共事件应急全过程中所必需的物资保障	文献[182]

公有资源在宏观上对于配置资源十分有利，但社区中有着各种各样的公共资源，既有人人可以使用的公有资源，也有人人可以阻碍他人使用的反公有资源。公有资源会导致公共资源被过度使用的“公地悲剧”，而反公有资源会导致公共资源使用不足和使用效率低下的“反公地悲剧”。“公地悲剧”与“反公地悲剧”是城市社区公共资源整合和共享面临的双重困境，这就需要社区在公共治理活动中树立公共权威，提高公共组织的整合能力，实现资源共享与共赢。例如，上海市浦东新区塘桥社区位于陆家嘴金融城，地处寸土寸金的城市繁华地带，停车就成为了一大难题，整个社区的车位缺口达 2 000 多个。停车难的问题不仅给社区居民带来了不便，还引发了一些城市管理问题。为了子女下班之后能够有车位停车，有些老人会提前抢占车位，居民之间经常为此发生纠纷，给社区管理工作带来了不小的阻力。而且由于社区内存在车位缺口，导致居民违规停放，随之引发破坏社区内绿化带、堵住应急通道等问题，埋下了严重的安全隐患。为了缓解这些问题，从 2012 年 3 月开始，塘桥社区对社区内的停车位进行整合，通过居民委员会、业主委员会等向居民进行“共享车位”的宣传，提出“潮汐式”停车模式，并且成立专门的项目领导小组，多次召开听证会，积极采纳居民建议，公开透明治理措施，最终社区与相邻的永业大厦签订了“潮汐式停车”协议。上午 8 点 30 分至下午 17 点，永业大厦的工作人员和来访者可将车辆停在社区的停车空位上，收费标准是居民的 50%。从下午 17 点 30 分至次日上午 8 点，社区居民可以将车辆停在永业大厦所属停车位上，收费标准同样是大厦原定收费的 50%。同时，社区收取的停车费统一用于社区管理方面，这种做法使没有车位的居民也可以从中受益，减少了本项目的实施阻力[161]。实施“潮汐式”停车获得了多元主体的社会认同，实现了停车资源的共享，不仅提高了土地资源的利用率，同时也为社区居民带来了便利[183]。

3.3.2 私有资源相关要素分析

私有资源为社区居民个人所有，一般用于居民个人或专项事务。新时代智慧社区治理新模式中的私有资源包括住房公积金、个人及组织捐款和自筹经费 3 类不同出资来源的资金。其中，住房公积金是指国家机关和事业单位、国有企业、城镇集体企业、外商投资企业、城镇私营企业及其他城镇企业和事业单位、民办非企业单位、社会团体及其在职职工对等缴存的长期住房储蓄。个人及组织捐款指的是居民自发捐赠或企业组织慈善捐助资金，用于社区内事务。自筹经费指的是社区内居民针对专项事务自发筹集的资金。具体内容详见表 3-9。

表 3-9 智慧社区治理私有资源类型及具体内容

私有资源类型	具体内容	参考文献
住房公积金	指国家机关和事业单位、国有企业、城镇集体企业、外商投资企业、城镇私营企业及其他城镇企业和事业单位、民办非企业单位、社会团体及其在职职工，缴存的长期住房储蓄	文献[184]
个人及组织捐款	指居民自发捐赠或企业组织慈善捐助资金，用于社区内事务	文献[185]
自筹经费	指社区内居民针对专项事务自发筹集的资金	文献[186]

私有资源有利于补充社区治理资金缺口，但是在社区治理水平不高或信息传递不畅的时候很容易造成资源的浪费。为避免这种情况的发生，社区基金会在近几年逐渐出现

在人们的视野中，深圳市桃源居社区公益事业发展基金会就是一个良好的典型案例。在1992 年项目开发之初，桃源居社区地处 5 座荒山之中，紧邻深圳当时最大的垃圾填埋场，后又因各种政策原因，直到 1997 年桃源居社区首期才完成建设。但由于原开发商没有将社区基础市政设施与城区相衔接，再加上社区位置偏远，缺乏政府对该小区公共服务的有效供给，首期入住的 300 多户居民长期处于缺水、停电、无路的尴尬境地，社区治安、环境问题突出，业主抱怨不断。在深圳市政府的支持和社区企业负责人的不断努力之下，桃源居社区积极谋求发展，努力开拓创新，设立了社区发展基金会，促进了社区慈善公益事业的发展，也为培育社区服务性、公益性社会组织提供了可持续的资金支持[187]。桃源居社区公益事业发展基金会是由深圳桃源居集团于 2008 年捐资 1 亿元设立的非公募基金会。为了使基金会能够可持续发展，桃源居建立了社区生态链，其中基金会管资本，公益中心管资产，社会企业（物业公司）管经营，其他社区组织协助政府提供服务。社区基金会通过公益资源转换推动社区治理机制创新，克服了社区自治组织行政化倾向及社区居民参与不足和自治能力不足的困境。

3.4　新时代智慧社区治理新模式的任务要素分析

社区同时具备生活单元和治理单元的双重属性，这就导致在社区治理的过程中会面对来自不同维度的困难。而新时代智慧社区治理新模式的任务则为社区治理过程中遇到的难题指明了解决的方向，逐步破解制约社区发展的瓶颈。新时代智慧社区治理新模式的任务主要分为两大类，分别为常态化任务和非常态化任务。其中，常态化任务包括网格化治理、居民自治、人口管理、车辆管理、党务管理、志愿者管理、房屋管理、行政审批、法律宣传、法律援助、矛盾调解、社区活动这 12 项；非常态化任务主要是指突发事件的应急管理，包括自然灾害、事故灾难、社会安全以及公共卫生等突发事件的应急管理。

3.4.1　常态化任务要素分析

常态化任务是社区日常治理的常规任务，对于提高社区综合治理水平，增强人民群众获得感、幸福感、安全感具有重要的意义。在新时代智慧社区治理中，其常态化任务主要包含网格化治理、居民自治、人口管理、车辆管理、党务管理、志愿者管理、房屋管理、行政审批、法律宣传、法律援助、矛盾调解、社区活动 12 种类型。在所有常态化任务中，网格化治理、人口管理和党务管理占据社区日常治理的主导地位。网格化治理主要是指社区治理（政府）通过建设网格化治理模式，实现应用支撑、数据服务、数据资源的互联互通，达到社区治理及时服务、数据共享更新和对资源管理分析的目的，为社区治理决策提供支撑。人口管理主要是利用智能化信息技术，实现对社区各类人口信息的动态采集、空间可视化、更新和维护以及信息共享，并准确地对居民各类诉求进行采集上报，实现市民与政府的良性互动，形成实时、敏捷、长效的管理机制。党务管理的工作内容为社区管理人员通过外链社区党组织基本信息管理工作平台（党员信息、定岗联户等信息），发布党员活动信息并接受反馈，具备社区党组织信息发布功能、征集党员意见和建议的功能。各类任务具体内容见表 3-10。

表 3-10 智慧社区治理常态化任务类型及具体内容

任务类型	具体内容	参考文献
网格化治理	社区治理(政府)通过建设网格化治理模式,实现应用支撑、数据服务、数据资源的互联互通,达到社区治理及时服务、数据共享更新和对资源管理分析的目的,为社区治理决策提供支撑	文献[188]
居民自治	利用智能化信息技术,实现社区居民参与社区议事、协商、管理、监督以及发布居民相关信息	文献[189]
人口管理	利用智能化信息技术,实现对社区各类人口信息的动态采集、空间可视化、更新和维护以及信息共享,并准确对居民的各类诉求采集上报,实现市民与政府的良性互动,形成实时、敏捷、长效管理机制	文献[190]
车辆管理	利用智能化信息技术,实现对各类进入社区车辆的信息进行动态采集、空间可视化、更新和维护以及信息共享	文献[191]
党务管理	社区管理人员通过外链社区党组织基本信息管理工作平台(党员信息、定岗联户等信息),发布党员活动信息并接受反馈,具备社区党组织信息发布功能,征集党员意见和建议的功能	文献[192]
志愿者管理	利用智能化信息技术,实现对社区志愿者信息的注册登记、更新、维护等功能,对志愿者进行全面管理	文献[193]
房屋管理	利用智能化信息技术,实现对区域内包括房屋基本信息、房屋租售信息以及房屋安全状态在内的社区房屋相关信息实现动态采集、更新、维护、上报和管理	文献[194]
行政审批	利用智能化信息技术,推进公民个人办事事项向社区延伸,采取在线政务服务平台、自助一体机或柜台等形式,为社区居民提供"一站式"便捷优质高效的服务	文献[195]
法律宣传	结合信息化与传统手段,向社区居民宣传、普及法律常识和国家相关政策内容,增强社区居民法治观念	文献[196]
法律援助	利用智能化信息技术,构建综合信息服务平台,整合律师、公证、法律援助工作者、基层法律工作者和法律服务志愿者等法律服务资源,开展社区法律服务工作,使社区居民不出社区就能享受到高效优质的法律服务	文献[197]
矛盾调解	利用智能化信息技术,开展社区矛盾调解工作,实现调解过程中记录、实时上报事件信息,实现矛盾纠纷登记、分类受理、调解处理、回复归档的逐级流程管理	文献[198]
社区活动	利用信息化渠道,在社区内进行由社区工作者策划、发起、组织的社区居民参与的各类活动,丰富社区居民生活,提高社区居民素质,实现社区和谐	文献[199]

在社区治理过程中由于社区占地面积过大,常住居民人数较多,社区管理者无法精准覆盖所有区域,导致社区内出现的问题不能得到及时解决。为了改善这一情况,社区管理者提出了网格化治理社区的模式。通过了解社区整体结构分布的特征,建立一定的网格划分标准,根据标准对社区进行网格划分,明确每个区域的负责人,将原先社区内被动处理公共事务转化为主动发现问题,及时处理居民反映的事项。以合肥滨湖世纪社区为例,该社区利用信息技术,建立信息综合服务平台,实施全面的网格化管理模式。在社区层级,建立了"社区党委、共治理事会、社区服务中心"三位一体的组织架构,分别负责社区党建、社区

公共事务的管理，向社区居民提供行政服务，从整个制度框架上为社区网格化管理提供政策支持，整合社区资源。在网格层级，以网格化管理、信息化支撑、项目化服务、市场化运行作为要求，建立"党的建设、社会管理、公共服务"三位一体的网格管理，促进社区网格化管理和服务的扁平化，防止网格行政化和网格层级化倾向，实现管理和服务的直达与高效[158]。网格管理员负责将每个区域的楼栋信息通过综合服务信息平台进行编号登记，实现数据化管理，并对负责楼栋进行入户巡查。网格管理人员在网格巡查的过程中，发现社区存在的问题，通过"城管通"上报社区问题，加快网格负责人解决社区问题的速度。此外，为了向社区居民提供更好的服务，建立多种形式的社区居民建言献策的渠道，形成由网络党支部书记带领的网络管理员、信息员、楼栋组长、楼栋党小组、居民委员会组成的网络管理组织。在社区网格党支部的带领下，居民委员会通过举办社区活动，打造社区的非物质文化，形成居民对社区的高度认同感。

3.4.2 非常态化任务要素分析

作为预防和应对突发公共事件的前沿阵地，智慧社区中还会面临非常态化治理任务。加强新时代智慧社区非常态化事件的应对能力，对维护城市公共安全、减少群众生命财产损失、促进社会和谐稳定发展具有重大意义。通常，新时代智慧社区内非常态化任务包括突发自然灾害、突发事故灾难、突发社会安全以及突发公共卫生等事件的应急管理。具体而言，社区突发自然灾害应急管理主要指针对涉及社区的自然灾害作出应急响应及防治举措，突发事故灾难应急管理主要指针对涉及社区的事故灾难作应急响应及防治举措，突发社会安全应急管理主要指针对涉及社区的社会安全事件作出应急响应及防治举措，突发公共卫生应急管理主要指涉及社区的公共卫生事件作出应急响应及防治举措，详见表3-11。

表3-11 智慧社区治理非常态化任务类型及具体内容

任务类型	具体内容	参考文献
突发自然灾害应急管理	有关部门针对涉及社区的自然灾害作出应急响应及防治举措，常见的自然灾害主要包括水旱灾害，台风、暴雨、冰雹、沙尘暴等气象灾害，地震灾害，山体崩塌、滑坡、泥石流等地质灾害；风暴潮、海啸等海洋灾害以及重大生物灾害	文献[200]
突发事故灾难应急管理	有关部门针对涉及社区的事故灾难作出应急响应及防治举措，常见的事故灾难主要包括交通运输事故、燃气爆炸事故、公共设施和设备事故、环境污染和生态破坏事故等	文献[201]
突发社会安全应急管理	有关部门针对涉及社区的社会安全事件作出应急响应及防治举措，常见的社会安全事件是由一定的社会矛盾和社会问题诱发的突发事件，包括恐怖袭击、盗窃、抢劫、绑架、诈骗等人为造成的影响人民生命财产安全的事件	文献[202]
突发公共卫生应急管理	有关部门针对涉及社区的公共卫生事件作出应急响应及防治举措，常见的公共卫生事件包括造成或可能造成社会公众健康严重损害的重大传染病疫情、群体性不明原因疾病、重大食物和职业中毒以及其他严重影响公众健康的事件	文献[203]

突发事件是指突然对社会造成或者可能造成严重危害、需要采取相应处置措施以有效应对的事件。突发公共事件具有突发性、复杂性、衍生性、危害巨大、用常规手段难以解决等特点[204]。针对突发事件的应急管理，相关部门应做好预防准备、预测预警、响应控制、资

源协调、抢险救援、信息管理及善后恢复等一系列工作，以保障人民生命财产的安全，维护国家长治久安。

（1）突发自然灾害事件应急管理案例

新时代智慧社区常见的突发自然灾害事件主要包括水旱灾害，台风、暴雨、冰雹、沙尘暴等气象灾害，地震灾害，山体崩塌、滑坡、泥石流等地质灾害，风暴潮、海啸等海洋灾害以及重大生物灾害。我国自然灾害防抗救一体化的综合治理在汶川大地震之后取得了巨大进步，统一指挥的应急响应更加高效，广泛积极的社会参与更加有序，及时充足的物资保障更加到位[205]。广东省深圳市作为沿海城市，夏季盛行东南风。深圳市在台风“山竹”过境期间展示了卓越的应急管理能力：莲花街道派出工作人员在台风到来之前下沉到社区一线，对易涝点、广告牌、危险边坡、在建工地等风险点缜密排查，对居住在低洼地区的群众予以及时转移，同时前往各避难场所，检查应急物资的准备情况；在“山竹”强势来袭之时，莲花街道各社区工作人员带领应急小分队，在风雨中排查倒伏树木、积水点、危险边坡等，清理下水道口的垃圾，排出路面积水，处理台风发生时的各种隐患，保证现场设施设备正常运转；“山竹”来临期间，街道避难点共安置了 3 867 人，并为被安置群众提供食物及医疗服务；台风过后，莲花街道组织志愿者进行灾后恢复工作，对街道上的倒伏树木和断枝及时进行清理，重点加快学校、医院等公共场所周边的清理工作，全力保障市民安全出行。

（2）突发事故灾难事件应急管理案例

突发事故灾难事件是在人们生产生活过程中发生的，直接由人的生产生活活动引发的，违反人们意志迫使活动暂时或永久停止，并且造成大量的人员伤亡、经济损失或环境污染的意外事件[206]。新时代智慧社区内常见的突发事故灾难主要包括交通运输事故、燃气爆炸事故、公共设施和设备事故、环境污染和生态破坏事故等，对突发事故灾害的应急管理是新时代智慧社区治理中非常态化任务之一。有关部门及时对突发事故灾难事件进行处理能够减轻事故造成的严重后果，最大程度地保障群众的生命财产安全。以湖北省十堰市张湾区艳湖社区发生的燃气爆炸事故救援处置情况为例：在爆炸发生后，当地有关部门领导第一时间赶赴现场指导救援工作，现场成立了应急救援指挥部，调派消防救援力量 200 人，携带救援设备、生命探测仪和搜救犬等对现场展开搜救。投入警力 1 200 人对事故现场周围进行封锁及交通管制，并对周边住户逐一进行隐患排查。将因事故受伤的群众及时送医，全力救治重伤人员，并安排心理专家对伤员及遇难者家属进行心理疏导。对事故区域受灾居民及时进行妥善安置，做好安置点环境消杀、疾病监测、饮食用水卫生保障。组织专家对事故现场及周边建筑物结构安全进行评估，对核心区域周边房屋进行修缮，综合评估各方面条件后有序组织群众回迁，使当地社会秩序恢复稳定状态。

（3）社会安全事件应急管理案例

新时代智慧社区常见的社会安全事件通常是由一定的社会矛盾和社会问题诱发的突发事件，包括恐怖袭击、盗窃、抢劫、绑架、诈骗等人为造成的影响人民生命财产安全的事件。随着我国经济的发展，人民的生活水平不断提高，收入的增长在提升居民生活幸福感、使经济活跃的同时，也促使诈骗犯罪事件的发生，层出不穷的诈骗行为给家庭及个人的日常生活带来不小的困扰[207]。在科学技术发展的同时，诈骗手段也在不断更新，针对日益猖獗的电信网络诈骗，各地社区结合社区实际情况，制定了不同的打击电信网络诈骗工作方案。如厦门市凤岭街道社区各工作部门根据实际情况成立了“无欺诈社区”领导小组，设置社区党支部书记为第一责任人，全面领导后续工作。街道和社区部门组织网格成员、志愿者、居民等力量开展反欺诈宣传预防工作，采取“逢屏必亮、逢户必进、逢路必宣、逢会必讲、逢校必嘱、逢群必响、逢机必装”的工作方法，全面深入地宣传反欺诈知识，提高了社区居民的反欺诈意识水平和反欺诈能力。此外，各小区定期进行风险筛查，检查区域内是否存在“电信网络违法犯罪窝点”、“电信网络违法犯罪分子”和“电信网络违法犯罪潜在受害者”，厦门市公安局反诈中心推送电信网络诈骗预警信息时，街道派出所、各社区、街道相关部门及时联动反应，立即与预警对象（潜在受害人）取得联系，共同做好事中阻断，有效防止危害结果的发生。

（4）公共卫生事件应急管理案例

新时代智慧社区常见的公共卫生事件主要包括造成或可能造成社会公众健康严重损害的重大传染病疫情、群体性不明原因疾病、重大食物和职业中毒以及其他严重影响公众健康的事件，对社区公共卫生事件的应急管理关乎每位居民的健康安全。2020 年新冠疫情发生以来，各个社区作为城市防疫的第一道防线，为我国抗击疫情的行动提供了坚强的后盾，在众多社区之中 W 市 J 社区在应对公共卫生应急管理方面提供了良好的范例。J 社区采取“自上而下”“自下而上”等行动策略，形成了以街道党工委为核心，社区党组织、居民委员会、物业公司三方联动的工作机制。新冠疫情期间，居民委员会根据网格成员获取的信息数据库对社区居民进行初步筛选。然后，根据人群特征及其抗风险能力，选取高度易感人群、中度易感人群、一般易感人群和低易感人群，分别对应红、橙、黄、绿 4 种不同颜色。将辖区内的风险热点编制成疫情管理地图，实现弱势群体信息的每日更新和动态管理。此外，J 社群广泛运用数字技术，在“智能化”排查、“高效”管理、“云端化”服务等方面拓展了应急管理的应用场景，在疫情防控期间做到了对社区居民安全的有效管理。

3.5　本章小结

本章在新时代智慧社区治理新模式内涵剖析的基础上，从治理主体、治理信息、治理资源和治理任务 4 个方面出发，结合实际案例深度解读新时代智慧社区治理新模式各要素内容，定性分析了新时代智慧社区治理现状，为后文新时代智慧社区治理新模式形成机理的探究提供了现实基础。

第4章 基于DNA-ISM的新时代智慧社区治理新模式形成机理分析

实践过程中，新时代智慧社区治理新模式还受到各类风险的影响，分析风险作用到治理新模式的扰动路径，厘清新时代智慧社区治理新模式的形成机理，有助于拓宽新时代智慧社区治理新模式内在规律研究视角，为量化新时代智慧社区治理新模式的水平提供理论支撑。为此，本章将构建基于DNA-ISM的新时代智慧社区治理新模式形成机理分析框架，利用DNA构建新时代智慧社区治理新模式理想网络，并结合ISM建立新时代智慧社区治理新模式扰动后网络构建模型，以深圳市A智慧社区为例进行案例分析，结合专家访谈和问卷调研数据，从定性和定量两个角度揭示新时代智慧社区治理新模式的内在演化规律。

4.1 基于DNA-ISM的新时代智慧社区治理新模式形成机理分析框架

在新时代智慧社区治理新模式概念界定的基础上，明晰了新时代智慧社区治理新模式中AA、AI、AR和AT的特征，对新时代智慧社区治理新模式的治理任务、治理主体、治理资源、治理信息要素进行了详细的范围界定和内容阐述，为进一步构建新时代智慧社区治理新模式形成机理分析框架提供了思路。本书中新时代智慧社区治理新模式在治理前的状态是难以量化的，其计算内容包括AA、AI、AR、AT等4个子网络中每一条链接的数据收集，样本数量较大。因此，本书引入治理网络理想状态这一概念，通过对比治理理想状态与治理扰动后网络状态，揭示新时代智慧社区治理新模式网络状态变化。其中，社区治理理想状态是指多元主体协同合作、资源高效统筹配置、信息实时准确交换以及任务合理分配等预期目标的状态。

基于已经获取的新时代智慧社区治理新模式理想网络，通过探究各类风险对理想网络的扰动后果，从而得出新时代智慧社区治理新模式的扰动后网络。本节结合DNA视角下新时代智慧社区治理新模式网络的基本要素及特征，明确新时代智慧社区治理新模式网络分析的基本步骤，具体包括以下3个步骤，见图4-1。

第一步为新时代智慧社区治理新模式理想二值网络的构建。根据前述梳理的新时代智慧社区治理新模式基本要素，“点”和“线”是构建理想网络的关键。首先，明确新时代智慧社区治理新模式理想网络的构建思路，用主观收集法和客观收集法来识别新时代智慧社区治理新模式的治理主体、治理任务、治理资源和治理信息相关“点”，确定4类节点链接的“线”。其次，根据第3章梳理的新时代智慧社区治理新模式具体要素，基于动态网络分析法(DNA)构建初步的新时代智慧社区治理新模式理想二值网络结构，分别形成新时代智慧社

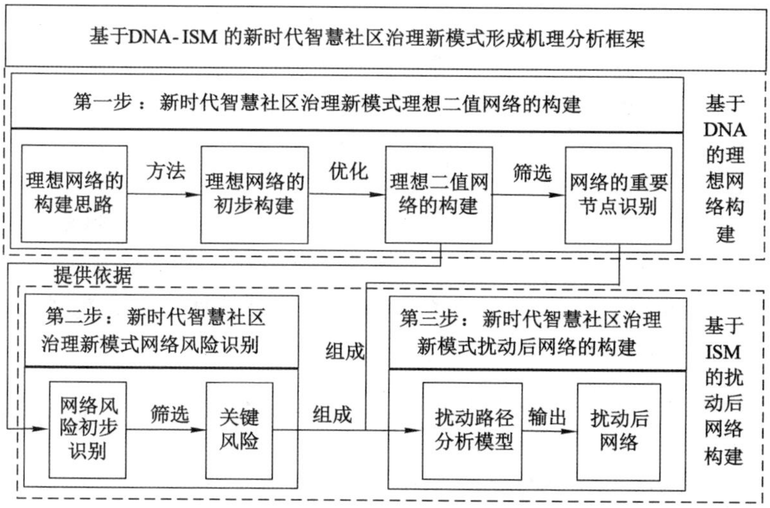

图 4-1　新时代智慧社区治理新模式形成机理分析框架

区治理新模式的初步理想二值 AA、AI、AR 和 AT。再次，结合专家访谈结果，对初步的理想网络进行优化，根据行与列之间是否存在联系设置为 1 或 0，最终得到新时代智慧社区治理新模式理想二值网络。最后，基于专家访谈资料筛选理想二值网络中的重要节点，为新时代智慧社区治理新模式扰动后网络的构建提供作用对象。

第二步为新时代智慧社区治理新模式网络风险识别。在新时代智慧社区治理过程中不可避免地会遇到多重风险，本书基于新时代智慧社区治理新模式的内涵，从动态网络的视角出发，结合韧性理论中坚固性(robustness)、快速性(rapidity)、冗余性(redundancy)、资源可调配性(resourcefulness)4 种属性，从治理主体、治理任务、治理信息以及治理资源 4 个层面初步识别新时代智慧社区治理新模式网络风险，并对关键风险进行筛选，搭建新时代智慧社区治理新模式的风险体系。

第三步为新时代智慧社区治理新模式扰动后网络的构建。首先，结合第一步中识别的新时代智慧社区治理新模式网络重要节点和第二步中筛选的关键风险，利用解释结构模型(ISM)分析理想网络重要节点与关键风险之间的内在联系，构建新时代智慧社区治理新模式扰动路径计算模型。其次，考虑风险发生的概率和风险发生后的后果，确定扰动后治理网络链接强度计算模型。最后，利用专家访谈和问卷调查法来收集相关数据，根据基于 DNA-ISM 的新时代智慧社区治理新模式形成机理分析框架，从定性和定量两个方面呈现新时代智慧社区治理新模式形成机理分析结果，识别出多条新时代智慧社区治理新模式的扰动路径，完成新时代智慧社区治理新模式扰动后网络的构建，其中扰动后网络随着社区情况的变化而变化。通过对其形成机理的分析，可以准确地定位新时代智慧社区治理新模式的薄弱环节，为后续新时代智慧社区治理新模式评价指标识别提供理论基础。

4.2　基于 DNA 的新时代智慧社区治理新模式理想网络构建

4.2.1　新时代智慧社区治理新模式理想网络的构建思路

在构建新时代智慧社区治理新模式理想网络时，需要从动态网络视角出发对其节点及链接进行识别。一般在现实环境中，即使处于同一城市的不同社区在网络结构上也会存在差异，因而需要开展详细的实地调研，厘清研究对象的现实状态。需要明确的是，尽管地区间存在差异，但是网络构建的研究框架对于其他地区的社区同样适用。

理想网络的构建是采集基础网络关系数据的过程，它也是进行网络评价的基础。通常，理想网络节点与关系的采集方法包含主观收集法和客观收集法两类。其中，主观收集法包括同伴提名法、地位生成法、资源生成法。客观收集法为档案资料法，它是指从已存在档案资料中获取信息，而非主动向行动者提问。档案资料包括了各类文献期刊、书籍以及各级地方政府的政策文件等，这些资料往往更为客观，然而档案资料法也存在无法及时更新、地区差异较难整合的缺陷。

因此，本书将结合主观收集法和客观收集法进行理想网络的搭建。首先，根据上述梳理出的新时代智慧社区治理新模式要素，基于 DNA 构建出通用的治理新模式网络框架。其次，采用传统邻接矩阵对网络框架数据进行汇总，在节点设置上，有向网络将行节点设置为关系来源，列节点设置为关系目标。无向网络因其自身对称关系故对位置没有要求。最后，对已构建的网络链接进行赋值，当 50%以上专家认为某两节点之间有关系，将链接赋值为 1；当 50%以下专家认为某两节点之间有关系，将链接赋值为 0；而当 50%左右的专家认为某两节点之间有关系，需要进行两轮访谈，根据专家意见对这两个节点之间的关系重新梳理，最终确定将其赋值为 0 或 1，完成新时代智慧社区治理新模式理想网络的构建。

4.2.2 新时代智慧社区治理新模式理想网络的初步构建

新时代智慧社区治理新模式理想网络初步构建的前提，是对新时代智慧社区治理新模式网络中的节点类型进行划分。根据 3.1 节梳理的新时代智慧社区治理新模式的主体要素，治理主体可分为政府、市场、居民和社会组织 4 类。其中，政府类主体按照职能分为统筹协调类、财政金融类、技术指导类以及社区保障类共 4 类单位；市场类主体分为建设施工单位以及商业单位；居民类主体主要有业主委员会、社区意见领袖以及普通居民共 3 类主体(将权益诉求型统一归类到社区意见领袖中)，社会组织类主体由于在实践中出现的类型较少故归为一类。基于此确定新时代智慧社区治理新模式中的主体主要为 10 类，包括统筹协调类政府单位、财政金融类政府单位、技术指导类政府单位、社区保障类政府单位、建设施工单位、商业单位、业主委员会、社区意见领袖、普通居民以及社会组织。

根据 3.2 节对新时代智慧社区治理新模式的信息要素分析，治理信息包括政府发布信息、居民内部信息、入驻社区企业信息 3 类。进一步细化各信息的具体内容，将信息节点划分为行政法规、社区就业服务信息、社区社会保障信息、社区救助服务信息、社区安全服务信息、社区流动人口管理服务信息、社区入驻企业信息、邻里间谈话、居委会信息、业主委员会信息、社区志愿者信息等 11 类治理信息。

根据 3.3 节对新时代智慧社区治理新模式的资源要素分析，公有资源主要包括政府财政资金、专营单位资金、土地资源、公共服务设施、人力资源和应急物资 6 类节点；私有资源则包括住房公积金、个人及组织捐款以及自筹经费 3 类节点，合计 9 类治理资源节点。

根据 3.4 节新时代智慧社区治理新模式的任务要素分析，社区治理的任务节点主要分为两大类，包括常态化任务以及非常态化任务。其中，常态化任务节点包括网格化治理、居民自治、人口管理、车辆管理、党务管理、志愿者管理、房屋管理、行政审批、法律宣传、法律援助、矛盾调解、社区活动等 12 类节点；而非常态化任务主要指无法预测的突发事件的应急治理，主要包括自然灾害、事故灾难、社会安全以及公共卫生等 4 类事件的治理，合计 16 类治理任务节点。

在厘清新时代智慧社区治理新模式网络各类节点的基础上，基于 DNA-ISM 的新时代智慧社区治理新模式形成机理分析框架开展第一步工作。因为新时代智慧社区治理新模式理想网络的构建需要大量节点和链接数据，所以该部分采用专家访谈法获取相关数据。专家访谈对象主要选取从事智慧社区治理、社区治理、社区应急管理工作有关的从业人员，包括相关政府部门工作人员、企事业相关员工以及高校研究机构的专家学者。在进行专家访谈时，除使用专家调查问卷收集定量数据外（专家调查问卷见附录 1），还设计了专家访谈大纲（专家访谈大纲见附录 2），用来深入探讨相关节点和链接的合理性。其中，附录 1 的专家调查问卷共包括两部分，第一部分是受访者基本信息，包括受访者的性别、年龄、职称以及从事年限等信息，第二部分则是新时代智慧社区治理新模式中治理主体、治理任务、治理信息以及治理资源节点关系识别，当专家认为某两个节点之间存在关系时，则将链接赋值为“1”，否则赋值为“0”。附录 2 的专家访谈大纲配合附录 1 使用，选择附录 1 赋分结果存在歧义的部分向专家深度咨询，从而利用 DNA 构建新时代智慧社区治理新模式的理想网络，包括 AA、AT、AI、AR 等 4 个子网络。

本次专家访谈时间为 2023 年 1 月至 2023 年 2 月，共邀请到 31 位“智慧社区建设”“社区治理”“社区应急管理”的专家进行咨询。其中，有 9 位来自高等院校或科研院所，16 位来自政府单位，6 位来自企业，受访专家的基本信息见表 4-1。由表 4-1 可知，96%的受访专家从事相关领域研究时间在 1 年以上，有 58%以上的专家在本领域工作 3 年以上，从职称和受教育程度上来看，多数受访者的受教育程度较高，具有一定的权威性。

表 4-1　参与新时代智慧社区治理新模式节点与链接合理性探讨的专家基本信息统计表

基本特征	类型	频数	占比/%
性别	男	20	64.52
	女	11	35.48
研究年限	5 年以上	10	32.26
	3～5 年（不含 3 年）	8	25.81
	1～3 年（不含 1 年）	12	38.71
	1 年及以下	1	3.22
从事领域	学术界（高等院校、科研院所等）	9	29.03
	业界（企业、社会组织等）	22	70.97
职称	正高级	0	0.00
	副高级	8	25.81
	中级	9	29.03
	初级	4	12.90
	其他	10	32.26

表 4-1(续)

基本特征	类型	频数	占比/%
受教育程度	博士	10	32.26
	硕士	13	41.94
	本科	6	19.35
	其他	2	6.45

注:本书中所有区间段取值为含前不含后,如 1～3,为从 1 到 3 但是不包括 3。

(1) 理想 AT 的构建

在明确治理主体及治理任务节点的基础上,治理任务网络的构建按照“哪些主体合作完成了哪项治理任务”的思路获取两类节点间的关系,矩阵中的数字代表所有专家中认为其有关系的专家人数。理想 AT 的初始矩阵见表 4-2。

表 4-2 理想 AT 的初始矩阵

	网格化治理	居民自治	人口管理	车辆管理	党务管理	志愿者管理	房屋管理	行政审批	法律宣传	法律服务	矛盾调解	社区活动	自然灾害应急管理	事故灾难应急管理	社会安全应急管理	公共卫生应急管理
统筹协调类政府单位	22	15	20	15	23	11	15	18	16	21	15	12	20	12	12	23
财政金融类政府单位	13	15	22	25	22	13	15	20	16	15	11	15	10	9	9	12
技术指导类政府单位	12	16	17	22	19	20	15	21	21	18	16	17	18	18	12	25
社区保障类政府单位	13	15	18	22	21	21	16	20	15	15	19	17	10	9	20	20

表 4-2(续)

	网格化治理	居民自治	人口管理	车辆管理	党务管理	志愿者管理	房屋管理	行政审批	法律宣传	法律服务	矛盾调解	社区活动	自然灾害应急管理	事故灾难应急管理	社会安全应急管理	公共卫生应急管理
建设施工单位	11	13	12	19	19	12	16	11	18	11	15	18	19	21	8	10
商业单位	11	15	15	21	15	19	9	15	18	17	17	21	21	22	20	20
业主委员会	15	23	19	17	15	11	12	6	11	9	18	19	18	18	22	17
社区意见领袖	13	11	12	11	20	15	10	6	17	7	19	19	17	18	22	19
普通居民	10	15	10	11	10	9	10	9	15	7	16	18	19	20	21	18
社会组织	11	17	16	17	20	18	15	12	12	8	16	17	20	19	12	18

(2) 理想 AA 的构建

治理主体网络关系一方面源于主体参与同一治理任务所产生的沟通、合作等,另一方面源于任务实施者和接受者之间产生的交易、服务等。在明确治理主体节点的基础上,按照"哪些主体在治理中产生联系"的思路获取治理主体节点内部的联系,矩阵中的数字代表所有专家中认为某两个主体之间产生联系的专家人数,理想 AA 的初始矩阵见表 4-3。

表 4-3　理想 AA 的初始矩阵

	统筹协调类	财政金融类	技术指导类	社区保障类	建设施工单位	商业单位	业主委员会	社区意见领袖	普通居民	社会组织
统筹协调类政府单位	0	19	16	17	16	15	16	11	15	11
财政金融类政府单位	19	0	16	11	11	16	12	0	8	8
技术指导类政府单位	16	16	0	12	15	16	13	15	15	12
社区保障类政府单位	17	11	12	0	15	13	11	12	17	13
建设施工单位	16	11	15	15	0	13	15	9	11	8
商业单位	15	16	16	13	13	0	12	16	15	12
业主委员会	16	12	13	11	15	12	0	16	19	18
社区意见领袖	11	0	15	12	9	16	16	0	18	15
普通居民	15	8	15	17	11	15	19	18	0	16
社会组织	11	8	12	13	8	12	18	15	16	0

(3) 理想 AI 的构建

在梳理完成治理主体和治理信息节点的基础上，根据“哪些主体获取哪些信息”为依据建立网络链接，矩阵中的数字代表所有专家中认为某一主体可以获取某类信息的专家人数。理想 AI 的初始矩阵见表 4-4。

表 4-4 理想 AI 的初始矩阵

	行政法规	社区就业服务信息	社区社会保障信息	社区救助服务信息	社区安全服务信息	社区流动人口管理服务信息	社区入驻企业信息	邻里间谈话	居委会信息	业主委员会信息	社区志愿者信息
统筹协调类政府单位	17	16	23	20	25	21	22	7	11	13	12
财政金融类政府单位	12	8	10	21	19	12	13	13	8	9	8
技术指导类政府单位	11	10	16	18	16	15	19	6	10	12	11
社区保障类政府单位	15	17	18	28	22	25	19	25	18	18	16
建设施工单位	9	11	10	15	15	10	22	6	9	13	18
商业单位	6	11	16	13	16	22	16	9	16	21	9
业主委员会	11	16	22	18	17	20	19	25	16	18	18
社区意见领袖	9	9	9	18	16	11	15	24	11	19	16
普通居民	7	8	9	16	19	12	12	19	12	15	16
社会组织	8	13	10	12	15	11	13	9	11	21	15

(4) 理想 AR 的构建

在梳理完成治理主体和治理资源节点的基础上，根据“哪些主体具有哪些资源”为依据建立网络链接，矩阵中的数字代表所有专家中认为某一主体可以获取某类资源的专家人数。理想 AR 的初始矩阵见表 4-5。

表 4-5 理想 AR 的初始矩阵

	政府财政资金	专营单位资金	土地资源	公共服务设施	人力资源	应急物资	住房公积金	个人及组织捐款	自筹经费
统筹协调类政府单位	22	17	25	21	28	25	12	16	11
财政金融类政府单位	21	25	12	16	12	19	18	17	12
技术指导类政府单位	11	9	12	22	18	22	16	12	6
社区保障类政府单位	11	13	13	16	22	22	13	20	15
建设施工单位	13	16	20	19	20	16	15	11	9
商业单位	9	7	11	18	15	21	11	16	15
业主委员会	6	9	8	12	19	18	11	16	11
社区意见领袖	7	8	6	13	16	18	8	16	11
普通居民	7	9	9	12	16	12	6	18	11
社会组织	7	7	12	9	12	6	19	21	22

4.2.3　新时代智慧社区治理新模式理想二值网络的构建

第一轮专家调研和访谈之后，获取了新时代智慧社区治理新模式理想网络构建的初步数据。然而，由于某些节点和链接存在一定的分歧，需进行第二轮专家访谈以提高网络节点和链接的准确度。根据相关文献[56]，若 50%以下（根据第一轮访谈专家数量，此处为 14 位）的专家认为某两个节点之间有链接，则将链接赋值为 0；若 50%以上（根据第一轮访谈专家数量，此处为 17 位）的专家认为某两个节点之间有链接，则将链接赋值为 1；对存在 50%左右（根据第一轮访谈专家数量，此处为 15 位或 16 位）的专家认为某两个节点之间有联系的需要进行两轮访谈，结合第二轮专家访谈意见对这些节点之间的关系重新梳理，最终得出理想二值网络链接打分结果。经过对第一轮专家访谈和专家问卷调研数据的整理，发现需要进行两轮访谈的链接有 88 个，具体见表 4-6。

表 4-6　待定取值链接汇总表

	治理主体	治理任务	治理信息	治理资源
统筹协调类政府单位	技术指导类政府单位、建设施工单位、商业单位、业主委员会、普通居民	居民自治、车辆管理、房屋管理、法律宣传、矛盾调解	社区就业服务信息	个人及组织捐款
财政金融类政府单位	技术指导类政府单位、商业单位	居民自治、房屋管理、法律宣传、法律服务、社区活动	—	公共服务设施
技术指导类政府单位	建设施工单位、商业单位、社区意见领袖、普通居民	居民自治、房屋管理、矛盾调解	社区社会保障信息、社区安全服务信息、社区流动人口管理服务信息	住房公积金
社区保障类政府单位	建设施工单位	居民自治、房屋管理、法律宣传、法律服务	行政法规、社区志愿者信息	公共服务设施、自筹经费
建设施工单位	业主委员会	房屋管理、矛盾调解	社区救助服务信息、社区安全服务信息	专营单位资金、应急物资、住房公积金
商业单位	社区意见领袖、普通居民	居民自治、人口管理、党务管理、行政审批	社区社会保障信息、社区安全服务信息、社区入驻企业信息、居委会信息	人力资源、个人及组织捐款、自筹经费
业主委员会	社区意见领袖	网格化管理、党务管理	社区就业服务信息、居委会信息、社区志愿者信息	个人及组织捐款
社区意见领袖	社会组织	志愿者管理	社区安全服务信息、社区入驻企业信息、社区志愿者信息	人力资源、个人及组织捐款
普通居民	社会组织	居民自治、法律宣传、矛盾调解	社区救助服务信息、业主委员会信息、社区志愿者信息	人力资源
社会组织	—	人口管理、房屋管理、矛盾调解	社区安全服务信息、社区志愿者信息	—

第二轮专家访谈仍然采用专家访谈的方式，对有争议的网络链接进行讨论，访谈大纲见附录3。第二轮专家访谈时间从2023年2月至2023年3月，共邀请到11位智慧社区治理相关领域的专家进行咨询。其中来自高等院校或科研院所的专家1位，来自政府单位的专家6位，来自企业的专家4位，受访专家的基本信息见表4-7。依据表中信息，发现受访谈的专家在社区治理领域研究年限均较长，有60%以上的专家在本领域工作3年以上，从职称和受教育程度上来看，多数受访者的受教育程度较高，具有一定的权威性。

表4-7 参与新时代智慧社区治理新模式争议节点讨论的专家基本信息统计表

基本特征	类型	频数	占比/%
性别	男	7	63.64
	女	4	36.36
研究年限	5年以上	4	36.36
	3～5年(不含3年)	3	27.27
	1～3年(不含1年)	1	9.09
	1年及以下	3	27.28
从事领域	学术界(高等院校、科研院所等)	1	9.09
	业界(企业、社会组织等)	10	90.91
职称	正高级	0	0.00
	副高级	0	0.00
	中级	5	45.45
	初级	1	9.09
	其他	5	45.46
受教育程度	博士	0	0.00
	硕士	5	45.45
	本科	5	45.45
	其他	1	9.10

(1) 理想AT二值网络的构建

结合专家访谈数据，对上述AT中待定的网络链接进行分析，发现居民自治、房屋关系、法律宣传以及矛盾调解等工作在治理主体的参与过程中具有争议。根据专家意见，在居民自治工作中，政府类单位只是有相关政策以及指导意见，并无具体工作沟通，因此删除居民自治与政府类单位的链接，将其赋值为0；对于房屋管理工作，依据政策文本以及专家文件，房屋的相关管理作为政府工作重点，往往受政府政策影响较大，同时商业单位中的物业企业作为房屋管理工作的重要参与主体也发挥了重要作用，因此保留房屋管理工作与政府类和商业单位类参与主体的链接，将其赋值为1；针对法律宣传工作，其作为社区宣传教育的重要内容，往往需要政府的专业人员进行指导，同时也需要普通居民的积极参与，故保留法律宣传工作与政府类单位以及普通居民的链接，将其赋值为1；对于社区内部矛盾调解工作，这部分主要依赖社区单位以及业委会进行相关工作，故删除内部矛盾调解与统筹协调类政府单位以及社会组织的链接，将其赋值为0，同时保留其与技术指导类政府单位、社区保障类政府单位、普通居民 3 类参与主体的链接。最终形成优化后的理想 AT 的二值邻接矩阵。具体见表 4-8。

表 4-8　理想 AT 的二值邻接矩阵

	网格化治理	居民自治	人口管理	车辆管理	党务管理	志愿者管理	房屋管理	行政审批	法律宣传	法律服务	矛盾调解	社区活动	自然灾害应急管理	事故灾难应急管理	社会安全应急管理
统筹协调类政府单位	1	0	1	1	1	0	1	1	1	1	0	0	1	0	0
财政金融类政府单位	0	0	1	1	1	0	1	1	1	1	0	1	0	0	0
技术指导类政府单位	0	0	1	1	1	1	1	1	1	1	0	1	1	1	0
社区保障类政府单位	0	0	1	1	1	1	1	1	1	0	0	1	0	0	1
建设施工单位	0	0	0	1	1	0	1	0	1	0	0	1	1	1	0
商业单位	0	1	1	1	1	1	1	1	1	1	1	1	1	1	1
业主委员会	1	1	1	1	1	0	0	0	0	0	1	1	1	1	1
社区意见领袖	0	0	0	0	1	1	0	0	1	0	1	1	1	1	1
普通居民	0	1	0	0	0	0	0	0	1	0	1	1	1	1	1
社会组织	0	1	0	1	1	1	0	0	0	0	1	1	1	1	0

(2) 理想 AA 二值网络的构建

结合专家访谈数据，对上述 AA 中待定的网络链接进行分析，发现技术指导类政府单位、建设施工单位、商业单位、业主委员会、社区意见领袖、普通居民、社会组织等主体在治理主体之间产生联系具有争议。根据专家意见，技术指导类政府主体与商业单位、社区意见领袖、普通居民 3 类主体之间的沟通合作较少，因此删除技术指导类政府单位和商业单位、社区意见领袖、普通居民 3 类参与主体的链接，将其赋值为 0；统筹协调类政府单位主要负责智慧社区治理的总体指导工作，同时协调各政府单位的关系，其与商业单位和普通居民这两类主体并无直接联系，因此删除统筹协调类政府单位主体和商业单位类主体、普通居民主体的链接，将其赋值为 0，保留与业主委员会主体的链接，将其赋值为 1；财政金融类政府单位主体和商业单位类主体直接联系密切，因此保留财政金融类政府单位主体和商业单位主体的链接，将其赋值为 1，同时保留其与其他参与主体的链接，最终形成优化后的 AA 二值邻接矩阵。见表 4-9。

表 4-9 理想 AA 的邻接矩阵

	统筹协调类	财政金融类	技术指导类	社区保障类	建设施工单位	商业单位	业主委员会	社区意见领袖	普通居民	社会组织
统筹协调类政府单位	0	1	1	1	1	1	1	0	0	0
财政金融类政府单位	1	0	1	0	0	1	0	0	0	0
技术指导类政府单位	1	1	0	0	1	1	0	1	0	0
社区保障类政府单位	1	0	0	0	1	0	0	0	0	0
建设施工单位	1	0	1	1	0	0	1	0	0	0
商业单位	1	1	1	0	0	0	0	1	1	0
业主委员会	1	0	0	0	1	0	0	1	1	1
社区意见领袖	0	0	1	0	0	1	1	0	1	1
普通居民	0	0	0	0	0	1	1	1	0	1
社会组织	0	0	0	0	0	0	1	1	1	0

（3）理想 AI 二值网络的构建

结合专家访谈数据，对上述 AI 中待定的网络链接进行分析，发现行政法规、社区就业服务信息、社区社会保障信息、社区安全服务信息、社区志愿者信息、社区救助服务信息、社区入驻企业信息、居委员会信息等信息在治理主体的参与过程中具体有争议。根据专家意见，行政法规在所有信息中最为重要，因此保留行政法规与社区保障类政府单位主体的链接，将其赋值为 1；社区安全服务信息作为社区治理中的重要信息，建设施工单位、商业单位两类主体都有义务去发布相关信息，因此保留社区安全服务信息与建设施工单位、商业单位两类主体的链接，将其赋值为 1；对于社区就业服务信息，政府类单位与其联系并不紧密，因此删除社区就业服务信息与政府类单位主体的链接，将其赋值为 0；居委会信息作为重要信息，与商业单位、业主委员会、普通居民 3 类主体之间联系紧密，因此保留居委会信息与商业单位、业主委员会、普通居民 3 类主体的链接，将其赋值为 1。最终形成优化后的理想 AI 二值邻接矩阵。具体见表 4-10。

表 4-10 理想 AI 的邻接矩阵

	行政法规	社区就业服务信息	社区社会保障信息	社区救助服务信息	社区安全服务信息	社区流动人口管理服务信息	社区入驻企业信息	邻里间谈话	居委会信息	业主委员会信息	社区志愿者信息
统筹协调类政府单位	1	1	1	1	1	1	1	0	0	0	0
财政金融类政府单位	0	0	0	1	1	0	0	0	0	0	0
技术指导类政府单位	0	0	1	1	1	1	1	0	0	0	0
社区保障类政府单位	1	1	1	1	1	1	1	1	1	1	1
建设施工单位	0	0	0	1	1	0	1	0	0	0	0
商业单位	0	0	1	0	1	1	1	0	1	1	0
业主委员会	0	1	1	1	1	1	1	1	1	1	1
社区意见领袖	0	0	0	1	1	0	1	1	0	1	1
普通居民	0	0	0	1	1	0	0	1	0	1	1
社会组织	0	0	0	0	1	0	0	0	0	1	1

（4）理想 AR 二值网络的构建

结合专家访谈数据，对上述 AR 中待定的网络链接进行分析，发现政府财政资金、专营单位资金、住房公积金、公共服务设施、应急物资、个人及组织捐款、自筹经费等资源在治理主体参与过程中有争议。根据专家意见，政府财政资金在社区治理中参与最多，且政府往往通过财政补贴的方式引入物业单位、智慧服务企业等商业单位，因此保留政府财政资金与社区保障类政府单位、商业单位两类主体的链接，将其赋值为 1；专营单位资金多用于水电气，往往需要依赖建设施工单位进行工作，因此保留专营单位资金与建设施工单位主体的链接，将其赋值为 1；对于住房公积金，其多为居民个人买房、贷款所用，因此删除住房公积金与建设施工单位主体和技术指导类政府单位主体的链接，将其赋值为 0；对于个人及组织捐款，这部分资金主要用于商业单位、业主委员会和普通居民等，故删除个人及组织捐款与统筹协调类政府单位主体的链接，将其赋值为 0，同时保留其与其他参与主体的链接，最终形成优化后的理想 AR 二值邻接矩阵。具体见表 4-11。

表 4-11 理想 AR 的邻接矩阵

	政府财政资金	专营单位资金	土地资源	公共服务设施	人力资源	应急物资	住房公积金	个人及组织捐款	自筹经费
统筹协调类政府单位	1	1	1	1	1	1	0	1	0
财政金融类政府单位	1	1	0	1	0	1	1	1	0
技术指导类政府单位	0	0	0	1	1	1	1	0	0
社区保障类政府单位	0	0	0	1	1	1	0	1	1
建设施工单位	0	1	1	1	1	1	1	0	0
商业单位	0	0	0	1	1	1	0	1	1
业主委员会	0	0	0	0	1	1	0	1	1
社区意见领袖	0	0	0	0	1	1	0	1	1
普通居民	0	0	0	0	1	0	0	1	1
社会组织	0	0	0	0	0	0	1	1	1

可视化是利用计算机图形学和图像处理技术，将数据转换成图形或图像在屏幕上显示，并进行交互处理的方法。通过集成相关的统计结果，利用可视化工具可以清晰地展现数据全貌，显示多类元素彼此的关联特征，并为管理者决策提供有效的信息支持。因此，本书借助动态网络分析的专用可视化工具 ORA，实现新时代智慧社区治理新模式理想网络的可视化分析，图中社会关系的数量在一定程度上可以体现网络的活跃节点。下面将上述 4 类新时代智慧社区治理新模式子网络输入 ORA 软件，可以得到理想状态下 4 类可视化子网络[图 4-2(a)至图 4-2(c)]和综合整治网络[图 4-2(e)]。具体而言：

① 在图 4-2(a)AT 理想二值网络中，商业单位、技术指导类政府单位、业主委员会、统筹协调类政府单位等是参与主体中较为活跃的群体，可见这类主体参与的治理任务较多，而其他各类参与主体数量分布较为均匀。

② 在图 4-2(b)AI 理想二值网络中，社区保障类政府单位、业主委员会、统筹协调类政府单位、商业单位等发布信息渠道比较多，而且社区保障类政府单位发布信息范围更广泛，

在智慧社区治理中发挥作用巨大，同时也更应关注商业单位和社区居民和社区意见领袖内部信息流通。

③ 在图 4-2(c)AA 理想二值网络中，统筹协调类政府单位作为各项活动的中心主体，在社会关系网络中最为活跃，同时社区意见领袖和业主委员会作为联通居民和政府的桥梁还拥有着较强的中介效应，商业单位和建设施工单位在社会关系方面也发挥不可忽视的作用。

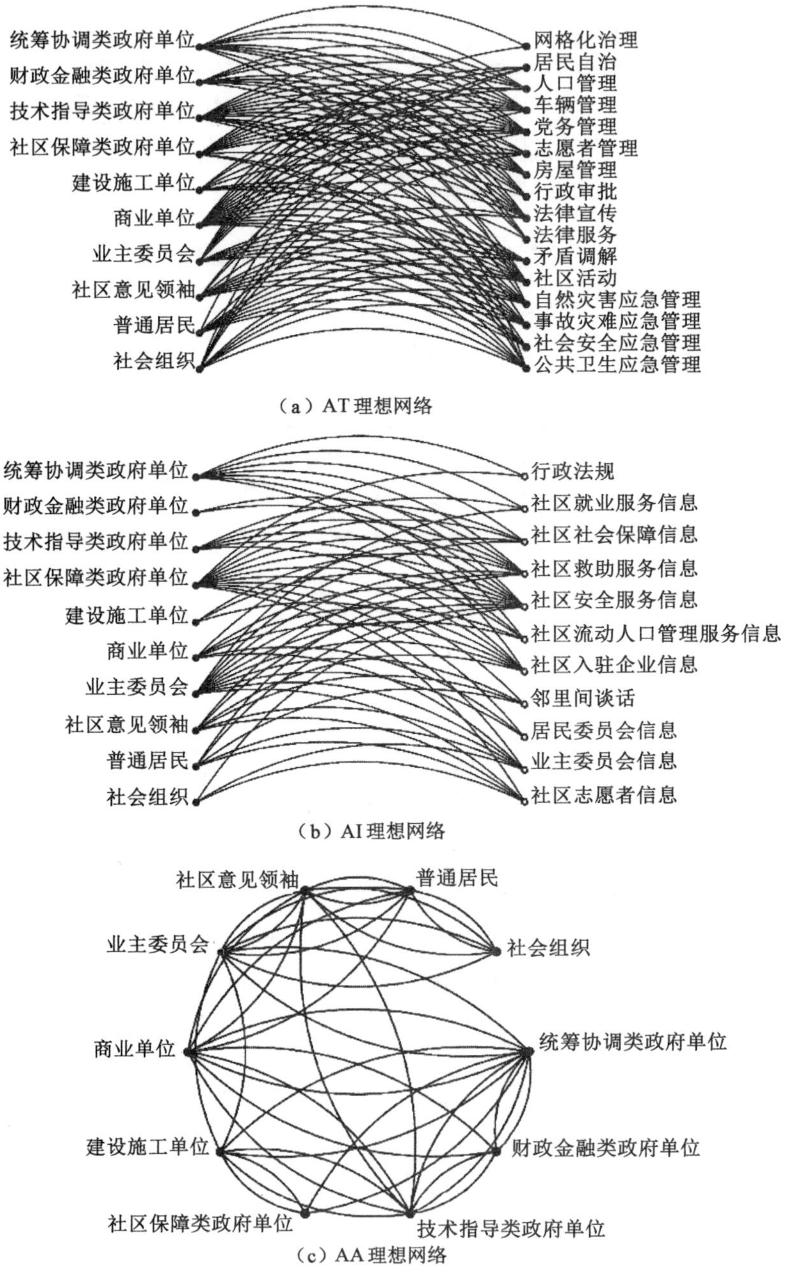

图 4-2 新时代智慧社区治理新模式理想二值网络

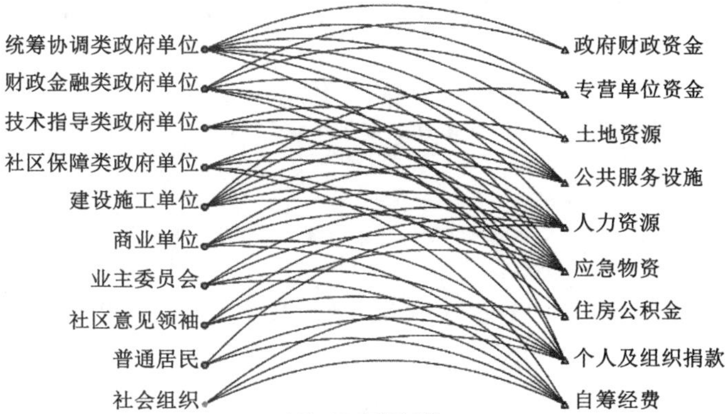

(d) AR理想网络

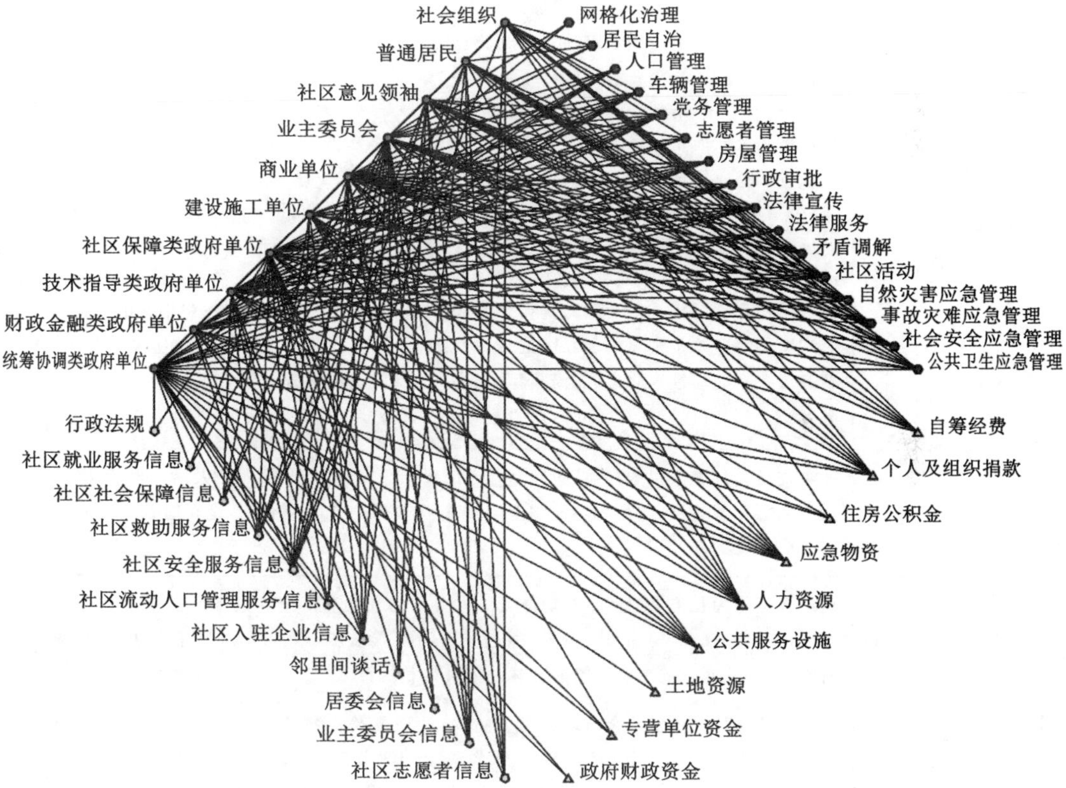

(e) AIRT理想网络

图 4-2　(续)

④ 在图 4-2(d)AR 理想二值网络中，统筹协调类政府单位、财政金融类政府单位、建设施工单位等提供的资源较多，且统筹协调类政府单位提供的资源较为全面。其中，应急物资在智慧社区治理中发挥的作用较为关键。

4.2.4　新时代智慧社区治理新模式理想网络的重要节点识别

风险会对新时代智慧社区治理新模式治理网络产生一定的扰动，而扰动范围的界定是新时代智慧社区治理新模式形成机理分析的前提，亟须明确新时代智慧社区治理新模式理想网络的重要节点。因此，结合第一轮和第二轮专家访谈数据，对 4.2.3 小节中搭建的理想二值网络重要节点进行识别，最终识别新时代智慧社区治理新模式网络的重要节点。具体见表 4-12。

表 4-12 新时代智慧社区治理新模式网络重要节点表

重要节点名称	编码	重要节点具体描述
统筹协调类政府单位	A1	统筹协调类政府单位作为新时代智慧社区治理中总领全局的单位，主要负责统筹社区的改造提升工作，根据小区改造试点的工作要求，重点做好各部门之间的联系协调。其中，住建局主要负责政策的制定与实行以及各部门的统筹协调的工作，在智慧社区日常治理过程中发挥的重要的指导作用
财政金融类政府单位	A2	财政金融类政府单位作为新时代智慧社区治理中的资金管理单位，主要负责落实资金和各项融资方案政策，以可持续方式加大对社区改造的金融支持，保证财政支出，管理好地方的财政资金。其中财政局和审计局主要从宏观角度统筹协调智慧社区的发展，对智慧社区的日常治理有着十分重要的作用
社区保障类政府单位	A3	社区保障类政府单位作为政府对接社区居民的最基层的单位，其在智慧社区日常治理事务以及社区突发事件处理上都发挥重要作用。其中街道办直接解决居民多种多样的民生诉求；公安局在维护社区治安、保障居民安全上起到主要作用；民政局主要负责社区救助以及居民自治等工作，是新时代智慧社区治理过程中不可或缺的部门
商业单位	A4	商业单位作为对接社区治理的营利性单位，其职责与义务主要体现在对小区的日常服务与管理上。物业单位主要负责社区的日常管理，如小区的公共设施、安全、房屋装修等方面；智慧服务企业让社区居民体会到智慧服务的便利，实现基础设施管理智能化，提升公共服务效能，在新时代智慧社区的治理中发挥了无可替代的作用
业主委员会	A5	业主委员会代表业主的利益，向社会各方反映业主意愿和要求，可以及时了解业主、物业使用人的意见和建议，监督和协助物业服务企业履行物业服务合同，是新时代智慧社区治理中十分重要的部门
居民自治	T1	居民自治作为我国基层民主政治建设的重要举措和社会治理的重要组成部分，主要是指社区居民本着个体需要和公共精神，通过一定的参与治理模式参与社区事务决策、实施和运营维护中，从而影响政府部门的公共政策决策和执行
矛盾调解	T2	矛盾调解是社区治安综合治理的重要防线，处理不及时容易导致居民矛盾激化，引起社区的不安定。如果社区发生了矛盾纠纷，首先由调解员率先介入，积极开展调解工作；调解没有成功的，再由社区带组干部再次开展二级调解；若调解仍没有调解成功，便由社区书记带队进行第三级调解
自然灾害应急管理	T3	自然灾害主要包括暴雨内涝、地震、冰雹等灾害。重特大自然灾害事故发生后，有关部门、单位按照快速反应、统一指挥、协同配合的原则，迅速开展救援处置工作。社区接到报告后，立即启动相应预案，组织相关部门介入；街道安监办立即向街道应急分队和街道办事处报告，提出处置工作建议，并根据事态发展情况，组织街道相关应急救援力量赶赴现场；街道相关应急救援管理部门和单位根据各自的职责，迅速开展应急救援工作
事故灾难应急管理	T4	事故灾难主要是由人出于故意或过失的行为导致的，主要包括火灾、煤气泄漏等灾害。当社区接到事故灾害报告时，社区组织部门迅速展开救援计划，根据事态的发展状况，组织救援力量，并上报街道办，街道办组织应急管理部门迅速展开救援计划

表 4-12(续)

重要节点名称	编码	重要节点具体描述
政府财政资金	R1	政府财政资金是新时代智慧社区治理资金中最重要的来源，但其使用因限制无法涉及各个方面
自筹经费	R2	自筹经费也是社区治理资金中的重要资源，主要来源于社区的集体经济组织以及有热心、有实力的居民，主要用来帮支援社区的建设以及支付社区日常运行支出
行政法规	I1	行政法规是社区治理重要的信息来源，属于行政机关制定的规范性文件，对社区居民具有约束力的规范
居民委员会信息	I2	居委会信息是社区治理中居民获取信息的重要来源，在社区治理中发挥了重要的作用，有利于帮助居民做好自然灾害应急管理、事故灾难应急管理、社会安全应急管理和公共卫生应急管理

(1) 治理主体类节点

治理主体类节点主要包括政府、市场、社会组织以及居民 4 类参与方。关于政府类节点，专家重点强调住建局在智慧社区日常治理过程中发挥的重要作用，主要负责政策的制定与实行以及各部门的统筹协调工作，因此含有住建局的统筹协调类政府单位为重要节点之一。同时，社区保障类政府单位的职责包含社区居民的日常各项工作，可以解决居民的各类民生诉求，是社区治理过程中与居民直接高频接触的政府类单位，因此包含公安部门、街道办和民政局等保障类政府单位为重要节点之一。对于财政金融类政府单位来说，其直接掌控政府的各项治理资源，有效保障政府资源的合理配置，考虑到政府财政资金在新时代智慧社区治理过程中的重要作用。因此，财政金融类政府单位节点为重要节点之一。

关于市场类节点，商业单位在新时代智慧社区治理中发挥着重要作用，其中物业单位的职责与义务主要体现在对小区的管理上，如小区的公共设施、安全、房屋装修方面。智慧服务企业可以增强居民的使用体验，让社区居民体会到智慧服务的便利，提升公共服务效能。因此，保留物业单位和智慧服务企业的商业单位类节点为重要节点之一。

关于居民类节点，业主委员会作为新时代智慧社区治理中重要的参与主体，代表业主的利益，向社会各方反映业主意愿和要求，可以及时了解业主、物业使用人的意见和建议，监督和协助物业服务企业履行物业服务合同。因此，业主委员会节点为重要节点之一。

(2) 治理任务类节点

居民自治是基层管理中很重要的环节，核心是民主管理和民主决策，实现社区居民自我管理、自我教育、自我服务，通过民主协商的方式，共同解决社区内公共事务和公益事业方面的问题，共同创造美好幸福生活。矛盾调解是社区治安综合治理的重要防线，处理不及时容易导致居民矛盾激化，引起社区的不安定，社区必须建立起一套科学的基层矛盾纠纷排查预警机制。应急管理是指社区在发生灾害时，通过建立必要的应对机制，保障公众生命、健康和财产安全，促进社会的和谐健康发展。自然灾害主要包括暴雨内涝、地震、冰雹等灾害，给社区造成严重的经济损失和人员伤亡。事故灾难主要包括火灾、煤气泄漏等灾害，给社区造成严重的经济损失和人员伤亡。因此，居民自治、矛盾调解、自然灾害应急管理和事故灾难应急管理4个治理任务节点均属于重要节点。

(3)治理资源类节点

政府财政资金是新时代智慧社区治理资源中最重要的资金来源,其使用范围涉及社区治理的各个方面。自筹经费在社区治理的资金占比中越来越高,在社区治理中的地位也日益提高。因此,政府财政资金和自筹经费两个治理资源类节点属于重要节点。

(4)治理信息类节点

行政法规是社区治理重要的信息来源,属于行政机关制定的规范性文件,对社区居民具有约束力的规范。居委会信息是社区治理中居民获取信息的重要来源,在重大突发事件中发挥了重要的作用,有利于帮助居民做好自然灾害应急管理、事故灾难应急管理、社会安全应急管理和公共卫生应急管理。因此,行政法规和居委会信息这两个治理信息类节点属于重要节点,后续可删掉其余节点。

4.3 基于ISM的新时代智慧社区治理新模式扰动后网络构建

4.3.1 新时代智慧社区治理新模式网络风险初步识别

前述构建的新时代智慧社区治理新模式理想二值网络是未受到扰动时所形成的稳定状态,然而由于外界风险和冲击的存在,使得网络稳态失衡,在单一或多重扰动下,新时代智慧社区治理新模式网络效能呈现不同的状态,见图4-3。新时代智慧社区治理新模式理想网络的效能往往高于受扰动后网络的效能,风险作用路径的不同则会使最终治理新模式的治理水平高低不等,从而呈现出治理新模式水平的差异。在新时代智慧社区治理动态网络应对扰动的过程中,各类扰动的来源决定了受扰动网络的状态,因此需要从治理新模式网络面临的风险入手,对其进行识别和归纳,探索新时代智慧社区治理新模式的形成机理。

由于新时代智慧社区治理新模式网络的风险具有隐形、潜伏性和难以量化的特点,同时考虑地域政策、经济水平、事件效应的客观差异,仅靠文献综述无法全面了解新时代智慧社区的风险因素及其内在机理。而由美国学者格拉斯(Glaser)和斯特劳斯(Strauss)于1967年提出的扎根理论可以从实际情景中构建理论知识,突破空大理论和个人经验的局限,实现研究的可追溯性、可重复性和可验证性,因此本书选择采用扎根理论从已有文献资料和学者对风险因素认知两方面出发,识别新时代智慧社区治理面临的风险,形成最终的风险体系。在使用流程上,经典扎根理论进行全开放式的数据收集和分析,采用"实质性编码—理论性编码"的实施步骤。程序型扎根理论则对应用流程进行结构化处理,对数据采用"开放式编码→主轴式编码→选择式编码"的实施步骤;构建型扎根理论认为应将研究者的思想融入到应用流程中,实现流程的最大弹性。综合各类扎根理论,本书采用程序型扎根理论作为实施路径,其具体使用流程见图4-4。

在文献对象选择上,以"智慧社区治理""智慧社区管理""社区治理创新""社区治理模式";"smart community governance""smart community management""innovation community governance""model of community governance"为关键词,在文献权威且资源丰富的中国知网(CNKI)和Web of science进行检索(文献截至2022年8月1日),在阅读文献摘要

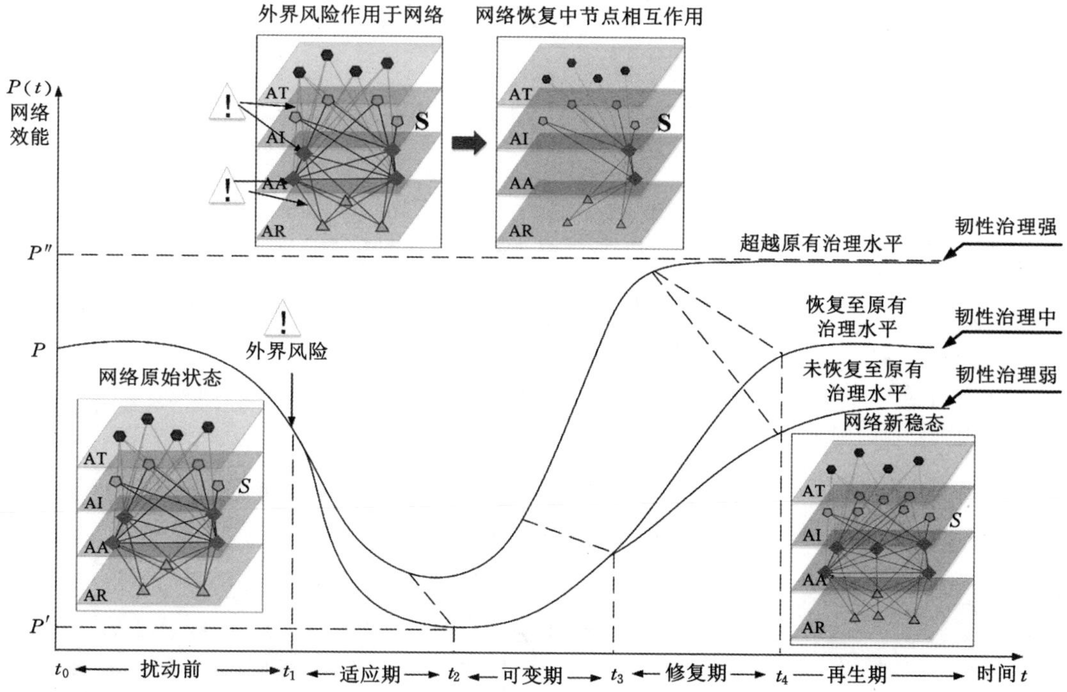

图 4-3　新时代智慧社区治理新模式网络应对风险的反应机制示意图

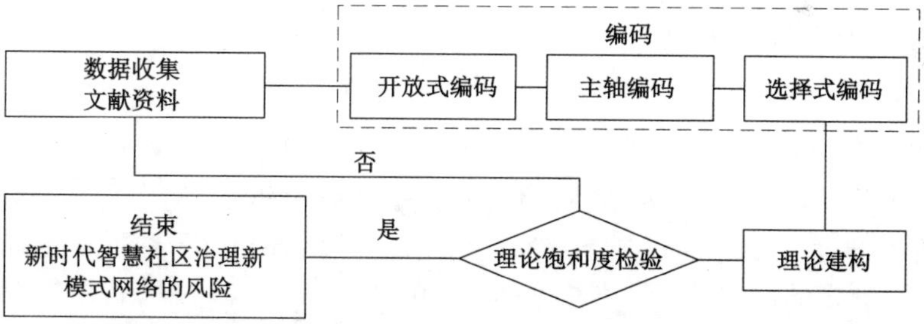

图 4-4　基于扎根理论的新时代智慧社区治理新模式网络风险初步识别步骤

和结论后剔除无关以及较旧的文献后，剩余 33 篇。以检索所得的 33 篇中英文文献为原始文本，通过对主题、摘要的二次筛选，最终得到 30 篇文献作为质性分析的原始材料，随机选择 21 篇作为质性分析的原始材料，剩余 9 篇用作理论饱和度分析。文献收集完成后，将各文本导入 Nvivo 质性分析软件中，进行统一编码、类属分析和归纳，得到最终的核心范畴。

(1) 开放式编码

首先采用开放式编码的方式，开放式编码作为扎根理论中的一个操作过程，具体步骤如下：分配标签概念→对概念进行深入分析并挖掘具有代表性的类别→准确的命名类别→寻找类别的维度[208]。研究者基于原始材料对文本片段逐个进行概念化，获得对应的概念或范畴，部分开放式编码结果见表 4-13。

表 4-13 文献开放式编码部分结果

编码	初始范畴	原始资料	文献来源
A1	居民社区意识淡薄	居民议事权和监督权弱化，多被置于社区环境改善、座谈会例行参与等较低层级，在涉及政治性问题的事务处理中，常被隔绝事外，导致居民自治活力不足，参与度日趋降低，治理效果欠佳	文献[209]
A2	居民素质欠缺	该领域研究强调问题的关键是智慧社区技术的居民认知度不高	文献[18]
A3	政府管理能力欠缺	目前社区工作人员年龄结构失调，工作人员专业知识水平不足，使得社区工作人员职业化、专业化不足	文献[209]
A4	社会组织独立性不足	社会组织从发展的动力机制来看，主要表现为内生动力、资金来源、公民意识等方面的不足	文献[210]
A5	物业管理存在不足	社区中的物业管理部门虽然能给社区带来一定的服务，但机械化、缺乏人情味的管理导致社区居民的归属感、凝聚力不强，社区居民与物业之间的摩擦时有发生	文献[211]
A6	政府预算不足	无论是政府或市场主导型的智慧社区建设实践，大都需要大量的资金投入和多部门配合，对基层政府的财力和行政能力均有较高的要求，短期内很难达到全覆盖	文献[212]
A7	信息共享存在壁垒	政府和社区之间出现所谓的“信息孤岛”现象，难以实现信息的共享和交流	文献[213]

（2）主轴编码与选择式编码

在完成开放式编码后，开始主轴编码。对范畴进行对比分析和归纳，将类似的编码链接在一起，从而建立范畴之间的逻辑关系，得到各范畴所属的主范畴。本书结合新时代智慧社区事故报告和新闻，将筛查后得到的 17 个初始范畴按照风险的主体来源进行归纳，最终总结得到 7 类主范畴，见表 4-14。然后，在选择编码中，将所有的主范畴依据其所属性质进行最终的归纳提炼，本书将核心范畴确定为“新时代智慧社区治理新模式网络的风险”。

由表 4-14 可知，当前影响新时代智慧社区治理新模式网络的风险因素主要包括居民方风险（X_1）、政府方风险（X_2）、社会组织方风险（X_3）、市场方风险（X_4）、治理任务风险（X_5）、治理信息风险（X_6）和治理资源风险（X_7）。其中，X_1 风险包括居民社区意识淡薄风险（S_1）、居民素质欠缺（S_2）；X_2 风险包括政府决策偏差风险（S_3）、政府管理能力欠缺风险（S_4）、政策法律体系不健全风险（S_5）；X_3 风险包括社会组织独立性不足风险（S_6）、社会组织参与治理渠道不畅风险（S_7）；X_4 风险包括物业管理存在不足（S_8）、施工纠纷风险（S_9）；X_5 风险包括规划设计方案欠缺风险（S_{10}）、运行维护技术欠缺风险（S_{11}）、宣传引导欠缺风险（S_{12}）；X_6 风险包括信息泄露风险（S_{13}）、信息共享存在壁垒风险（S_{14}）、政府信息公布标准不统一风险（S_{15}）；X_7 风险包括社会盈利空间欠缺风险（S_{16}）、政府预算不足风险（S_{17}）。需要说明的是，S_1～S_{17} 为初步识别风险。

表 4-14　主范畴与初始范畴及其逻辑关系

核心范畴	主范畴	初始范畴	范畴内涵
新时代智慧社区治理新模式网络的风险	X_1：居民方风险	S_1：居民社区意识淡薄风险	居民参与社区治理意识欠缺，对社区风险认识不足，影响社会关系和治理任务开展，降低社区智慧治理水平
		S_2：居民素质欠缺风险	居民素质不足，直接影响居民对智慧技术和技术服务的接收能力，使智慧城市顶层设计的实现更加困难
	X_2：政府方风险	S_3：政府决策偏差风险	政府未考虑当地智慧社区建设的实际情况，可能导致模式嵌入的不适应以及智慧社区建设的趋同，提高决策风险，智慧社区建设面临更多不确定性
		S_4：政府管理能力欠缺风险	政府管理能力包含资源管理、人员专业能力、组织协同处理能力，这些能力不足会阻碍智慧社区建设，降低政府单位智慧社区治理能力
		S_5：政策法律体系不健全风险	政府政策法律体系不健全，会影响智慧社区建设方案实施，束缚智慧社区的资源配置，加大社区主体利益冲突的风险
	X_3：社会组织方风险	S_6：社会组织独立性不足风险	社会组织独立性不足，过于依赖政府部门，使其在参与智慧社区建设中受到阻碍
		S_7：社会组织参与治理渠道不畅风险	社会组织参与治理介入程序复杂，社会组织功能弱化，参与治理方式和内容有限，不能充分发挥社会组织作用
	X_4：市场方风险	S_8：物业管理存在不足风险	目前物业方管理方法机械化，服务内容少，服务意识不到位，导致智慧社区居民体验感降低
		S_9：施工纠纷风险	建设单位对社区进行智慧化建设过程中会给居民带来不便，可能会产生施工方与居民的纠纷
	X_5：治理任务风险	S_{10}：规划设计方案欠缺风险	包括规划设计可行性不足、基础设施布置不合理、设计浪费等情况，影响智慧社区建设水平
		S_{11}：运行维护技术欠缺风险	包含在治理过程中设施运行及维护不当，给管理者和居民带来不便
		S_{12}：宣传引导欠缺风险	宣传引导不足会导致基础设施布置以及相关数字服务不被理解，使得智慧社区制度建设面临信任风险，导致居民产生不满情绪
	X_6：治理信息风险	S_{13}：信息泄露风险	政府、社会组织和企业各方提供智慧化便民服务，使得各类私密信息大规模联网，扩大信息泄露的风险，最终影响着智慧社区建设任务的完成
		S_{14}：信息共享存在壁垒风险	在智慧社区的治理中，政府和社区之间缺乏有效沟通，信息流通不畅导致建设进度缓慢
		S_{15}：政府信息公布标准不统一风险	信息公开过程中，各部门数据信息收集标准不统一，政府信息公开的公信力遭受损害
	X_7：治理资源风险	S_{16}：社会盈利空间欠缺风险	智慧社区建设营利方式单一，利润不足，会使得各参与方资金能力下降，影响其参与治理的能力
		S_{17}：政府预算不足风险	政府预算不足会直接影响财政部门的资金能力，间接导致建设单位以及各市场方治理能力下降

(3) 理论性饱和

在扎根理论中,当数据达到理论性饱和时可以停止收集数据。对剩下的 9 篇文献进行饱和度测试,找不出新的新时代智慧社区治理新模式网络风险,现有 7 类风险可以代表新时代智慧社区治理新模式网络的全部风险,则停止抽样,表明新时代智慧社区治理新模式网络风险体系是饱和完整的。

表 4-14 所识别的风险主要来源于文献,为了从实践层面增强风险识别的科学性,本书对“智慧社区建设”“社区治理”“社区应急管理”等领域专家进行深入访谈,以进一步优化风险的选取。本书邀请了 31 位上述领域具有丰富社区治理经验的专家进行访谈,专家信息具体见表 4-1,访谈的主要目标围绕新时代智慧社区治理新模式风险进行分析,访谈大纲见附录 4。通过对访谈结果的整理和分析,专家针对风险的优化建议如下:

在风险的维度设置方面,各位专家在查阅已有分类方式后,基本赞同从治理主体、治理任务、治理信息以及治理资源等层面进行风险的划分,这一划分与风险的扰动对象(新时代智慧社区治理新模式网络)相对应。

针对 X_1 居民方风险,专家指出当前居民普遍习惯于在智慧社区治理中政府的大包大揽,实际上居民的自我管理、自救能力不足,同时较为认可居民意识和能力上存在欠缺的风险,结合专家意见修改 S_2 为居民能力欠缺的风险。

针对 X_2 政府方风险,部分专家认为这一风险在新时代智慧社区治理中影响较大,存在政策法律体系不健全的问题,但政府管理能力说法较为宽泛,提到当前各级政府容易出现政策落实不到位的情况。因此,结合专家意见将 S_4 修改为政府执行力欠缺的风险。此外,政府方还存在社区基层队伍建设不够稳定的问题,基层人员流动比较大,社区工作者流失,缺少社区带头人,导致社区工作前后链接难,影响社区工作的可持续性。根据专家意见,增加了 S_6 社区基层组织建设不稳定的风险。

针对 X_3 社会组织方风险,专家充分认可社会组织在新时代智慧社区治理过程中发挥不可忽视的作用,提到其作为重要参与主体,目前仍存在社会组织自身能力建设不足的问题,专业化程度不够。根据专家意见,增加 S_9 社会组织自身专业能力不足的风险。

针对 X_4 市场方风险,专家提到当前市场方最大的风险是伪市场的风险,即在社区层面并没有充分发挥市场在资源配置中的决定性作用,政府下发政策时,没有配套给物业服务企业对应的资源,也造就了物业管理内容多,无法保质保量地提供物业的服务内容,物业服务与居民需求无法匹配。因此,根据访谈结果,将市场方风险改为 S_7 市场机制失灵的风险以及 S_{11} 社区企业服务不到位的风险。

针对 X_5 治理任务风险,专家基本赞同已识别的 S_{12} 规划设计方案欠缺风险、S_{13} 运行维护技术欠缺风险、S_{14} 宣传引导欠缺风险,并且强调这些风险可能会耦合发生,对新时代智慧社区治理新模式产生系列影响。

针对 X_6 治理信息风险,专家认为政府信息公开不足和信息发布不及时,容易给谣言传播留有空间,造成群众恐慌。专家表示信息安全已经愈发引起重视,但当前信息共享渠道较为充足,基本不存在壁垒情况。因此,在遵循专家意见的情况下,删除信息共享存在壁垒这一子风险,保留 S_{15} 信息泄露风险以及 S_{16} 政府信息公布不足风险。

针对 X_7 治理资源风险,专家表示当前社区资金多数靠政府出资,认为当前政府资金压力较大以及市场方获取收益的渠道非常有限,故已有识别的两项风险并无改动。对于社区资金紧缺的问题，专家认为良好的制度模式是有效的，例如共有资金基本账户采用酬金制物业运行管理模式，来自居民的物业费是社区资金来源的一个重要方面，盈余部分可以覆盖基础设施改造等社区所需资金的方方面面，社区的资金存放在共有资金基本账户里面，通过业委会审核购买，降低了社区治理所需经费。

根据以上专家访谈的结果，最终确定 18 项新时代智慧社区治理新模式网络面临的风险，具体见表 4-15。

表 4-15　新时代智慧社区治理新模式风险汇总表

核心范畴	主范畴	初始范畴	范畴内涵
新时代智慧社区治理新模式网络的风险	X_1：居民方风险	S_1：居民社区意识淡薄风险	居民参与社区治理意识欠缺，对社区风险认识不足，影响社会关系和治理任务开展，降低社区智慧治理水平
		S_2：居民能力欠缺风险	居民能力不足，直接影响居民对智慧技术和技术服务的使用水平，使智慧社区顶层设计的实现更加困难
	X_2：政府方风险	S_3：政府决策偏差风险	政府未考虑当地智慧社区建设的实际情况，可能导致模式嵌入的不适应以及智慧社区建设的趋同，提高决策风险，智慧社区建设面临更多不确定性
		S_4：政府执行力欠缺风险	政府的各级考核考评体系不够完善、执行力不足会延缓智慧社区建设进程，降低智慧社区治理效能
		S_5：政策法律体系不健全风险	政府政策法律体系不健全，会影响智慧社区建设方案实施，束缚智慧社区的资源配置，加大社区主体利益冲突的风险
		S_6：社区基层组织建设不稳定风险	社区基层组织建设不稳定，人员流动性大，社区人员和队伍缺失，影响社区工作的可持续性，给社区治理带来很大的困扰
	X_3：社会组织方风险	S_7：社会组织独立性不足风险	社会组织独立性不足，过于依赖政府部门，使其在参与智慧社区建设中受到阻碍
		S_8：社会组织参与治理渠道不足风险	社会组织参与治理介入程序复杂，社会组织功能弱化，参与治理方式和内容有限，不能充分发挥社会组织作用
		S_9：社会组织自身专业能力不足风险	社会组织工作人员不够专业，缺乏专业的社区工作人员，非专业人员比例大，自身能力不足
	X_4：市场方风险	S_{10}：市场机制失灵风险	政府对市场产生不当干预导致市场机制不能充分发挥作用，资源配置缺乏效率
		S_{11}：社区企业服务不到位风险	物业等相关企业服务与居民需求差距较大，服务不到位，与居民产生矛盾，存在居民对社区服务不满意的问题
	X_5：治理任务风险	S_{12}：规划设计方案欠缺风险	包括规划设计可行性不足、基础设施布置不合理、设计浪费等情况，影响智慧社区建设水平
		S_{13}：运行维护技术欠缺风险	包含在治理过程中设施运行及维护不当，给管理者和居民带来不便
		S_{14}：宣传引导欠缺风险	宣传引导不足会导致基础设施布置以及相关数字服务不被理解，使得智慧社区制度建设面临信任风险，导致居民产生不满情绪

表 4-15(续)

核心范畴	主范畴	初始范畴	范畴内涵
新时代智慧社区治理新模式网络的风险	X_6:治理信息风险	S_{15}:信息泄露风险	政府、社会组织和企业各方提供智慧化便民服务，使得各类私密信息大规模联网，扩大信息泄露的风险，最终影响智慧社区建设任务的完成
		S_{16}:政府信息公开不足风险	信息公开过程中，各部门数据信息收集标准不统一，公开不及时，政府信息公开的公信力遭受损害，造成政府信誉度降低、恐慌等情况
	X_7:治理资源风险	S_{17}:社会盈利空间欠缺风险	智慧社区建设利方式单一，利润不足，会使得各参与方资金能力下降，影响其参与治理的能力
		S_{18}:政府预算不足风险	政府预算不足会直接影响财政部门的资金能力，间接导致建设单位以及各市场方治理能力下降

4.3.2 新时代智慧社区治理新模式网络关键风险筛选

鉴于部分风险对新时代智慧社区治理网络扰动程度较低，因此邀请第二轮访谈中的 11 位智慧社区治理相关领域专家进行专家访谈(详细专家访谈大纲见附录 5)。访谈大纲主要包括 3 个部分:第一部分是受访者的基本信息;第二部分是专家对风险扰动网络程度的打分，根据各维度风险对新时代智慧社区治理网络的扰动程度，对初步识别的风险进行 1～5 重要程度打分;第三部分是半开放式问题，咨询专家对于风险对新时代智慧社区治理网络扰动程度的看法，并结合自己的研究或实践，对各风险因素进行解析。结合第一轮和第二轮专家访谈数据，识别新时代智慧社区治理新模式网络关键风险，被调研专家的详细信息见表 4-7，专家打分结果详见表 4-16。

表 4-16 新时代智慧社区治理新模式网络关键风险打分结果

风险维度	具体风险指标	五级量表专家打分均值
X_1:居民方风险	S_1:居民社区意识淡薄风险	4.3
	S_2:居民能力欠缺风险	3.0
X_2:政府方风险	S_3:政府决策偏差风险	3.6
	S_4:政府执行力欠缺风险	4.7
	S_5:政策法律体系不健全风险	2.9
	S_6:社区基层组织建设不稳定风险	4.5
X_3:社会组织方风险	S_7:社会组织独立性不足风险	2.7
	S_8:社会组织参与渠道不足风险	3.1
	S_9:社会组织自身专业能力不足风险	2.5
X_4:市场方风险	S_{10}:市场机制失灵风险	2.5
	S_{11}:社区企业服务不到位风险	4.3
X_5:治理任务风险	S_{12}:规划设计方案欠缺风险	4.1
	S_{13}:运行维护技术欠缺风险	2.8
	S_{14}:宣传引导欠缺风险	3.3

表 4-16(续)

风险维度	具体风险指标	五级量表专家打分均值
X_6：治理信息风险	S_{15}：信息泄露风险	2.9
	S_{16}：政府信息公开不足风险	4.2
X_7：治理资源风险	S_{17}：社会盈利空间欠缺风险	2.7
	S_{18}：政府预算不足风险	4.5

由表 4-16 可知，专家打分均值超过 3 分的有居民社区意识淡薄风险(S_1)、居民素质欠缺风险(S_2)、政府决策偏差风险(S_3)、政府执行力欠缺风险(S_4)、社区基层组织建设不稳定风险(S_6)、社会组织参与渠道不足风险(S_8)、社区企业服务不到位风险(S_{11})、规划设计方案欠缺风险(S_{12})、宣传引导欠缺风险(S_{14})、政府信息公开不足风险(S_{16})、政府预算不足风险(S_{18})，这些风险均需要在新时代智慧社区治理过程中重点关注。同时，结合第一轮和第二轮专家访谈数据，筛选对治理网络产生较大扰动的关键风险因素。具体分析结果如下：

(1) 关于居民方风险，治理意识淡薄与治理能力欠缺是重要的风险来源。有关专家指出，长期以来在我国社区治理过程中，居民作为重要的参与主体，缺乏主人翁意识，多数情况下面对实际的问题与困难，更多的是采取观望态度，被动等待政府部门或物业部门处理。而这样的意识淡薄与治理能力欠缺会带来譬如信息反馈滞后、多部门协作不畅等问题，因此可将居民治理意识淡薄与治理能力欠缺作为居民方的重要风险。

(2) 关于政府方风险，专家普遍认为决策偏差带来的风险指数最高，错误的决策很可能带来不可逆转的重大危害。另外，政府执行力欠缺是次一级风险来源，政府实际工作执行力的高低与政策实际落地情况和实施效果成正相关，政府执行力不足必然导致社区治理工作不畅，进而影响到 4 大主体协作配合，因此政府执行力欠缺是重要的风险来源。除以上两点之外，多名专家认为基层组织不稳定以及政策法律不健全同样会给新时代智慧社区治理带来风险，基层组织不稳定会导致政策在最终落地阶段无法有效推进，更进一步的基层组织不稳可能导致政府与居民关系恶化，甚至影响政府形象。而政策法律的不健全直接会在源头处对新时代智慧社区治理带来一定风险，只有在健全完善的政策法律指导和约束下，才能有效地推进新时代智慧社区治理新模式。

(3) 关于市场方风险，专家普遍认为其风险主要体现为社区企业服务不到位，而社区企业服务作为重要的社区治理体现形式，直接关系到社区居民的实际生活体验。社区企业服务系统如果不能及时根据新时代智慧社区治理模式做出改变，将直接影响新时代智慧社区治理模式的落地情况。

(4) 关于社会组织方风险，有专家认为由于社会组织在社区中存在较少，其运营过程中产生的风险对于新时代智慧社区治理的干扰较低。但从主体间相互协作角度来讲，社会组织仍具有独立性不足、参与渠道不足和自身能力不足 3 方面风险。

(5) 在治理任务风险中，专家认为宣传引导欠缺带来的风险指数最高，宣传任务是打通各个节点的必经途径。尤其是社区居民这一主体，要想让其在社区治理过程中发挥出重大作用，必须以有效的宣传引导措施托底。此外，规划方案与运行维护技术欠缺也是重大的治理任务风险，规划方案事关治理新模式能否因地制宜实施，而有效可行的运行维护技术又是新模式长期维持的必要保证，这两个方面如有所欠缺，必然会给新时代智慧社区治理模式实施带来较大风险。

(6) 在治理信息风险中,信息安全是重点关注对象,一旦发生信息泄露,对社区居民隐私权以及人身安全都会带来极大威胁,更有可能带来社区建设过程中商业上的不当竞争,严重阻碍新时代智慧社区治理进程。另外,信息收集与公开标准不统一,也会给治理信息带来一定风险。从整体布局角度来讲,各个社区治理过程中,应有统一的信息收集与公开标准,避免给群众带来隔阂感,影响居民对社区治理其他主体的信任度。

(7) 在治理资源风险中,专家一致认为预算不足是关键风险来源,由于各个社区实际情况不同,其治理成本自然也不同,财政部门难以实现准确预算,划拨预算不足导致临时追加预算的情况时有发生。从社区治理长期发展过程中来看,虽然自筹经费占比逐渐升高,但资金主要来源依旧是以政府财政出资为主,其来源较为单一。一旦资金供给中断或预算不足,则降低社区治理措施的效力,给新时代智慧社区治理模式实施带来较大风险。

因此最终筛选出新时代智慧社区治理新模式影响较大的 7 个关键风险因素,包括政府执行力欠缺风险、政府基层组织建设不稳定风险、居民社区意识淡薄风险、社区企业服务不到位风险、规划设计方案欠缺风险、政府信息公开不足风险、政府预算不足风险。本书将这 7 个关键风险因素以 $r_1 \sim r_7$ 进行标记,见表 4-17。

表 4-17 新时代智慧社区治理新模式网络关键风险表

关键风险名称	因素	风险具体描述
政府执行力欠缺风险	r_1	新时代智慧社区治理突出“新”字,社区改造、公共资源调配、突发事件应对等一系列事务治理都将推向新高度,在这样的新态势之下,势必对政府单位执行力提出新要求。政府单位作为改革发展的领头羊,其执行能力直接关系到新举措的开展落地,是所有政策法规、改革手段、利民措施实施的根本保证;另外,政府的执行力强弱事关政府公共形象与社会公信力,有强大的政府执行力才能有效的协调各方关系进而统筹社会力量,集中力量办大事。与此同时,随着社会发展的不断进步,政府工作人员的学历也在不断提高,尤其近几年本科学历以上人员占比逐年攀升,这对于政府执行力的提高发挥了巨大积极作用,但各部门之间互相推诿、责任划分存在盲区,甚至于部分官员贪腐、玩忽职守等情况依旧时有发生,这些问题的存在都会严重影响政府执行力
政府基层组织建设不稳定风险	r_2	社区改造过程中经常会遇到社区居民不交流、不理解、不配合的情况,各统筹协调单位在实际工作过程中难免出现工作上的“掂抗”现象,施工场地封闭性不足以及难以避免的交叉作业带来的安全问题,老旧社区常出现的产权不明带来的多方纠纷问题,上述问题的存在一定程度上影响基层组织的稳定。此外,在社区领导选用方面,作为居民与政府沟通的关节,社区书记必须选优配强,基层带头人如果选用不当,会造成较为严重的基层稳定风险
居民社区意识淡薄风险	r_3	当下阶段社区居民依旧是被动参加,缺乏主人翁意识,而随着城市化进程的不断推进,社区居民的成分更加复杂,居民之间的凝聚力减弱,面对实际问题,往往只会被动观望。从参与渠道上来讲,新时代智慧社区建设模式应该多聚焦于居民参与渠道建设,好的渠道是培养居民社区意识的先行条件。另外,居民作为重要的社区治理参与主体,缺乏良好的社区意识就意味着无法形成良好的社区氛围,进一步影响社会整体凝聚力的形成
社区企业服务不到位风险	r_4	我国现阶段物业管理普及度已达到一个较高的水平,但物业整体管理水平参差不齐。尤其,虽然某些老旧小区有物业,但是只能保证基本的如卫生治理、供水供电保障等基础性服务,而进一步的例如治安管理、小区绿化、社区文化等服务管理项目保障程度并不乐观。在这样低水平的物业管理背景下,势必会对治理新模式造成阻碍

表 4-17(续)

关键风险名称	因素	风险具体描述
规划设计方案欠缺风险	r_5	在新时代智慧社区治理新模式背景下，科技赋能尤其应被强调，但在实际工作开展过程中，由于各社区间发展情况、人员构成、基础设施配套情况以及地理位置等各方面都存在较大差异，规划设计方案往往难以面面俱到，难免出现规划设计方案与实际社区情况无法有效兼容实施甚至完全背道而驰，无法实施的情况。从社区建设全过程来讲，没有良好的规划设计方案，社区后期的运作维护工作也无法良好开展，与可持续治理理念相违背
政府信息公开不足风险	r_6	政府信息公开不足、公开不及时、公开标准不统一会对政府公信力造成较大冲击。一旦政府信息公开措施实施不到位，社会上流言蜚语充斥信息网络，民众被错误信息包围，给社会安全带来极大威胁。从社区信息公开的角度来讲，现阶段社区居民的信息获取渠道也较为单一，能够实时掌握社区各类信息也是居民共治的重要体现，而面对一些突发情况，能够及时有效的获取准确、完整的信息，会极大地提高应急反应速度
政府预算不足风险	r_7	目前社区改造与建设资金仍然是政府财政拨款，普遍存在资金困难的问题。从社区改造的角度来讲，财政预算把握较为困难，经常出现临时追加预算的情况。目前，社区产业、自筹资金、社区捐款等资金筹集方式也有较大实践意义，都是重要的社区建设资金来源方向。但受社会整体发展程度、地域差异、经济发展水平等影响，此类资金来源并不稳定，短期内无法撼动政府财政资金在社区改造过程中的决定性地位

4.3.3　新时代智慧社区治理新模式扰动后网络构建模型

在对新时代智慧社区治理新模式理想网络重要节点识别和关键风险指标筛选的基础上，依据 4.1 节形成机理分析框架第三步要求，搭建新时代智慧社区治理新模式扰动后网络。美国沃菲尔德(Warfield)教授于 1973 年提出解释结构模型，将其用于分析复杂的系统结构有关问题。该方法在已知系统因素之间关系的基础上，通过具体的矩阵集搭建，对因素间的影响关系进行处理，最终得到清晰的层次结构和递阶结构有向图，它比较适用于因素众多、关系复杂而结构模糊的系统分析。鉴于新时代智慧社区治理新模式网络的形成机理数据不易大量获取，而且不确定因素较多，各因素间关系较为复杂，因此本书基于 ISM 构建了新时代智慧社区治理新模式扰动路径分析模型，包括新时代智慧社区治理新模式网络的风险内在关系分析、治理新模式网络扰动路径分析、治理新模式扰动后网络链接强度损失分析等内容，其具体的扰动后网络模型构建步骤共分为两步。

(1) 新时代智慧社区治理新模式扰动路径计算

① 构建邻接矩阵。通过专家问卷调查收集关键风险因素之间、风险与新时代智慧社区治理新模式理想网络重要节点关系的数据(附录 6)，运用式(4-1)初步确定因素之间两两的相互关系和邻接矩阵 $\boldsymbol{A}$。

$$\begin{cases} \boldsymbol{A} = (a_{ij})_{n\times n} \quad i,j = 1,2,3,\cdots,n \\ a_{ij} = \begin{cases} 0, 因素\ X_i\ 对因素\ X_j\ 无影响 \\ 1, 因素\ X_i\ 对因素\ X_j\ 有影响 \end{cases} \end{cases} \tag{4-1}$$

②构建可达矩阵。当 $\boldsymbol{A}$ 满足式(4-2)时，$\boldsymbol{M}$ 为矩阵 $\boldsymbol{A}$ 的可达矩阵。其中，k 为正整数。

$$(\boldsymbol{A}+\boldsymbol{I})^1 \neq (\boldsymbol{A}+\boldsymbol{I})^2 \neq (\boldsymbol{A}+\boldsymbol{I})^{k-1} \neq (\boldsymbol{A}+\boldsymbol{I})^k = \boldsymbol{M} \tag{4-2}$$

③进行层级要素划分。根据可达矩阵 $\boldsymbol{M}$ 和式(4-3)～式(4-5)求出先行集 $A(S_i)$、可达集 $R(S_i)$、交集 $R(S_i)\cap A(S_i)$ 以及可以到达 S_i 的全部因素的集合 $Q(S_i)$，最高层元素由

式(4-5)确定，接下来确定第一层的因素从矩阵中划去。重复上面做法确定每个层次的最高层要素集，将所有的因素划分到相应的层级，最后得出新时代智慧社区治理新模式网络扰动路径的递阶结构有向图。

$$R(S_i) = \{S_j S_j \in S, S_{ij} = 1\} \tag{4-3}$$

$$A(S_j) = \{S_i S_i \in S, S_{ij} = 1\} \tag{4-4}$$

$$Q(S_i) = \{S_i S_i \in S, R(S_i) \cap A(S_i) = R(S_i)\} \tag{4-5}$$

(2) 新时代智慧社区治理新模式扰动后网络计算

① 计算扰动后治理网络链接强度。在风险评估领域，一般通过风险发生的概率乘以风险发生后的后果得到风险值。在本书中，风险发生的概率指的是组合风险发生相对平均概率，风险发生后的扰动程度指的是组合风险发生对网络链接削弱程度，风险值指的是一个组合风险对网络产生扰动造成的链接强度降低百分比。本书将风险发生相对平均概率与链接强度削弱百分比相乘，即得到一个组合风险对新时代智慧社区治理网络受扰动后链接强度降低百分比。当新时代智慧社区治理网络受到多个组合风险的影响时，新时代智慧社区治理网络链接强度降低百分比通过式(4-6)进行计算，其中 i、j 代表不同组合风险。

$$\text{网络链接强度降低百分比} = (1 - \text{风险值}\ i) \times (1 - \text{风险值}\ j) \tag{4-6}$$

②扰动后网络的确定。经过计算扰动后治理网络链接强度，可量化新时代智慧社区治理新模式理想网络受关键风险影响的后果。根据 4.2.3 小节构建的新时代智慧社区治理新模式理想二值网络和此部分计算的网络链接强度降低百分比，最终可确定新时代智慧社区治理新模式扰动后网络。

4.4 新时代智慧社区治理新模式形成机理案例分析

4.4.1 深圳市 A 智慧社区案例概况

A 智慧社区位于深圳市罗湖区南段，社区总面积为 0.51 km^2，居住总人口约 19 000 人，其中户籍人口约 5 000 人。A 智慧社区按照“四个三”的总体架构，探索社区智慧化治理模式，下面将从以下 4 点对 A 社区概况进行详细介绍。

(1) 社区建设总体架构

A 智慧社区在社区建设上采用“四个三”的总体架构：三网络融合、三终端汇聚、三平台共享、三领域服务。其中，三网络融合是指融合公安网、政务网和互联网，打通三网之间数据汇聚和服务共享的能力，从而支撑 A 智慧社区高效运行；三终端汇聚是指让社区管理指挥大屏、社区工作人员日常工作 PC 端和 A 智慧社区专区 App 这三类终端通过一张网络协同办事，实现社区工作人员与居民联勤联动，共同治理 A 智慧社区；三平台共享是指 A 智慧社区系统集成了智慧城市大分拨平台、大数据平台和视频平台三大共性支撑平台的建设成果，充分调动平台内资源共享，支撑整个 A 智慧社区的建设；三领域服务是指结合社区的特点，从群众需求和城市治理突出问题出发，把分散式信息和系统整合起来，将基层治理集中在党建引领、社区治理和公共服务 3 个领域。

(2) 精细化治理

A 智慧社区将社区、综治、城管、安全等原有的 15 个基础网格整合为两个综合网格，推动“多网合一”。通过合理划分网格单元和采办结合的处置方式，形成社区治理的一张事件采集清单、一个事件采集 App 和一支网格采集队伍，从而探索“一张网格管全域、一套机制管全程、一支队伍管全部”的治理模式，以实现“信息在网格采集、隐患在网格排查、矛盾在网格化解、服务在网格开展、问题在网格解决”。

（3）智慧安防

A 智慧社区通过打造数字孪生社区，立体呈现事件全生命周期管理，实现社区的实有人口、安全隐患、消防井盖、视频监控、网格信息等涉及“人、事、物”的治理要素的全域覆盖，并将社区事件、场所、企业、人群进行关联、量化分析，形成社区基层治理需要关注的重点人、重点事和重点区域，为各类基层工作提供基础数据支撑。

（4）智慧政务

A 智慧社区在罗湖统一对外服务平台“i 罗湖”上开设了服务专区，使社区居民只需扫描二维码即可体验到包括政务办事、党建、医疗、教育、文体活动、便民服务、宣传互动在内的 7 类 57 项综合服务，从而实现“一码通用、一屏智享”，为社区群众提供全方位立体式的公共服务。

4.4.2　形成机理分析相关数据收集

（1）扰动路径相关数据收集

结合本章的模型，对新时代智慧社区治理新模式网络形成机理结果进行定性分析。根据新时代智慧社区治理新模式网络的扰动路径，设计组合风险发生概率和组合风险对网络的影响严重程度专家访谈大纲，见附录 6。访谈大纲主要包括 3 个部分：第一部分是受访者的基本信息，包括受访者的性别、研究年限、职业、职称和受教育程度；第二部分关于新时代智慧社区治理新模式网络风险内在关系和风险对 4 层网络（AT、AA、AR、AI）的影响情况，这部分采用矩阵量表的方式对数据进行收集；第三部分是开放式问题，咨询专家对风险内在关系、风险与网络关系的看法与建议。

本次访谈集中在 2023 年 3 月进行，主要访谈的对象为了解深圳市 A 智慧社区治理情况的相关专家学者，共访谈了 11 位专家，受访专家的基本信息见表 4-18。依据表中信息，发现受访专家在社区治理领域研究年限均较长，有 63%以上的专家在本领域工作 3 年以上，从职称和受教育程度上来看，多数受访者的受教育程度较高，具有一定的权威性。

表 4-18　专家基本信息统计表

基本特征	类型	频数	占比/%
性别	男	6	54.55
	女	5	45.45
研究年限	5 年以上	4	36.36
	3～5 年（不含 3 年）	3	27.27
	1～3 年（不含 1 年）	1	9.09
	1 年及以下	3	27.28
从事领域	学术界（高等院校、科研院所等）	1	9.09
	业界（企业、社会组织等）	10	90.91

表 4-18(续)

基本特征	类型	频数	占比/%
职称	正高级	1	9.09
	副高级	4	36.36
	中级	5	45.46
	初级	1	9.09
	其他	0	0.00
受教育程度	博士	0	0.00
	硕士	5	45.45
	本科	5	45.45
	其他	1	9.10

(2) 扰动后网络相关数据收集

根据得到的新时代智慧社区治理新模式网络扰动路径,设计组合风险发生概率和组合风险对网络的影响严重程度调查问卷,详细问卷内容见附录 7。问卷主要包括两个部分,第一部分是受访者的基本信息,包括受访者的性别、研究年限、职业、职称和受教育程度;第二部分关于新时代智慧社区治理新模式网络组合风险的发生概率和风险对 AT、AA、AR、AI 的扰动程度,这部分对风险和网络的含义进行了简要的介绍,并采用李克特五级打分的方式对数据进行收集。

本次调查集中在 2023 年 3 月进行,主要发放的对象为了解深圳市 A 智慧社区治理的相关专家和居住在 A 智慧社区的居民。考虑存在误差项,本次调查共计发放问卷 160 份,回收有效问卷 146 份,回收率 96%。其中,有 27 位是来自高等院校或科研院所的专家,119 位是居住在 A 智慧社区的居民,受访者的基本信息见表 4-19。依据表中信息,发现填写调查问卷的人员接触该智慧社区的较长,有 60%以上的受访者在接触该智慧社区 3 年以上,从受教育程度上来看,超过半数受访者的受教育程度在本科及以上,具有一定的权威性。

表 4-19 受访者基本信息统计表

基本特征	类型	频数	占比/%
性别	男	76	52.05
	女	70	47.95
接触该社区年限	5 年以上	30	20.55
	3~5 年(不含 3 年)	60	41.10
	1~3 年(不含 1 年)	23	15.75
	1 年及以下	33	22.60
角色	专家	27	18.49
	居民	119	81.51

表 4-19(续)

基本特征	类型	频数	占比/%
职称	正高级	17	11.64
	副高级	25	17.12
	中级	39	26.71
	初级	27	18.49
	其他	38	26.04
受教育程度	博士	19	13.01
	硕士	33	22.60
	本科	53	36.30
	其他	41	28.09

4.4.3　新时代智慧社区治理新模式网络扰动路径分析结果

根据 4.3.3 小节新时代智慧社区治理新模式扰动后网络构建模型，搭建扰动后网络的前提是厘清新时代智慧社区治理新模式网络扰动路径，以明晰关键风险对新时代智慧社区治理新模式理想二值网络的影响。因此，本节在收集到扰动路径相关数据的基础上，按照新时代智慧社区治理新模式扰动路径计算步骤，定性呈现扰动路径分析结果，具体计算内容如下：

(1) 邻接矩阵计算

根据专家访谈数据，可搭建新时代智慧社区治理新模式网络关键风险 $r_1 \sim r_7$ 的邻接矩阵，同时构建 7 个关键风险与新时代智慧社区治理新模式中 4 个子网络(AA、AT、AR、AI)之间的邻接矩阵，见表 4-20。

表 4-20　新时代智慧社区治理新模式网络风险扰动邻接矩阵

	r_1	r_2	r_3	r_4	r_5	r_6	r_7	AA	AR	AI	AT
r_1	0	1	0	0	1	1	1	0	0	0	0
r_2	0	0	0	0	0	0	0	1	0	0	1
r_3	0	0	0	0	0	0	0	1	1	1	0
r_4	0	0	1	0	0	0	0	0	0	0	0
r_5	0	0	0	0	0	0	0	0	0	0	1
r_6	0	0	0	0	0	0	0	0	0	1	0
r_7	0	0	0	0	0	0	0	0	1	0	0
AA	0	0	0	0	0	0	0	0	0	0	0
AR	0	0	0	0	0	0	0	0	0	0	0
AI	0	0	0	0	0	0	0	0	0	0	0
AT	0	0	0	0	0	0	0	0	0	0	0

(2) 可达矩阵计算

基于各要素关系的传递性，运用布尔运算将影响因素的邻接矩阵转化为可达矩阵。可达矩阵代表要素之间的传递是否会带来间接的影响关系，见表 4-21。

表 4-21　新时代智慧社区治理新模式网络风险扰动可达矩阵

	r_1	r_2	r_3	r_4	r_5	r_6	r_7	AA	AR	AI	AT
r_1	1	1	0	0	1	1	1	1	1	1	1
r_2	0	1	0	0	0	0	0	1	0	0	1
r_3	0	0	1	0	0	0	0	1	1	1	0
r_4	0	0	1	1	0	0	0	1	1	1	0
r_5	0	0	0	0	1	0	0	0	0	0	1
r_6	0	0	0	0	0	1	0	0	0	1	0
r_7	0	0	0	0	0	0	1	0	1	0	0
AA	0	0	0	0	0	0	0	1	0	0	0
AR	0	0	0	0	0	0	0	0	1	0	0
AI	0	0	0	0	0	0	0	0	0	1	0
AT	0	0	0	0	0	0	0	0	0	0	1

（3）扰动路径 ISM 模型建立

通过对可达矩阵进行简化和运算，对各影响因素进行级间分解，并根据级间分解的结果构建解释结构模型，该模型直观展示了新时代智慧社区治理新模式中发生的关键风险与各子网络之间的影响关系，见图 4-5。

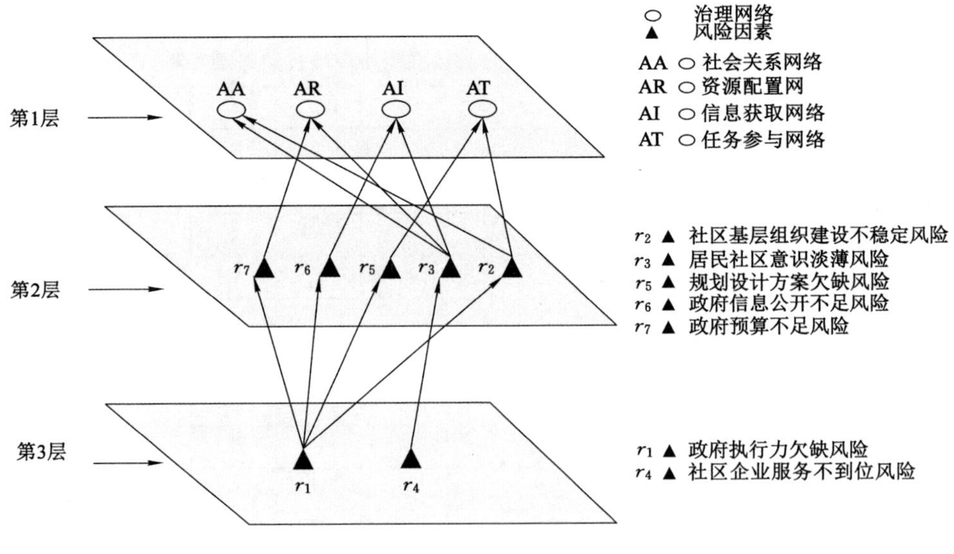

图 4-5　新时代智慧社区治理新模式网络扰动路径 ISM 模型

① 社会关系网络的风险扰动路径。社会关系网络受到两条风险路径影响：一是政府执行力欠缺风险会导致政府基层组织建设不稳定风险；二是社区企业服务不到位风险会引发

居民社区意识淡薄风险。两条风险路径会对社会关系网络产生扰动，从而影响各治理主体之间的沟通交流，使得治理效率降低。

② 资源配置网络的风险扰动路径。资源配置网络受到两条风险路径的影响，分别是政府执行力欠缺风险会造成政府预算不足风险、社区企业服务不到位风险会引发居民社区意识淡薄风险，这两条风险路径会对资源配置网络产生扰动，导致各智慧社区治理主体难以及时获取所需资源，降低社区治理成效。

③ 信息获取网络的风险扰动路径。信息获取网络受到两条风险路径的影响，包括政府执行力欠缺风险引起政府信息公开不足风险、社区企业服务不到位风险会引发居民社区意识淡薄风险，这些风险路径会对信息获取网络产生扰动，影响治理过程中各主体对于重要信息的获取途径及信息完整性，减弱社区治理效果。

④ 任务参与网络的风险扰动路径。任务参与网络受到两条风险路径的影响，首先是政府执行力欠缺风险会导致政府基层组织建设不稳定风险，其次是政府执行力欠缺风险造成规划设计方案欠缺风险，两条风险路径会对任务参与网络产生扰动，对智慧社区治理各主体的治理任务完成度产生影响，延缓社区治理进度。

4.4.4　新时代智慧社区治理新模式扰动后网络构建结果

在对深圳市 A 智慧社区治理新模式网络扰动路径分析的基础上，通过调查问卷收集扰动后网络相关数据，依据新时代智慧社区治理新模式扰动后网络计算步骤，对该智慧社区治理新模式扰动后网络进行搭建。主要计算内容如下：

(1) 计算组合风险发生的平均相对概率

基于上述分析的新时代智慧社区治理新模式网络扰动路径，结合专家问卷调查的数据，可计算各组合风险发生的概率。此处以“社区企业服务不到位风险”与“居民社区意识淡薄风险”为例，利用五级量表打分得到两个风险同时发生的可能性均值为 3.33(满分为 5)，则其风险发生的相对概率约为 67%，其余组合风险的相对概率以此类推(表 4-22)。在此基础上，根据各组合风险的均值计算其风险发生的相对概率，则可得到政府执行力欠缺风险与社区基层组织建设不稳定风险(Z_1)、政府执行力欠缺风险与政府预算不足风险(Z_2)、政府执行力欠缺风险与政府信息公开不足风险(Z_3)、政府执行力欠缺风险与规划设计方案欠缺风险(Z_4)、社区企业服务不到位风险与居民社区意识淡薄风险(Z_5)的相对平均概率分别为 65%、64%、65%、63%、67%。

表 4-22　新时代智慧社区治理新模式网络风险发生的平均相对概率

组合风险	五级量表打分均值	风险发生相对平均概率/%
Z_1:政府执行力欠缺风险与社区基层组织建设不稳定风险	3.26	65
Z_2:政府执行力欠缺风险与政府预算不足风险	3.20	64
Z_3:政府执行力欠缺风险与政府信息公开不足风险	3.27	65
Z_4:政府执行力欠缺风险与规划设计方案欠缺风险	3.14	63
Z_5:社区企业服务不到位风险与居民社区意识淡薄风险	3.33	67

（2）计算组合风险对网络的扰动程度

基于上述分析的新时代智慧社区治理新模式网络扰动路径，结合问卷调查的数据，计算 5 类组合风险对新时代智慧社区治理新模式中 4 个子网络（AT、AA、AR、AI）的扰动程度。此处以 AT 受到的扰动程度为例，在新时代智慧社区治理新模式网络扰动路径 ISM 模型中，AT 受到组合风险 Z_1 和 Z_4 的影响，其中 Z_1、Z_4 这两类组合风险扰动程度的均值分别为 3.63 和 3.48，其对治理网络扰动程度分别为 73％和 70％。其余网络的受扰动程度以此类推，详细计算结果见表 4-23。

表 4-23 新时代智慧社区治理新模式组合风险对网络的扰动程度

网络	组合风险	五级量表打分均值	扰动程度/％
AT	Z_1：政府执行力欠缺风险与社区基层组织建设不稳定风险	3.63	73
	Z_4：政府执行力欠缺风险与规划设计方案欠缺风险	3.48	70
AA	Z_1：政府执行力欠缺风险与社区基层组织建设不稳定风险	3.60	72
	Z_5：社区企业服务不到位风险与居民社区意识淡薄风险	3.45	69
AR	Z_2：政府执行力欠缺风险与政府预算不足风险	3.60	72
	Z_5：社区企业服务不到位风险与居民社区意识淡薄风险	3.38	68
AI	Z_3：政府执行力欠缺风险与政府信息公开不足风险	3.53	71
	Z_5：社区企业服务不到位风险与居民社区意识淡薄风险	3.42	68

（3）计算扰动后的治理网络

根据风险评估领域风险扰动后果值的计算方法，结合表 4-22 新时代智慧社区治理新模式网络风险发生的平均相对概率和表 4-23 新时代智慧社区治理新模式组合风险对网络的扰动程度，二者综合计算得到新时代智慧社区治理新模式扰动后网络链接强度分配表（表 4-24）。在此基础上，将网络链接削弱程度作用到 4.2.4 小节识别的网络重要节点之间的链接上，从而得到扰动后的新时代智慧社区治理新模式 AT、AA、AR、AI 子网络多值矩阵，具体见表 4-25 至表 4-28。

表 4-24 新时代智慧社区治理新模式风险扰动后网络链接强度值

网络	组合风险因素	风险发生相对平均概率	扰动程度	风险值	扰动后网络链接强度值
类型		概率	占比/％	风险发生相对平均概率＊扰动程度/％	（1－风险值 i）×（1－风险值 j）
AT	Z_1	3.63	73	47	0.30
	Z_4	3.48	70	44	
AA	Z_1	3.60	72	47	0.29
	Z_5	3.45	69	46	
AR	Z_2	3.60	72	46	0.30
	Z_5	3.38	68	45	
AI	Z_3	3.53	71	46	0.29
	Z_5	3.42	68	46	

表 4-25　扰动后 AT 的多值矩阵

	网格化治理	居民自治	人口管理	车辆管理	党务管理	志愿者管理	房屋管理	行政审批	法律宣传	法律服务	矛盾调解	社区活动	自然灾害应急管理	事故灾难应急管理	社会安全应急管理	公共卫生应急管理
统筹协调类政府单位	1	0	1	1	1	0	1	1	1	1	0	0	0.3	0	0	1
财政金融类政府单位	0	0	1	1	1	0	1	1	1	1	0	1	0	0	0	0
技术指导类政府单位	0	0	1	1	1	1	1	1	1	1	0	1	1	1	0	1
社区保障类政府单位	0	0	1	1	1	1	1	1	1	0	0	1	0	0	1	1
建设施工单位	0	0	0	1	1	0	1	0	1	0	0	1	1	1	0	0
商业单位	0	0.3	1	1	1	1	1	1	1	1	0.3	1	0.3	0.3	1	1
业主委员会	1	0.3	1	1	1	0	0	0	0	0	0.3	1	0.3	0.3	1	1
社区意见领袖	0	0	0	0	1	1	0	0	1	0	1	1	1	1	1	1
普通居民	0	1	0	0	0	0	0	0	1	0	1	1	1	1	1	1
社会组织	0	1	0	1	1	1	0	0	0	0	1	1	1	1	0	1

表 4-26　扰动后 AA 的多值矩阵

	统筹协调类	财政金融类	技术指导类	社区保障类	建设施工单位	商业单位	业主委员会	社区意见领袖	普通居民	社会组织
统筹协调类政府单位	0	0.29	1	0.29	1	0.29	0.29	0	0	0
财政金融类政府单位	0.29	0	1	0	0	0.29	0	0	0	0
技术指导类政府单位	1	1	0	0	1	1	0	1	0	0
社区保障类政府单位	0.29	0	0	0	1	0	0	0	0	0
建设施工单位	1	0	1	1	0	0	1	0	0	0
商业单位	0.29	1	1	0	0	0	0	1	1	0
业主委员会	0.29	0	0	0	1	0	0	1	1	1
社区意见领袖	0	0	1	0	0	1	1	0	1	1
普通居民	0	0	0	0	0	1	1	1	0	1
社会组织	0	0	0	0	0	0	1	1	1	0

表 4-27　扰动后 AI 的多值矩阵

	行政法规	社区就业服务信息	社区社会保障信息	社区救助服务信息	社区安全服务信息	社区流动人口管理服务信息	社区入驻企业信息	邻里间谈话	居民委员会信息	业主委员会信息	社区志愿者信息
统筹协调类政府单位	1	1	1	1	1	1	1	0	0	0	0
财政金融类政府单位	0.29	1	1	1	1	1	1	0	0	0	0
技术指导类政府单位	0	0	0	1	1	0	0	0	0	0	0

表 4-27(续)

	行政法规	社区就业服务信息	社区社会保障信息	社区救助服务信息	社区安全服务信息	社区流动人口管理服务信息	社区入驻企业信息	邻里间谈话	居民委员会信息	业主委员会信息	社区志愿者信息
社区保障类政府单位	0	0	1	1	1	1	1	0	0	0	0
建设施工单位	0.29	1	1	1	1	1	1	1	0.29	1	1
商业单位	0	0	0	1	1	0	1	0	0	0	0
业主委员会	0	0	1	0	1	1	1	0	0.29	1	0
社区意见领袖	0	1	1	1	1	1	1	1	0.29	1	1
普通居民	0	0	0	1	1	0	1	1	0	1	1
社会组织	0	0	0	1	1	0	0	1	0	1	1

表 4-28 扰动后 AR 的多值矩阵

	政府财政资金	专营单位资金	土地资源	公共服务设施	人力资源	应急物资	住房公积金	个人及组织捐款	自筹经费
统筹协调类政府单位	0.3	1	1	1	1	1	0	1	0
财政金融类政府单位	0.3	1	0	1	0	1	1	1	0
技术指导类政府单位	0	0	0	1	1	1	1	0	0
社区保障类政府单位	0	0	0	1	1	1	0	1	0.3
建设施工单位	0	1	1	1	1	1	1	0	0
商业单位	0	0	0	1	1	1	0	1	0.3
业主委员会	0	0	0	0	1	1	0	1	0.3
社区意见领袖	0	0	0	0	1	1	0	1	1
普通居民	0	0	0	0	1	0	0	1	1
社会组织	0	0	0	0	0	0	1	1	1

4.5 本章小结

首先，本章构建了基于 DNA-ISM 的新时代智慧社区治理新模式形成机理分析框架，明确了形成机理分析的 3 大步骤。其次，厘清了新时代智慧社区治理新模式理想网络的构建思路，利用主客观资料收集法对理想网络节点进行识别，基于 DNA 构建了初步的理想网络，结合专家访谈数据对理想网络进行优化，确定新时代智慧社区治理新模式理想二值网络，并进一步识别出理想网络中的重要节点。再次，利用扎根理论分别从治理主体、治理任务、治理信息以及治理资源 4 个层面梳理当前新时代智慧社区治理新模式网络涉及的风险，从而形成包括居民方风险、政府方风险、社会组织方风险、市场方风险、治理任务风险、治理信息风险和治理资源风险等在内的关键风险体系，并搭建了新时代智慧社区治理新模式扰动后网络构建模型。最后，以深圳市 A 智慧社区为案例分析对象，通过专家访谈获取扰动路径相关数据，定性输出多条新时代智慧社区治理新模式网络扰动路径，并结合问卷调查收集的风险发生概率数据与扰动程度数据，搭建新时代智慧社区治理新模式扰动后网络，为下文新时代智慧社区治理新模式的定量评价提供了分析思路和数据基础。

第5章 基于CRITIC-FCE的新时代智慧社区治理新模式定量评价

第4章对新时代智慧社区治理新模式中的治理主体、治理任务、治理信息以及治理资源4个子网络受风险扰动路径进行了分析，并对部分扰动链接进行了修正，以搭建新时代智慧社区治理新模式扰动后网络，从而完成了对新时代智慧社区治理新模式形成机理的分析。然而，现阶段少有学者对新时代智慧社区治理新模式水平进行定量评价。为此，本章在新时代智慧社区治理新模式形成机理的基础上，厘清新时代智慧社区治理新模式评价的内涵，通过文献分析和专家访谈构建新时代智慧社区治理新模式评价指标体系，基于CRITIC-FCE构建新时代智慧社区治理新模式评价模型，并以深圳市A智慧社区为例验证该模型的可行性，为下文新时代智慧社区治理新模式的优化提供分析方向。

5.1 新时代智慧社区治理新模式评价的内涵

5.1.1 已有社区治理模式的评价

社区治理模式的评价是对社区治理整体水平的度量，关注治理主体的多元性、评价对象的广泛性、评价价值的整体性、评价过程的全景性以及评价结果的客观性，最终实现社区整体治理水平提升的目标[214]。但是，由于现有社区评价领域的研究较为分散，且城市社区治理的目标侧重和评估方法存在差异，导致城市社区治理模式评价领域还没有形成通用的评价体系。目前国内外学者对城市社区治理模式评价的研究主要从“社区满意度评价”“生态社区评价”“宜居社区评价”“社区安全评价”“社区治理能力评价”等方面展开。

“社区满意度评价”直观反映了居民对社区的生活体验，从以人为本的角度出发，探究社区的治理与改造对居民需求的满足程度。相关学者从社区养老服务满意度、社区教育满意度、社区卫生公共服务满意度等维度出发，集中于社区居民社会资本的主观感受以及社区硬件设施客观条件两方面建立评价指标体系[215-216]。在社区居民社会资本的主观感受方面，学者们主要从居民信任、感知质量、居民预期、感知价值、居民信息以及社会声誉等维度出发建立多维度的心理感知评价体系。在社区硬件设施客观条件方面，研究人员针对基础设施数量、设施便利程度、设施体验感等维度设计评价指标体系。

“生态社区评价”侧重于社区生态的发展质量，生态社区评价是为反映社区生态治理的过程、水平和可持续性而设计的。由于研究人员在生态社区概念理解上存在差异，生态社区的评价指标体系不尽相同。常见的生态社区指标体系主要有：① 英国BREEAM(building research establishment environment assessment method)体系，是最早具有影响力的生态社区评价指标体系，其评价指标主要围绕建设管理、健康与舒适、资源消耗(能源、水、材料)、环境污染以及技术创新5个方面进行评价，评价方式为专家打分[217]；② 美国

LEED(leadership in energy and environmental design)体系，是针对城市社区开发的可持续性评估体系，其评估指标包含选址及周边联动、社区模式及规划和绿色建筑及设施，将“环境因素”与“社会因素”有机结合[218]。③ 日本 CASBEE(comprehensive assessment system for building environmental efficiency)建筑物综合环境性能评价体系，引入生态效率的概念，评估指标主要包含建筑环境质量以及环境负荷两部分[219]。④ 国内主要参考住建部 2019 年 8 月 1 日发布的《绿色建筑评价标准》和国家市场监督管理总局、中国国家标准化管理委员会 2021 年 5 月 21 日发布的《生态社区评价指南》[220]，从基本条件、环境质量、环境建设、环境管理和公众参与度等方面展开考核，但由于区域差异较大，尚未形成统一的评价标准。

“宜居社区评价”侧重于居民居住环境的品质。国内外宜居社区评价指标主要从社区物质形态和社会环境两个角度出发，评价指标体系主要包含社区组织、社区管理、社区服务、社区治安、社区环境和社区文化 6 个方面的内容[221-222]。

“社区安全评价”侧重于社区空间的安全性，常见的评价方法有综合模糊评价的数学模型以及平衡记分卡，依据日常安全问题和突发灾害两个方面，评价体系主要从社区人员安全素质、社区安全规划、社区社会环境、社区应急准备和社区应急响应等维度进行设计[223-224]。

“社区治理能力评价”侧重于度量基层治理能力，国内外“治理能力评价体系”的研究大致可分为基于主体、基于内容以及基于目标 3 个视角[225]。在基于主体的治理能力评价体系研究上，社区治理主体指与社区利益相关的个人与组织，目前多从单一主体角度进行评价，从多元主体角度评价治理效能的研究较少。基于内容的治理能力评价指标包含了基本保障、宏观调控、财政以及基层自治能力等维度。基于目标的治理能力评价体系侧重于对阶段性目标的考核或某一时期规划实施进度的考量，主要用于对治理目标达成进度和效果的检查。

由国内外相关研究可以发现，不同评价体系在理论构建和实践应用上存在差异，导致评价指标选取以及评价模型构建表现不同，但各评价维度的内容方面存在重叠。随着相关研究不断深入以及评估指标内涵的不断丰富，我国在城市社区治理模式评价方面取得了一定的成果，然而有关城市社区治理新模式的研究仍处于起步阶段，缺乏对智慧社区治理新模式水平评价的研究。已有研究采用传统静态评估方法对智慧社区治理水平进行量化，难以适用于具有复杂性、动态性和空间性等特征的新时代智慧社区治理新模式的评价。因此，本书将智慧社区治理模式与动态网络分析联系起来，使“社会网络”与“物理系统”交互分析同步展开成为可能，为度量新时代智慧社区治理新模式水平评价提供切入点。

5.1.2　新时代智慧社区治理新模式的评价原则

本书拟从动态网络的视角出发，对新时代智慧社区治理新模式的水平进行评价，以网络评价相关的指标为基础指标，通过对比理想网络与扰动后网络的指标差异，构建新时代智慧社区治理新模式评价模型。考虑到智慧社区是一个复杂的系统，有多种因素对新时代智慧社区治理新模式水平产生影响，因此评价指标体系的选择对于新时代智慧社区新模式的评价研究至关重要。为科学合理地选取新时代智慧社区新模式的评价指标，在确立评价目标时遵循了以下评价原则：

① 网络的关联性。本书以网络为媒介，将智慧社区治理中的治理主体、治理信息、治理

资源以及治理任务转化为网络中的多类型节点，并将各节点之间的关系转化为各节点间链接，实现对新时代智慧社区治理状态的量化。建立新时代智慧社区治理新模式的AA、AT、AI、AR等4个子网络，将治理新模式的理想网络与治理新模式扰动后网络的评价指标的差值作为新时代智慧社区治理新模式的度量指标，进而量化新时代智慧社区治理新模式水平。

② 指标的科学性。网络指标的计算及分析已经十分成熟，可以克服指标计算过程中存在的随机性、模糊性和主观性，因此选取网络指标来设计评价指标。依据评价的目标选取相应的网络指标，每个指标都有明确的定义，可以有效避免指标之间含义模糊或交叉重复的现象。本书利用文献综述法初步选取新时代智慧社区新模式评价指标，并对其进行优化，得到了适用于本书的评价指标体系。

③ 数据的可获取性。传统的智慧社区治理水平评价方法存在一定的适用范围局限性，同时指标关系对定量的高要求会使得数据获取的难度较大。本书通过引入理想网络状态，将规章制度或相关条例中对智慧社区治理的目标视为治理新模式网络理想状态的衡量标准，可以大大降低理想网络状态的构建难度。此外，以理想状态为基础，可进一步简化受扰动后的治理新模式现实网络构建。

5.1.3 新时代智慧社区治理新模式的评价流程

根据上述评价原则，记录风险发生后的新时代智慧社区治理扰动后网络，通过对比计算理想网络与扰动后网络之间网络指标的差值，设计新时代智慧社区治理新模式的评价指标体系，构建新时代智慧社区治理新模式的评价模型，从而量化新时代智慧社区治理新模式水平，具体的评价流程如下：

（1）计算新时代智慧社区治理新模式的理想网络状态

基于前述构建的智慧社区治理新模式理想网络，将其网络状态用 Y 表示，理想网络的各种状态能够通过计算各项网络指标 c_n 得到，评价指标由网络的结构、节点（N）和链接强度（L）决定，即：

$$c_n = f_n(N, L) \tag{5-1}$$

（2）计算新时代智慧社区治理新模式的扰动后网络状态

在治理新模式的活动展开进程中，各类风险因素会对理想网络产生扰动，导致网络状态随之改变，扰动后新的网络状态记作现实网络状态 Y'，风险对网络的扰动最终会转化为网络链接的变化，即链接的强度发生改变，新的链接强度集合取值记为 L'，相应的各项网络评价指标也会发生改变，记为 c_n'，即：

$$c_n' = f_n(N, L') \tag{5-2}$$

（3）计算新时代智慧社区治理新模式评价指标的权重与治理新模式的水平

新时代智慧社区治理新模式的水平是其维持治理理想状态的能力，通过量化理想网络状态与扰动后网络状态的差异程度来判断智慧社区治理新模式水平的高低。根据前文的评价原则，两类状态下的网络评价指标是各自状态的表征因素，因而最终的新时代智慧社区治理新模式水平评价指标 y_n 可由两者的评价指标计算获得，具体见式（5-3），最终依据评价指标即可计算获得集成网络的水平 S，即：

$$y_n = f_{yn}(c_n, c_n') \tag{5-3}$$

$$S = f_s(y_n) \tag{5-4}$$

5.2　新时代智慧社区治理新模式的评价指标体系构建

5.2.1　新时代智慧社区治理新模式的评价指标选取

评价指标体系的确定是进行定量评价的前提，本书依据新时代智慧社区治理新模式评价的内涵，结合智慧社区治理新模式的社会关系网络、资源配置网络、信息获取网络以及任务参与网络 4 个子网络，在归纳新时代智慧社区评价指标和动态网络评价指标的基础上，对这两类指标进行整合，形成新时代智慧社区治理新模式的评价指标体系。

(1) 对智慧社区治理的评价指标进行梳理，形成新时代智慧社区治理新模式的初步评价一级指标和二级指标。通过对政策文本以及期刊文献中的智慧社区评价指标进行总结，结合新时代智慧社区治理新模式的内涵，将各评价指标与新时代智慧社区治理新模式的特征进行匹配，得到了智慧社区治理相关评价指标梳理结果(表 5-1)。在治理新模式的特征中，鲁棒性是指系统及其要素在不被破坏或丧失功能的条件下所能承受和吸收的扰动强度；高效性是指为减少损失，系统能够按重要级完成任务并达到目标的能力；多样性是指当风险发生，并且对系统或要素产生扰动时，系统分析问题、建立优先级以及调动资源的能力；冗余性是指系统及其要素存在储备资源，在受到风险干扰时满足功能需求的程度。具体评价指标见表 5-1。

表 5-1　智慧社区治理相关评价指标梳理结果

目标层	一级指标	已有政策和文献中具体的评价指标	治理新模式特征	文献来源
新时代智慧社区治理新模式的评价指标体系	社会关系网络	调动居民参与，科研院所合作，邻里互助，残障人士帮扶，社区困难群体服务，老年人口服务，流动人口服务，人才保障，养老服务	鲁棒性	文献[25,27,32,227]
		多部门联动，应急联动机制，网格化治理	高效性	
	资源配置网络	应急物资储备，信息备份，建设紧急救助报警系统	冗余性	
		社区服务站，通信网络设施，智能安全基础设施	冗余性	
		资金保障，便民服务移动客户端与终端，应急播报系统，应急场所指引，事故预警系统	鲁棒性	
	信息获取网络	信息公开，计算机网络系统，数据管理，平台安全保障	鲁棒性	
		法律宣传，特色宣传教育，安全宣传教育，数据库建设	多样性	
	任务参与网络	智慧隐患排查，运行维护保障，应急值守，应急预案编制，应急演练开展	鲁棒性	
		行政审批，报事报修，商户管理，日常管理，投诉建议	多样性	

根据表 5-1,可进一步归纳总结新时代智慧社区治理新模式的二级评价指标。例如,根据上表中社会关系网络维度梳理的调动居民参与、科研院所合作、邻里互动、残障人士帮扶、社区困难群体服务等各项二级评价指标,结合其对应的治理新模式特征(鲁棒性和高效性),得到新时代智慧社区治理新模式的二级评价指标(社会关系鲁棒性和沟通协作高效性)。基于此,得到新时代智慧社区治理新模式的初步评价指标,见表 5-2。

表 5-2 新时代智慧社区治理新模式的初步评价指标

<table>
<tr><th>目标层</th><th>一级指标</th><th>二级指标</th></tr>
<tr><td rowspan="9">新时代智慧社区治理新模式的评价指标体系</td><td rowspan="2">社会关系网络</td><td>社会关系鲁棒性</td></tr>
<tr><td>沟通协作高效性</td></tr>
<tr><td rowspan="3">资源配置网络</td><td>资源配置冗余性</td></tr>
<tr><td>资源配置多样性</td></tr>
<tr><td>资源配置鲁棒性</td></tr>
<tr><td rowspan="2">信息获取网络</td><td>信息获取鲁棒性</td></tr>
<tr><td>信息获取冗余性</td></tr>
<tr><td rowspan="2">任务参与网络</td><td>主体参与鲁棒性</td></tr>
<tr><td>主体参与多样性</td></tr>
</table>

(2) 对网络的评价指标进行梳理,确定新时代智慧社区治理新模式初步评价指标的取值。网络的评价指标包括节点层级和网络层级两类,其中节点层级的评价指标注重于对节点特征的分析,网络层级的指标则关注于网络的整体状态特征。考虑到本书的研究对象是新时代智慧社区治理新模式的各类网络,寻找合适的网络层级指标是建立新时代智慧社区治理新模式评价体系的重要步骤,因此对动态网络分析中的网络层级指标进行梳理。由于网络的评价指标数量较多,且有些指标之间存在可替代性,为确保评价体系的效率与准确性,本书依据文献综述法对网络层级评价指标进行筛选,分别以“动态网络分析”和“dynamic network analysis”为中英文关键词在知网、Web of science 和 Elsevier 中进行检索,通过标题和关键词筛选,并参考相关书籍资料,最终获得 35 篇文献,并将出现频率较高的网络层级评价指标进行归纳,见表 5-3。

表 5-3 网络层级评价指标

网络指标	指标含义	适用范围	指标来源
网络密度	网络的链路数与最大可能链路数之比	体现网络的紧密程度	文献[62,228]
度数中心势	网络度数中心度的集中化程度	体现网络的均衡程度	文献[229]
中介中心势	网络中介中心度的差异化程度	体现网络的层级分布	文献[230]
平均路径长度	所有可能的网络节点对通过最短路径的平均距离	体现信息的传播速度	文献[61-62]
平均速度	节点对之间的平均最短路径长度的倒数	体现网络通信的传播速度	文献[231]
行多样性	列节点不均匀地连接到行节点的程度	体现信息或资源分布的均匀程度	文献[59]
行冗余度	行节点冗余的总体平均值	体现资源或任务的冗余度	文献[232-233]

基于式(5-3)，新时代智慧社区治理新模式的评价指标源于理想和现实两类网络状态的指标差异化计算，即对上述静态网络指标的差异化计算。依据新时代智慧社区治理新模式内涵的分析，可以发现智慧社区治理新模式的各类子网络都具有特定的含义，因此需要逐一对 AA、AI、AR 以及 AT 进行分析，选取能够切实反映其网络状态能力的静态评估指标，再利用动态转化得到评价指标集合，从而得到最适合每类子网络的新时代智慧社区治理新模式水平评价指标：

① 社会关系鲁棒性 y_1'，选取 AA 的网络密度 c_{aa1} 变化率来表征新时代智慧社区治理新模式社会关系网络的鲁棒性特征。社会关系网络的密度反映了参与主体之间联系的程度，与网络中存在的所有两方关系总数成正比，体现网络的紧密程度。对比扰动前后社会关系网络的密度变化程度，可以表达社会关系的鲁棒性特征，又因为 c_{aa1} 与网络的治理新模式水平正相关，因此 y_1' 计算公式如下：

$$y_1' = \frac{c_{aa1}'}{c_{aa1}} \tag{5-5}$$

② 沟通协作高效性 y_2'，选取 AA 的平均速度 c_{aa2} 来表征新时代智慧社区关系治理新模式社会网络的高效性特征。平均速度代表了节点间的平均最短路径的倒数，体现了治理主体间沟通协作的速度，对比风险因素扰动前后智慧社区治理社会关系网络的平均速度变化，计算其改变程度，可以表达治理主体间的沟通协作高效性，因为 c_{aa2} 与网络的治理新模式水平呈正向关系，y_2' 的计算表达式如下：

$$y_2' = \frac{c_{aa2}'}{c_{aa2}} \tag{5-6}$$

③ 资源配置鲁棒性 y_3'，选取 AR 的网络密度 c_{ar1} 来表征新时代智慧社区治理新模式资源配置网络的鲁棒性特征。网络密度代表治理主体配置资源的情况，对比风险因素扰动前后智慧社区治理资源网络的网络密度变化，计算其指标差异值，可以表达资源配置的鲁棒性，因为 c_{ar1} 与网络的治理新模式水平呈正向关系，y_3' 的计算表达式如下：

$$y_3' = \frac{c_{ar1}'}{c_{ar1}} \tag{5-7}$$

④ 资源配置冗余性 y_4'，选取 AR 的行冗余度 c_{ar2} 来表征新时代智慧社区治理新模式资源配置网络的冗余性特征。行冗余度体现了治理资源配置的冗余度，对比风险因素扰动前后智慧社区资源配置网络的行冗余度变化，计算其指标差异值，可以表达资源配置的冗余性，因为 c_{ar2} 与网络的治理新模式水平呈正向关系，y_4' 的计算表达式如下：

$$y_4' = \frac{c_{ar2}'}{c_{ar2}} \tag{5-8}$$

⑤ 资源配置多样性 y_5'，选取 AR 的行多样性 c_{ar3} 来表征新时代智慧社区治理新模式资源配置网络的多样性特征。行多样性体现了治理资源的分布程度，对比风险因素扰动前后智慧社区资源配置网络的行多样性变化，计算其指标差异值，可以表达资源配置的多样性，因为 c_{ar3} 与网络的治理新模式水平呈正向关系，y_5' 的计算表达式如下：

$$y_5' = \frac{c_{ar3}'}{c_{ar3}} \tag{5-9}$$

⑥ 信息获取鲁棒性 y_6'，选取 AI 的网络密度 c_{ai1} 来表征新时代智慧社区治理新模式信息获取网络的鲁棒性特征。网络密度代表治理主体获取信息的整体情况，对比风险因素扰

动前后智慧社区治理信息获取网络的网络密度变化，计算其指标差异值，可以表达信息获取的鲁棒性，因为 c_{ai1} 与网络的治理新模式水平呈正向关系，$y_6{}'$ 的计算表达式如下：

$$y_6{}' = \frac{c_{ai1}{}'}{c_{ai1}} \tag{5-10}$$

⑦ 信息获取冗余性 $y_7{}'$，选取 AI 的行冗余度 c_{ai2} 来表征新时代智慧社区治理新模式信息获取网络的冗余性特征。行冗余度体现了各治理主体获取多重信息的能力，对比风险因素扰动前后智慧社区治理信息获取网络的行冗余度变化，计算其指标差异值，可以表达信息获取的冗余性，因为 c_{ai2} 与网络的治理新模式水平呈正向关系，$y_7{}'$ 的计算表达式如下：

$$y_7{}' = \frac{c_{ai2}{}'}{c_{ai2}} \tag{5-11}$$

⑧ 主体参与鲁棒性 $y_8{}'$，选取 AT 的网络密度 c_{at1} 来表征新时代智慧社区治理新模式任务参与网络的鲁棒性特征。网络密度代表治理主体参与各项治理任务的整体情况，对比风险因素扰动前后智慧社区治理任务参与网络的网络密度变化，计算其指标差异值，可以表达主体参与的鲁棒性，因为 c_{at1} 与网络的治理新模式水平呈正向关系，$y_8{}'$ 的计算表达式如下：

$$y_8{}' = \frac{c_{at1}{}'}{c_{at1}} \tag{5-12}$$

⑨ 主体参与多样性 $y_9{}'$，选取 AI 的行多样性 c_{at2} 来表征新时代智慧社区治理新模式任务参与网络的多样性特征。行多样性体现了各治理主体参与各项治理任务的程度，对比风险因素扰动前后智慧社区治理任务参与网络的行多样性变化，计算其指标差异值，可以表达主体参与的多样性，因为 c_{at2} 与网络的治理新模式治理水平呈正向关系，$y_9{}'$ 的计算表达式如下：

$$y_9{}' = \frac{c_{at2}{}'}{c_{at2}} \tag{5-13}$$

基于上述计算表达公式，确定新时代智慧社区治理新模式的初步评价指标体系及其计算参数，见表 5-4。

表 5-4 新时代智慧社区治理新模式的初步评价指标体系及其计算参数

目标层	一级指标	二级指标	计算参数	参考文献
新时代智慧社区治理新模式的评价指标体系	社会关系网络	社会关系鲁棒性 $y_1{}'$	$y_1{}' = \frac{c_{aa1}{}'}{c_{aa1}}$	文献[234]
		沟通协作高效性 $y_2{}'$	$y_2{}' = \frac{c_{aa2}{}'}{c_{aa2}}$	文献[61,234]
	资源配置网络	资源配置鲁棒性 $y_3{}'$	$y_3{}' = \frac{c_{ar1}{}'}{c_{ar1}}$	文献[228,232,235]
		资源配置冗余性 $y_4{}'$	$y_4{}' = \frac{c_{ar2}{}'}{c_{ar2}}$	文献[232-233]
		资源配置多样性 $y_5{}'$	$y_5{}' = \frac{c_{ar3}{}'}{c_{ar3}}$	文献[233]
	信息获取网络	信息获取鲁棒性 $y_6{}'$	$y_6{}' = \frac{c_{ai1}{}'}{c_{ai1}}$	文献[62,233]
		信息获取冗余性 $y_7{}'$	$y_7{}' = \frac{c_{ai2}{}'}{c_{ai2}}$	文献[59,233]
	任务参与网络	主体参与鲁棒性 $y_8{}'$	$y_8{}' = \frac{c_{at1}{}'}{c_{at1}}$	文献[62,233,235]
		主体参与多样性 $y_9{}'$	$y_9{}' = \frac{c_{at2}{}'}{c_{at2}}$	文献[233,235]

5.2.2　新时代智慧社区治理新模式的评价指标优化

新时代智慧社区治理新模式的初步评价指标主要来自于政策文件和期刊文献梳理，为了使前述得到的初步评价指标更加符合实际，在完成初步的指标选取后，对“新时代智慧社区”“社区治理”“应急管理”等领域的专家进行深入访谈，主要围绕新时代智慧社区治理新模式评价体系设置是否合理开展(访谈大纲见附录 8)。

本次专家访谈时间为 2023 年 1 月至 2 月，以线上腾讯会议形式进行，共 31 位专家接受深度访谈，包括社区街道单位书记、政府部门相关专家、业委会人员等治理主体以及社区治理研究领域的高校学者等，专家基本信息见表 5-5。从表 5-5 中可知，受访专家在该领域的研究年限处于 5 年以上(32.26%)和 3～5 年(不含 3 年，25.81%)的较多，其中 22 位专家来自业界(70.97%)，9 位专家来自学术界(29.03%)。从职称和学位来看，受访专家在该领域具备一定的代表性。

表 5-5　新时代智慧社区治理新模式评价指标优化的专家基本信息统计表

基本特征	类型	占比/%	基本特征	类型	占比/%
性别	男	64.52	职称	正高级	0.00
	女	35.48		副高级	25.81
研究年限	5 年以上	32.26		中级	29.03
	3～5 年(不含 3 年)	25.81		初级	12.90
	1～3 年(不含 1 年)	38.71		其他	32.26
	1 年及以下	3.22	受教育程度	博士	32.26
从事领域	学术界(高等院校、科研院所等)	29.03		硕士	41.94
	业界(企业、社会组织等)	70.97		本科	19.35
				其他	6.45

在新时代智慧社区治理新模式评价指标设计上，专家针对不同的维度给出了具体的建议。在社会关系网络效能维度，部分专家认为现有指标可以较好地反映治理主体间的合作和沟通关系。在资源配置网络效能维度，多数专家认为指标 y_5'资源配置多样性设置不合理，专家指出资源配置的渠道比较复杂，各渠道间可能出现相互独立、相互冲突或相互配合的情况，且当存在财政投入过多和市场化机制欠缺的情形时还会导致业主丧失自我保障的能力，所以资源配置多样性的程度对于网络效能的影响程度难以界定，此外，有专家指出 y_3'和 y_4'存在重复，考虑 y_3'包含 y_4'的内容，综合考虑将 y_4'与 y_5'指标删除。在信息获取网络效能方面，专家认为现有指标可以较好地反映各治理主体的信息获取能力。在任务参与网络效能方面，已有指标可以较好地反映主体参与完成治理任务的程度。根据访谈结果，网络效能评价指标的初步优化结果见表 5-6。

表 5-6　新时代智慧社区治理新模式的初步优化评价指标体系

一级指标	编号	二级指标	二级指标含义
社会关系网络效能	y_1	社会关系鲁棒性	主体合作程度
	y_2	沟通协作高效性	主体间沟通协作效率
资源配置网络效能	y_3	资源配置鲁棒性	资源保障程度

表 5-6(续)

一级指标	编号	二级指标	二级指标含义
信息获取网络效能	y_4	信息获取鲁棒性	主体获取信息整体水平
	y_5	信息获取冗余性	主体获取多重信息的能力
任务参与网络效能	y_6	主体参与鲁棒性	治理任务的完成程度
	y_7	主体参与多样性	主体参与各项任务程度

5.2.3 新时代智慧社区治理新模式的最终评价指标体系

为了进一步优化新时代智慧社区治理新模式评价指标体系，在得到指标体系初步优化结果后，重新将该优化结果反馈给上述专家，由专家根据自身经验对新时代智慧社区治理新模式评价指标的重要程度进行1～5打分(其中，非常不重要打1分，不重要打2分，一般打3分，重要打4分，非常重要打5分)，具体专家调查问卷见附录9。本次问卷是在上一轮新时代智慧社区治理新模式评价指标优化专家访谈的基础上对31位专家进行发放，专家基本信息见表5-5。

通过对现有文献的分析发现，作为模糊数学里的概念，隶属度被广泛地应用到评价指标的筛选上[236]。隶属度的定义如下：若对研究范围 U 中的任何一个元素 X 都有一个 $A(x)\in[0,1]$ 与之对应，则 $A(x)$ 为 x 对 A 的隶属度(又称为隶属函数)，A 为 U 上的模糊集。隶属度 $A(x)$ 越大，则 x 对 A 的归属程度越高，反之则归属度越低[237]。在本书中，新时代智慧社区治理新模式初步优化评价指标体系 U 为一个模糊集，评价指标为集合中的元素 x，采用隶属度向量分析的加权平均法，以非常重要和重要这两个程度作为区间的边界，对指标的隶属度进行分析。根据齐默尔曼的研究，可将隶属度为0.5设置为阈值，当计算的隶属度大于或等于0.5时，可认为对应的指标隶属于整个指标体系，该指标起到的作用较大，应当保留。若计算出的隶属度小于0.5时，该指标的贡献程度较低，可以考虑删除。各指标隶属度的计算公式，即：

$$R_i = \frac{P_1 + 0.5 \times P_2}{P} \tag{5-14}$$

式中，R_i 代表第 i 个指标的隶属度；P_1 代表认为该指标非常重要的专家人数；P_2 代表认为该指标重要的专家人数；P 代表所有专家总数。

在获取31份问卷数据后，利用隶属度公式对7个评价指标的隶属度进行计算，见表5-7。由此可知，除指标 y_7 主体参与多样性的隶属度小于0.5外，其余指标的隶属度均大于阈值0.5，因此删除了指标 y_7，形成了最终评价指标体系，见表5-8。

表 5-7 新时代智慧社区治理新模式评价指标隶属度

一级指标	编号	二级指标	二级指标含义	隶属度	排名
社会关系网络效能	y_1	社会关系鲁棒性	主体合作程度	0.564 5	3
	y_2	沟通协作高效性	主体间沟通协作效率	0.661 3	2
资源配置网络效能	y_3	资源配置鲁棒性	资源保障程度	0.532 3	5
信息获取网络效能	y_4	信息获取鲁棒性	主体获取信息整体水平	0.548 4	4
	y_5	信息获取冗余性	主体获取多重信息的能力	0.677 4	1

表 5-7(续)

一级指标	编号	二级指标	二级指标含义	隶属度	排名
任务参与网络效能	y_6	主体参与鲁棒性	治理任务的完成程度	0.564 5	3
	y_7	主体参与多样性	主体参与各项任务程度	0.467 7	6

表 5-8　新时代智慧社区治理新模式最终评价指标体系

一级指标	编号	二级指标	二级指标含义
社会关系网络效能	y_1	社会关系鲁棒性	主体合作程度
	y_2	沟通协作高效性	主体间沟通协作效率
资源配置网络效能	y_3	资源配置鲁棒性	资源保障程度
信息获取网络效能	y_4	信息获取鲁棒性	主体获取信息整体水平
	y_5	信息获取冗余性	主体获取多重信息的能力
任务参与网络效能	y_6	主体参与鲁棒性	治理任务的完成程度

5.3　基于 CRITIC-FCE 的新时代智慧社区治理新模式的评价模型构建

5.3.1　评价常用方法的比较

(1) 评价模型构建的主要方法

科学的评价方法有助于保障评价指标体系落到实处，发挥其真正的评价作用。当前决策领域常见的评价模型构建方法主要包含 3 类：

① 多准则决策分析法(muti-criteria decision making，MCDA)，它是一种方法论框架，旨在对含有多个复杂标准(指标，目标)的决策问题进行评价，包含层次分析法(analytic hierarchy process，AHP)，网络层次分析法(analytic network process，ANP)、逼近理想解法(technique for order preference by similarity to ideal solution，TOPSIS)、多准则优化和折中解决方案法(visekriterijumska optimizacija i kompromisno resenje，VIKOR)等多种决策技术。

② 数学规划方法(mathematical programming，MP)，通常以研究对象的投入产出为目标，依靠线性规划(linear programming，LP)、非线性规划(none linear programming，NLP)、多目标规划(multi-objective programming，MOP)等数学模型对数据进行处理分析，从而获取最优产出目标。

③ 人工智能法(artificial intelligence，AI)，与数学规划方法类似，原始数据的收集需要兼顾输入和输出，其基本原理是对样本数据进行回归分析，从而实现对未知样本(研究对象)输出数据的预测分析。与其他评价模型不同，AI 算法强大的计算能力不仅可以满足对大样本量处理的需求，还可以满足样本之间复杂关系的厘定和分析，常用于解决复杂程度更大的决策分析，常见的 AI 算法包含了神经网络(neural network，NN)、决策树(decision tree，DT)、支持向量机(support vector machine，SVM)等。在具体评价模型构建中，常见的方法及其分类见表 5-9。

表 5-9 常用的评价方法

综合评价类型模型	具体决策技术	缩写
多准则决策分析	层次分析法	AHP
	网络层次分析法	ANP
	消除和选择表达现实法	ELECTER
	偏好排序组织方法	PROMETHEE
	逼近理想解排序法	TOPSIS
	多准则优化和折中解决方案法	VIKOR
	决策试验与评估实验法	DEMATEL
	简单的多属性评级方法	SMART
数学规划	数据包络分析	DEA
	线性规划	LP
	非线性规划	NLP
	多目标规划	MOP
	目标规则	GP
	随机规则	SP
人工智能算法	遗传算法	GA
	灰色系统理论	GST
	神经网络	NN
	贝叶斯网络	BN
	决策树	DT
	案例推理	CBR
	粒子群算法	PSO
	支持向量机	SVM
	关联规则	AR
	证据理论	DST

(2) 指标权重的计算方法

指标权重的确定同样是评价过程中十分重要的环节，其合理性对评价结果的准确度至关重要。目前，国内外学者对指标权重的计算方法进行了大量的研究，大致可以划分以下 3 种类别：

① 主观赋权法，该方法的权重由一些决策者(专业领域人员)根据自身的专业知识与实践经验主观判断确定，常见的主观赋权法有德尔菲法(delphi method，DM)、层次分析法(analytic hierarchy process，AHP)、网络层次分析法(analytic network process，ANP)、环比评分法(decision alternative ratioevaluation，DARE)、模糊层次分析法(fuzzy analytic hierarchy process，FAHP)等，该方法可以灵活分析不同情境下不同类别指标的重要程度，计算过程简洁，同时拥有客观赋权法所不具备的经验性指导。但当专家的主观性过强或者经验差异过大时会导致评价精度较低。

② 客观赋权法，它是利用评价体系中的各个指标实际数据，通过归纳实际数据间的关系，采用一定的运算方法得到指标的权重，主要包含熵值法（entropy-weighted method，EM）、主成分分析法（principal component analysis，PCA）、模糊聚类分析法（fuzzy clustering analysis，FCA）等，客观赋权法相对主观赋值法的权重计算更精确。但客观赋权法的计算依赖于大量的指标实际数据，鉴于数据的可靠性，在样本数据的收集方面需要采取更高标准的要求。

③ 组合赋权法，依据评价指标性质，将主观赋权法以及客观赋权法结合，使指标权重既能具备经验性指导，又能反映客观信息。但是，在主客观赋权法误差都较大的情况下可能会存在差异扩大的现象，且计算工作量较大。常见的赋权方法见表 5-10。

表 5-10　常用的指标赋权方法

赋权类型	赋权技术	简称
主观赋权法	两两判断矩阵	PDM
	德尔菲法	DM
	模糊层次分析法	FAHP
	环比评分法	DARE
	层次分析法	AHP
	网络层次分析法	ANP
客观赋权法	主成分分析法	PCA
	熵值法	EM
	均差法	MD
	离差及均方差法	DMSEM
	形心法	FA
	模糊聚类分析	FCA
	指标重要性相关法	CRITIC

5.3.2　治理新模式评价模型的提出

通过对常用评价方法的总结，可以发现评价模型的构建是根据具体研究问题的类型来确定的。本书重点是对新时代智慧社区治理新模式水平的评价，属于多属性决策问题。此外，目前部分学者结合 MCDM、MP、AI 中的 2 类或者 3 类来构建评价模型，取得了较好的效果。因此，可以考虑选择 MCDM 的相关方法组合构建评价模型。

新时代智慧社区治理新模式的评价指标多为主观指标，其权重的确定对整个评价体系的构建至关重要。本书通过梳理治理模式评价的常见方法来确定本书的评价模型，见表 5-11。

表 5-11　治理模式评价常见方法

研究内容	研究方法/数据类型	具体做法	文献来源
城市环境治理模式评价模型	熵权-灰色关联度/客观数据	采用相对化处理对初始指标值进行处理，利用熵值法确定各指标权重，根据灰色关联度系数以及各指标权重，对城市环境治理评价结果进行排序	文献[238]

表 5-11(续)

研究内容	研究方法/数据类型	具体做法	文献来源
生态环境治理模式评价模型	COWA-灰色定权聚类法/主观数据	利用专家打分法对生态治理的各指标进行打分，基于 COWA 算子计算指标权重，最后基于灰色定权聚类计算得到生态治理模式的综合得分	文献[239]
环境治理公众参与模式评价模型	熵值-主成分分析/客观数据	利用主成分分析确定主要信息，运用 SPSS 工具对公众参与指标体系进行降维，用熵值法对新指标进行赋权，最后计算得到评价指标的综合得分	文献[240]
社区安全治理模式评价模型	FAHP/主观数据	利用层次分析法以及模糊数学运算确定指标权重，最后对社会安全治理水平等级进行综合评价	文献[241]
村落多元参与治理模式评价模型	AHP/主观数据	利用两两判断矩阵求解最大特征值确定指标权重，最终利用层次分析法对村落治理模式进行评价	文献[242]

由表 5-11 可知，多数学者采用主观赋权法确定主观指标权重，采用客观赋权法确定客观指标权重。而新时代智慧社区治理新模式评价指标的主客观区分较为模糊，主观赋权法可能会导致评估指标权重的代表性较弱，因此在新时代智慧社区治理新模式的指标权重确定上宜采用客观赋权法。考虑到指标重要性相关法(CRITIC)具备熵权法等客观权重法体现结果差异的能力，同时具有对异常数据敏感性分析较为合理的特性，此外进行权重分配时还考虑了指标之间的关联性，权重分配更为科学，因此本书选择 CRITIC 确定评价指标权重。然而，新时代智慧社区治理新模式水平由 7 项网络相关的评价指标决定，仅采用 CRITIC 无法量化最终水平，而模糊综合评价法(FCE)可以充分考虑评价指标的数据特征，故选取 CRITIC 和 FCE 结合的方法来构建新时代智慧社区治理新模式的评价模型。

5.3.3 基于 CRITIC-FCE 的评价模型

本书将 CRITIC 与 FCE 进行结合，构建适用于新时代智慧社区治理新模式的评价模型，包括评价指标权重确定和新模式治理水平评价结果。具体的构建思路如下：

(1) 基于 CRITIC 确定新时代智慧社区治理新模式的评价指标权重计算模型

① 构建指标数据矩阵。根据所构建的新时代智慧社区治理新模式评价指标体系获取的 n 个样本，组成初始评价指标数据矩阵 $\boldsymbol{R}$：

$$\boldsymbol{R}=\begin{bmatrix} r_{11} & \cdots & r_{1j} & \cdots & r_{1m} \\ \vdots & & \vdots & & \vdots \\ r_{i1} & \cdots & r_{ij} & \cdots & r_{im} \\ \vdots & & \vdots & & \vdots \\ r_{n1} & \cdots & r_{nj} & \cdots & r_{nm} \end{bmatrix} \tag{5-15}$$

② 指标对比强度计算。对比强度代表各指标内部的变异程度，用标准差 σ_j 来衡量，根据评价指标数据计算评价体系中第 j 项指标的对比强度，即：

$$\sigma_j=\sqrt{\frac{1}{n}\sum_{i=1}^{n}(r_{ij}-\mu)^2} \quad (j=1,2,\cdots,m) \tag{5-16}$$

式中，μ 为该指标数据的算数平均值。

③ 指标相关性系数计算。相关系数是用以反变量间相关关系密切程度的指标，r_{tj} 表示第 t 个评价指标和第 j 评价指标之间的相关系，即：

$$r_{tj}=\frac{\sum_{i=1}^{n}(x_{it}-\mu_t)(x_{ij}-\mu_j)}{\sqrt{\sum_{i=1}^{n}(x_{it}-\mu_t)^2}\sqrt{\sum_{i=1}^{n}(x_{jt}-\mu_j)^2}} \tag{5-17}$$

④ 指标信息量计算。设 C_j 为第 j 个指标包含的信息量，则：

$$C_j=\sigma_j\sum_{i=1}^{m}(1-r_{tj})\quad(j=1,2,\cdots,m) \tag{5-18}$$

⑤ 指标权重计算。对于 CRITIC 而言，C_j 越大，则第 j 个指标包含的信息量越大，其相对重要程度也越大，所以第 j 个指标的客观权重用 w_j 可表示，即：

$$w_j=\frac{c_j}{\sum_{j=1}^{m}c_j}\quad(j=1,2,\cdots,m) \tag{5-19}$$

（2）基于 CRITIC 确定新时代智慧社区治理新模式的评价指标权重

为计算新时代智慧社区治理新模式评价指标的权重，此部分沿用附录 9 评价指标重要程度专家调查问卷。问卷主要包括两部分：第一部分是受访者的基本信息，包括受访者的性别、研究年限、职业、职称和学位；第二部分是关于评价指标是否重要，采用 1～5 打分，其中 1 分代表非常不重要，2 分代表不重要，3 分代表一般，4 分代表重要，5 分代表非常重要。本次专家调查问卷以电子问卷形式发放，发放时间为 2023 年 1 月至 2 月，主要发放的对象仍是上一轮新时代智慧社区治理新模式评价指标优化专家访谈的 31 位专家，专家基本信息见表 5-12。从表 5-12 中可以看出，专家在该领域工作的年限在 5 年以上的较多，占 32.26%，其次为 3～5 年(不含 3 年)占比为 25.81%。从从事领域上看，有 29.03% 的专家来自学术界，70.97% 的专家来自业界。从职称和学位上来看，中级及以上的受访者占到 54.84%，硕士及以上的受访者占到 74.20%，受访专家该领域具有一定的代表性。

表 5-12　参与新时代智慧社区治理新模式评价指标权重确定的专家基本信息统计表

基本特征	类型	占比/%	基本特征	类型	占比/%
性别	男	64.52	职称	正高级	0.00
	女	35.48		副高级	25.81
研究年限	5 年以上	32.26		中级	29.03
	3～5 年(不含 3 年)	25.81		初级	12.90
	1～3 年(不含 1 年)	38.71		其他	32.26
	1 年及以下	3.22	受教育程度	博士	32.26
从事领域	学术界(高等院校、科研院所等)	29.03		硕士	41.94
				本科	19.35
	业界(企业、社会组织等)	70.97		其他	6.45

将回收的 31 份指标重要程度打分数据输入到基于 CRITIC 的新时代智慧社区治理新模式评价指标权重计算模型，可得到新时代智慧社区治理新模式评价指标变异性、冲突性、

信息量及权重计算结果，见表 5-13。

表 5-13 新时代智慧社区治理新模式水平评价 CRITIC 权重计算结果

指标名称	指标变异性	指标冲突性	信息量	权重/%
社会关系鲁棒性	4.712	0.755	3.557	11.07
沟通协作高效性	6.834	1.175	8.029	24.98
资源配置鲁棒性	5.070	1.109	5.624	17.50
信息获取鲁棒性	5.495	1.281	7.040	21.91
信息获取冗余性	6.760	0.626	4.233	13.17
主体参与鲁棒性	4.764	0.767	3.655	11.37

上述基于 CRITIC 确定指标权重过程中的指标对比强度即为指标变异性，指标相关性系数即为指标冲突性。其中，指标变异性是通过标准差来衡量指标变异性值的大小；指标冲突性是通过指标之间的相关系数来衡量，指标之间相关性越强则冲突性越低，权重越小；信息量为指标变异性与冲突性的乘积。由表 5-13 可知，"沟通协作高效性"的指标变异性值最高，指标冲突性相对较高，因此其信息量值最高，权重最大。根据计算结果，最终确定新时代智慧社区治理新模式水平评价指标权重，见表 5-14。

表 5-14 新时代智慧社区治理新模式水平评价指标权重

目标	一级指标	二级指标		三级指标含义	综合权重	排序
新时代智慧社区治理新模式水平评价	社会关系网络效能	y_1	社会关系鲁棒性	主体合作程度	0.110 7	6
		y_2	沟通协作高效性	主体间沟通协作效率	0.249 8	1
	资源配置网络效能	y_3	资源配置鲁棒性	资源保障程度	0.175 0	3
	信息获取网络效能	y_4	信息获取鲁棒性	主体获取信息整体水平	0.219 1	2
		y_5	信息获取冗余性	主体获取多重信息的能力	0.131 7	4
	任务参与网络效能	y_6	主体参与鲁棒性	治理任务的完成程度	0.113 7	5

由表 5-14 可知，沟通协作高效性(y_2)的指标权重最高为 0.249 8，表明评价对象在此项评价指标上的区分度较大，因而其重要程度也较高，相反主体参与鲁棒性(y_6)和社会关系鲁棒性(y_1)的权重较低，分别为 0.113 7 和 0.110 7，考虑到评价对象实际参与治理的程度较为平均，因而其区分度不高，重要程度也较低。信息获取鲁棒性(y_4)、资源配置鲁棒性(y_3)、信息获取冗余性(y_5)3 个指标的权重介于中间，分别为 0.219 1、0.175 0 和 0.131 7。

(3) 基于 FCE 的新时代智慧社区治理新模式水平计算模型

① 评价因素的确定。根据前述已构建的新时代智慧社区建设居民获得感评价指标体系可知，整个评价指标体系分为 3 层：第一层为目标层 A，即新时代智慧社区治理新模式水平；第二层为准则层 B，共分为 4 个维度 $B_i=\{B_1,B_2,B_3,B_4\}$；第三层为评价指标层 C，4 个维度下共有 6 个评价指标 C_{ij}；评价指标体系各层因素集具体如下列集合所示：

新时代智慧社区治理新模式水平 A＝{社会关系网络效能 B_1，资源配置网络效能 B_2，信息获取网络效能 B_3，任务参与网络效能 B_4}

社会关系网络效能 B_1＝{社会关系鲁棒性 C_{11}，沟通协作高效性 C_{12}}；

资源配置网络效能 B_2＝{资源配置鲁棒性 C_{21}}；

信息获取网络效能 B_3＝{信息获取鲁棒性 C_{31}，信息获取冗余性 C_{32}}；

任务参与网络效能 B_4＝{主体参与鲁棒性 C_{41}}。

② 评语集的确定。评语集是受访者对各项指标做出的评语的集合，本书结合新时代智慧社区治理新模式的评价指标特点，并参照多数研究的设定方式，设立 5 个评语级别，即 $V=\{V_1,V_2,V_3,V_4,V_5\}$，其中 V_1 表示很好，V_2 表示较好，V_3 表示一般，V_4 表示较差，V_5 表示很差。评语级别对应的评分内容见表 5-15。

表 5-15　评语级别与评分对照表

评语级别	很好(V_1)	较好(V_2)	一般(V_3)	较差(V_4)	很差(V_5)
评分	1.0～0.8	0.8～0.6	0.6～0.4	0.4～0.2	0.2～0

③ 模糊评价的过程

第一步：确定模糊关系矩阵

根据指标值的评分结果，可以得到模糊评价矩阵：

$$\boldsymbol{R}_i=\begin{bmatrix} r_{i11} & r_{i12} & \cdots \\ r_{i21} & r_{i22} & \cdots \\ \vdots & \vdots & \\ r_{in1} & r_{in2} & \cdots \end{bmatrix} \tag{5-20}$$

式中，$r_{ijk}(i=1,2,\cdots,p;j=1,2,\cdots,n;k=1,2,\cdots,m)$表示第 i 个一级指标下的第 j 个二级指标 C_{ij} 对第 k 级评语 V_k 的隶属度。

r_{ijk} 的计算公式如下：

V_1 级评语下隶属度函数：

$$r_{ijk}=\begin{cases} 0 & (x\leqslant V_2) \\ \dfrac{V_1-x}{V_1-V_2} & (V_2<x<V_1) \\ 1 & (x\geqslant V_1) \end{cases} \tag{5-21}$$

V_2 级评语下隶属度函数：

$$r_{ijk}=\begin{cases} \dfrac{V_2-x}{V_2-V_3} & (V_3<x<V_2) \\ \dfrac{V_1-x}{V_1-V_2} & (V_2<x<V_1) \\ 0 & (x\geqslant V_1,x\leqslant V_3) \end{cases} \tag{5-22}$$

V_3 级评语下隶属度函数：

$$r_{ijk}=\begin{cases}\dfrac{V_3-x}{V_3-V_4} & (V_4<x<V_3)\\ \dfrac{V_2-x}{V_2-V_3} & (V_3<x<V_2)\\ 0 & (x\geqslant V_2, x\leqslant V_4)\end{cases} \tag{5-23}$$

V_4 级评语下隶属度函数：

$$r_{ijk}=\begin{cases}\dfrac{V_4-x}{V_4-V_5} & (V_5<x<V_4)\\ \dfrac{V_3-x}{V_3-V_4} & (V_4<x<V_3)\\ 0 & (x\geqslant V_3, x\leqslant V_5)\end{cases} \tag{5-24}$$

V_5 级评语下隶属度函数：

$$r_{ijk}=\begin{cases}\dfrac{V_4-x}{V_4-V_5} & (V_5<x<V_4\\ 0 & (x\leqslant V_5, x\geqslant V_4)\end{cases} \tag{5-25}$$

式中，r_{ijk} 表示指标 C_{ij} 属于第 k 级评语的可能性，x 为指标值，$V_1\sim V_5$ 对应表 5-15 中评分最低值。

第二步：指标模糊综合评价

指标权重向量 $\boldsymbol{W}_i=[W_{i1}\quad W_{i2}\quad \cdots\quad W_{in}]$，乘以根据式(5-18) 计算得到的指标 C_{ij} 的模糊评价矩阵 $\boldsymbol{R}_i$，可以得到指标对于评语集 V 的隶属度向量 G_i，即：

$$\boldsymbol{G}_i=\boldsymbol{W}_i\cdot\boldsymbol{R}_i=[W_{i1}\quad W_{i2}\quad \cdots\quad W_{in}]\begin{bmatrix}r_{i11} & r_{i12} & \cdots\\ r_{i21} & r_{i22} & \cdots\\ \vdots & \vdots & \\ r_{in1} & r_{in2} & \cdots\end{bmatrix}=[g_{i1}\quad g_{i2}\quad \cdots\quad g_{im}] \tag{5-26}$$

第三步：确定评价结果

将各个指标的评语 V_i 赋予表中对应的评分 F_i，即 $F_i=\{0.9, 0.7, 0.5, 0.3, 0.1\}$，且各指标已进行归一化处理，通过式(5-27)计算得到新时代智慧社区治理新模式水平分数，将最终分数与表 5-15 中的评分进行比对，便可得此次新时代智慧社区治理新模式水平的等级，通常等级为“很好、较好、一般、较差、很差”中的一个级别，即：

$$X=\sum_{i=1}^{n}g_iF_i \tag{5-27}$$

5.4 新时代智慧社区治理新模式定量评价案例分析

5.4.1 A 智慧社区案例概况

由于本章评价的是新时代智慧社区治理新模式水平，考虑到案例分析的完整性和典型性，本章选择沿用第 4 章的深圳市 A 智慧社区作为新时代智慧社区评价案例分析对象。A 智慧社区是最早一批尝试建设集“党建＋政务＋医疗＋养老＋文化＋教育”一体化的社区。在社区建设上，A 智慧社区采用“四个三”的总体架构，从群众需求和城市治理突出问题出发，把分散式信息和系统整合起来，将基层治理集中在党建引领、社区治理和公共服务 3 个领域。在社区治理上，A 智慧社区探索出了“一张网格管全域、一套机制管全程、一支队伍管全部”的治理模式，已实现“信息在网格采集、隐患在网格排查、矛盾在网格化解、服务在网格开展、问题在网格解决”。在社区安防上，A 智慧社区通过打造数字孪生社区，立体呈现事件全生命周期管理，让社区的实有人口、安全隐患、消防井盖、视频监控、网格信息等涉及“人、事、物”的治理要素实现全域覆盖。在社区政务上，A 智慧社区在罗湖统一对外服务平台“i 罗湖”上开设了服务专区，使社区居民只需扫描二维码即可体验到各类政务服务，实现了“一码通用、一屏智享”，为社区群众提供全方位、立体式的公共服务。

5.4.2 定量评价相关数据的收集

考虑到数据的连贯性，本章仍然使用第 4 章收集到的关于新时代智慧社区治理新模式的相关数据，来对深圳市 A 智慧社区治理新模式水平进行评价。其中，上述新时代智慧社区治理新模式的各评价指标取值是由新时代智慧社区治理新模式的理想网络状态下的网络指标 c_n 与新时代智慧社区治理新模式扰动后网络状态下的网络指标 c_n' 共同决定的，而新时代智慧社区治理新模式理想网络状态下的网络指标数据由 4.2.3 小节构建的新时代智慧社区治理新模式理想二值网络计算得到，新时代智慧社区治理新模式扰动后网络状态下的网络指标数据由 4.4.4 小节构建的新时代智慧社区治理新模式扰动后网络计算得到，各评价指标网络指标值具体见表 5-16。

表 5-16 A 智慧社区治理新模式理想网络和扰动后网络的网络指标值

	社会关系鲁棒性	沟通协作高效性	资源配置鲁棒性	信息获取鲁棒性	信息获取冗余性	主体参与鲁棒性
c_n	0.467	0.616	0.522	0.527	0.480	0.619
c_n'	0.396	0.895	0.483	0.495	0.440	0.579

5.4.3 基于 CRITIC-FCE 的 A 智慧社区治理新模式评价结果

利用 ORA 软件对 A 智慧社区新模式治理的理想网络与扰动发生后的网络进行相应指标计算，根据表 5-16 理想网络和扰动后网络状态下的指标值，由式(5-5)至式(5-7)以及式(5-10)至式(5-12)可分别计算得到社会关系鲁棒性(y_1)、沟通协作高效性(y_2)、资源配置鲁棒性(y_3)、信息获取鲁棒性(y_4)、信息获取冗余性(y_5)、主体参与鲁棒性(y_6)6 个指标的最终指标值，见表 5-17。

表 5-17 A 智慧社区治理新模式水平评价指标表

	社会关系鲁棒性	沟通协作高效性	资源配置鲁棒性	信息获取鲁棒性	信息获取冗余性	主体参与鲁棒性
数值	0.848	0.688	0.925	0.939	0.917	0.935

构建 A 智慧社区治理新模式评价矩阵 $\boldsymbol{R}$，结合 CRITIC 计算得到的权重，确定指标对于评语集 V 的隶属度向量 $\boldsymbol{G}$，再根据 F_i 求得新时代智慧社区治理新模式水平分数 X。

$$
\boldsymbol{R}=\begin{bmatrix}1 & 0 & 0 & 0 & 0\\0.56 & 0.56 & 0 & 0 & 0\\1 & 0 & 0 & 0 & 0\\1 & 0 & 0 & 0 & 0\\1 & 0 & 0 & 0 & 0\\1 & 0 & 0 & 0 & 0\\1 & 0 & 0 & 0 & 0\end{bmatrix}
$$

$$
\boldsymbol{G}=\boldsymbol{W}_i\cdot\boldsymbol{R}=[0.89\quad 0.1399\quad 0\quad 0\quad 0\quad 0]
$$

$$
X=\sum_{i=1}^{n}g_iF_i=0.899
$$

最后计算得到A智慧社区治理新模式评价结果为0.899,其治理新模式的评价等级为"很好",与A智慧社区实际情况相符,表明基于CRITIC-FCE的新时代智慧社区治理新模式评价模型具有可行性。但是,由表5-17可以发现,A智慧社区指标值分布不均衡,资源配置鲁棒性、信息获取鲁棒性、信息获取冗余性、主体参与鲁棒性4项指标的分值较高,而沟通协作高效性的分值较低。在指标权重分布上,沟通协作高效性的权重最大。因此,A智慧社区的整体评价结果较好。

在后续的社区治理过程中,A智慧社区应更多关注治理主体的合作程度以及治理主体间的沟通协作,以提高整体治理水平。针对治理主体的合作程度,A智慧社区可搭建多元治理主体共同参与社区治理的制度和物理空间,形成不同主体在治理过程中的协商联动机制,具体包括把治理主体组织化建设作为首要任务,把民主协商作为基本原则,把实现社区共同利益作为核心目标,从而提高各治理主体的合作程度。针对治理主体间的沟通协作,A智慧社区可着力于架设各治理主体之间的沟通桥梁,具体包括确定各治理主体的责任边界,充分发挥各治理主体的主要功能,积极调动各治理主体的参与热情。

5.5 本章小结

本章首先从新时代智慧社区治理新模式评价的内涵入手,依据已有社区治理模式的评价,详细阐述了新时代智慧社区治理新模式的评价原则和评价流程;其次,利用文献综述法初步筛选了新时代智慧社区治理新模式评价指标,并基于专家访谈对评价指标进行优化,从而构建完整的新时代智慧社区治理新模式评价指标体系;再次,通过对常规评价方法的比较,提出基于CRITIC-FCE的新时代智慧社区治理新模式定量评价模型;最后,以A智慧社区为案例分析对象,利用CRITIC确定的指标权重,结合FCE分析其治理新模式评价结果,为下文新时代智慧社区治理新模式的优化对策研究提供思路。

第 6 章　新时代智慧社区治理新模式的优化对策

在对新时代智慧社区治理新模式水平评价之后，可以发现新时代智慧社区治理新模式在应用过程中仍存在不足。为系统提出新时代智慧社区治理新模式优化对策，本章运用 SWOT 分析法从社会关系鲁棒性、沟通协作高效性、资源配置鲁棒性、信息获取鲁棒性、信息获取冗余性、主体参与鲁棒性 6 个方面分析新时代智慧社区治理新模式的优势、劣势、机遇和威胁，进而提出新时代智慧社区治理新模式的具体优化策略。

6.1　新时代智慧社区治理新模式的 SWOT 分析

SWOT 分析模型是 1971 年由美国哈佛大学商学院安德鲁斯（Andrews）提出来的一种管理学研究方法，该方法是将研究对象的内部优势（strengths）和内部劣势（weakness）及其所处外部环境的机会（opportunities）和威胁（threats）4 个方面的因素结合考虑，从而制定出与内部条件和外部环境相适应的发展战略[243]。考虑到新时代智慧社区治理新模式优化的前提是厘清其内外部环境，因此采用 SWOT 分析法对新时代智慧社区治理新模式的优势、劣势、机遇和威胁进行系统分解。

6.1.1　新时代智慧社区治理新模式的优势

（1）政府财政大力支持

财政是一个地区发展的基础和重要支柱，是城市社区韧性治理的压舱石。政府财政作为新时代智慧社区治理的主要推动力量，是连接贯通全局的支撑点，社区风险发生前预防、发生中应对、发生后补救都离不开资源的供给，因此雄厚的财政实力往往是提升智慧社区治理的根本保障[244]。国家层面陆续发文推进智慧社区建设财政资金配套，要求完善智慧社区建设资金的投入机制，在社区治理资源完整度上发挥重大作用。如在《国务院办公厅关于印发〈“十四五”城乡社区服务体系建设规划〉的通知》（国办发〔2021〕56 号）、《关于深入推进智慧社区建设的意见》（民发〔2022〕29 号）、《关于加强数字政府建设的指导意见》（国发〔2022〕14 号）等文件中均有提及，要建立智慧社区建设的投融资机制，支持智慧社区治理创新。

（2）社会基层治理精细化发展

2017 年 10 月 18 日，党的十九大报告指出：“要加强社区治理体系建设，推动社会治理重心向基层下移。”2021 年 4 月 28 日，中共中央、国务院在《关于加强基层治理体系和治理能力现代化建设的意见》中强调，基层治理是国家治理的基石，统筹推进乡镇（街道）和城乡社区治理，是实现国家治理体系和治理能力现代化的基础工程。为了适应当前社会复杂多变的环境，社区作为城市发展的最基本单元，其治理必须要下沉到社区一级[245]。目前，各基层管理部门包括街道单位和社区服务中心，开展了网格化管理，并切实做到了纵横覆盖、不交叉重叠,建成了覆盖城乡、条块结合、横向到边、纵向到底的服务管理网格体系。网格化管理在基层治理中的成效逐渐凸显,为推动社区韧性发展提供良好的思路,未来需不断扩大覆盖范围,增强管理质量,提升社区治理关系稳定度。

(3) 居民参与治理意愿增强

在构建共建、共治、共享基层治理新格局理念的指引下,社区内部成员要有参与社区韧性治理的能力,居民所掌握的地方传统、知识文化、自身经历以及对社区韧性治理的理解都将对治理过程和结果产生巨大的影响,因此必须强调公众参与社区自治的可持续性发展理念。社区居民在很大程度上会影响社区的抗灾和恢复能力,社区有必要在内部构建自我增强机制,使各种资源在内部正向循环,增强社区韧性发展的可持续性。已有研究表明,当前居民参与社区管理意识逐渐觉醒,尤其是经过改造的社区,居民表示愿意自觉维护社区内部环境安全,并积极配合政府管理人员的工作,推动社区历史遗留问题和突发事件的处理,提升治理任务完成度[246]。

(4) 疫情防控经验不断积累

2020 年春节前后,新型冠状病毒感染疫情在我国大面积暴发,基层社区作为"第一道防线",成为维护社会稳定及有效控制疫情的关键圈层。疫情防控期间,街道社区和村委会管理架构的深度融合,公安派出所、社区卫生服务中心及社区商业服务公司等组织机构的高效联动,这些都离不开政府和居民的共同努力,在提高应急管理工作精准性和及时性的同时,也为以后有效应对外界风险打下了良好的基础[247]。

6.1.2 新时代智慧社区治理新模式的劣势

(1) 缺乏韧性治理相关规划

根据第 4 章形成机理分析部分的研究结果,影响新时代智慧社区韧性治理的关键主体是政府,因此在智慧社区治理时,相关政府单位应加强对社区韧性治理的引导与支持。现阶段,政府仍是应对外来风险及冲击的主力军,虽然相关政府单位不断推动智慧社区的治理,并在《"十四五"住房和城乡建设科技发展规划》(建标〔2022〕23 号)中提到建设宜居、创新、智慧、绿色、人文、韧性城市的理念,但对韧性治理的关注度仍有待加强。在社区现有各类规划体系下,规划种类涵盖多个方面,依靠某一个部门完成所有规划不现实,所以做好相关规划的衔接至关重要,尤其是如何把韧性治理理念融入到智慧社区治理的工作中,这需要政府出台专门的规划文件来推动新时代智慧社区治理新模式落地,提升新时代智慧社区韧性治理的水平。

(2) 韧性治理水平评价标准缺失

当前对社区评价的研究主要集中在社区服务[25]、社区安全[26]和社区治理[30]等方面,没有针对社区韧性治理水平的评价,因而无法根据社区韧性治理水平评价结果对社区韧性治理提出优化对策,导致社区韧性治理停滞不前。考虑到某些风险或冲击往往具有地域的独特性,且新时代智慧社区又进一步划分为传统街坊式社区、过渡演替式社区和现代商品房式社区 3 类社区,导致新时代智慧社区韧性治理的评价标准难以统一。鉴于此,本书构建了基于 CRITIC-FCE 的新时代智慧社区治理新模式的评价模型,根据评价结果可为新时代智慧社区治理新模式提供系统优化对策。根据第 5 章对新时代智慧社区新模式治理评价的实证结果,该智慧社区在治理主体合作方面以及治理主体沟通方面的韧性治理水平相对较低。因此,应增加韧性治理过程中主体间沟通渠道,提升各类主体的协作能力,以提高整体治理水平[248]。

(3) 韧性治理资源储备不足

当面对灾害及风险时，基础设施韧性、应急资金储备、组织管理及社会保障往往决定一个社区应急管理的潜力，进而显示其韧性水平的高低。特别地当内涝、火灾或者公共卫生事件突发时，需要每个社区配备足够的应急基础设施，如消防装置、救生设备等。然而，由于市场对社区治理投资较少，治理资金过度依赖政府财政，居民参与治理的积极性不高，新时代智慧社区韧性治理资源配置处于一个较低的水平，社区应灾资源不足，严重影响新时代智慧社区韧性治理的整体水平[249]。

(4) 数据资源整合共享不足

近年来，随着信息技术的快速发展，智慧社区、数字社区等概念层出不穷，通过技术可以完善社区的应急管理机制，提升社区治理的韧性水平[250]。我国自 2014 年探索“智慧社区”建设以来，信息技术与社区应急管理不断融合互通，在社区治理中已经实现从事后伤害补偿向事前伤害预防的转变。智慧社区建设目前涵盖了政府、居民、市场和社会组织等多个主体，提供了政务、商业、公共和物业等服务内容，涉及政府部门、社区商圈、物业公司、社会组织等多个数据链。由于各个主体的标准化数据接口不一致，社区相关的数据资源无法实现在多主体、多层面间整合与共享，从而形成了单一主体的“信息孤岛”，数字治理的规模受到掣肘。

6.1.3 新时代智慧社区治理新模式的机会

(1) 国家高度重视社区防灾减灾工作

2011 年，国务院批准了《国家综合防灾减灾规划(2011—2015 年)》，首次在基层防灾减灾能力建设中提到社区减灾。随后，各省市陆续出台针对地区特点及区域灾情的防灾减灾规划，对社区减灾内容进行详细部署，并开展可持续减灾行动。从国家层面到地方层面应急规划工作可以看出，国家以及各级政府已经意识到防灾减灾在日常工作中占据越来越重要的地位。中国城市在过去 10 年的时间里，每年因气候变化相关的损失高达千亿，而社区是城市的组成单元，提升社区韧性治理水平在城市防灾减灾中是较为有效的措施[251]。如何实现不过多投入新的增量资金而达到减灾效果，已成为提高社区韧性治理水平乃至城市韧性治理水平的主要研究方向。

(2) 国内外积极探索韧性社区建设

近年来，韧性社区建设的话题不断在众多重要场合和文件中被提及，在 2020 年的全球性新冠病毒疫情之后，更是成为社会热烈讨论的话题，引起了各级政府的关注。国外伦敦、纽约、鹿特丹等发达地区城市和我国的北京、上海、深圳等地对城市社区韧性的研究已经经过一段时间的发展，形成了各具特色的韧性社区建设模式[252]。各政府单位已清楚地认识到韧性理念对未来城市发展的重要作用，因此需要在总结和对比典型城市韧性社区建设经验的基础上，走出一条具有我国特色的韧性治理之路，以此提高社区在应对自然和人为危机时的韧性治理水平。

(3) 国家加强社区人才队伍建设

在智慧社区信息化建设的同时，还需要专业化的社区治理队伍来引导智慧社区基层工作人员转变工作理念、端正服务态度和提升工作质量。为满足居民社区生活的获得感、幸福感和安全感，国家加速推进新兴技术类和管理类人才队伍建设，为智慧社区建设赋予了创新发展活力。如 2022 年 4 月国务院办公厅印发的《“十四五”城乡社区服务体系建设规划》中提到，通过开展社区工作者主题培训活动、社区志愿者队伍建设行动和社会工作专业人才队伍建设活动等方式，引进、培育社会工作专业人才，推动社区人才队伍朝着职业化、专业化方向发展。

（4）城市生态环境的发展需求

从全球的发展趋势来看，如何应对未来气候的变化已成为未来发展的重要议题，气候变化带来的灾害风险种类越多，各种灾害发生的概率越高，危险性也越大[253]。提升社区韧性是城市生态环境可持续发展的需求，对智慧社区进行信息化和应急化建设，是生态系统理念和韧性理论共同作用的结果。近年来，我国“绿水青山就是金山银山”的生态理念极大地促进了城市生态韧性的发展，社区生态韧性的进步更是为生态环境可持续发展提供了新的思路。

6.1.4 新时代智慧社区治理新模式的威胁

（1）传统风险与新兴风险频发

自 20 世纪 80 年代以来，全球范围内的自然灾害危害逐渐增大，造成的损失也日益增加[254]。根据《2019 年全球自然灾害评估报告》的调查，2019 年全球自然灾害以洪水灾害为主，我国自然灾害损失相较近 10 年总体偏轻，但在全球排名中仍位于前列，灾害发生频次、直接经济损失全球排名分别为第 2 位、第 3 位。随着我国城市的不断发展，其遭受的风险和冲击也明显表征出多样化和不确定性的特点，在灾害频发的全球环境下，智慧社区也面临传统风险和新兴风险的考验。其中，传统风险包括台风、暴雨、龙卷风、冰雹、雷电、高温等极端天气事件造成的严重灾害和次生灾害，尤其是社区治理过程中容易出现的火灾、内涝、大风等灾害风险，而新兴风险则包括不确定性新兴风险、系统性新兴风险和非预期性新兴风险，这些风险都逐渐以“显性”状态呈现在大众面前，社区安全风险防控的形势更加复杂严峻。因此，智慧社区作为迎接挑战的最前线，推动其韧性治理刻不容缓。

（2）高素质复合型人才缺乏

智慧社区建设跟信息密切相关，涉及社区面广、关联度高，对人才素质要求很高。然而，社区现有工作人员既要承担大量行政性工作，又要组织开展居民自治，长期处于超负荷工作状态，在运用信息化手段开展社区治理方面出现了“无力参与”情况。此外，部分社区工作者缺乏对社区信息化基础设施的运营维护能力，突出表现为社区综合信息服务平台应用能力不足，使得部分智慧社区建设浮于表面，信息化技术无法发挥其功效。因此，未来应加强对社区高素质复合型人才的培养，为新时代智慧社区韧性治理提供有力的人才支撑。

（3）物业公司管理压力凸显

物业费是物业公司的主要收入来源之一，受经济下行压力的影响，收入较为单一的物业公司普遍存在物业费收费难、交纳率低的问题。与此同时，物业公司的支出却相对较多，主要包括管理服务人员的办公费、工资、社会保险和按规定提取的福利费等，物业共用部位、共用设施设备的日常运行和维护费用及公众责任保险费用，物业管理区域绿化养护费用、清洁卫生费用、秩序维护费用，物业企业固定资产折旧费用，经业主同意的其他费用，物业企业按规定向有关部门缴纳的税费等。物业公司的收支不平衡变相提高了物业公司服务成本，这导致物业公司难以正常运转，从而使物业公司的管理工作难以开展[126]。物业公司在管理压力加剧情况下，将压力逐渐转移给政府街道单位，导致社区柔性治理能力降低，市场和居民的治理效能无法充分发挥，社区韧性逐渐丧失，外界突发事件及风险无法及时得到有效处理，对社区造成了不可估量的严重后果。

（4）社区应灾能力欠缺

应灾经验是影响社区韧性的深层因素，直接影响了应急储备、防灾经费、灾前筹备、灾害保险、灾害预警等重要工作。以往的应灾经验表明，如果基层社区治理仅仅依靠政府的刚性治理，忽视居民及社会组织的柔性治理能力，会导致社区的整体应灾能力较弱[40]。尽管基层社区在应对各类自然灾害和公共安全事件方面积累了一定的经验，但还未转化为更高层次的社区应灾能力。因此，从根本上提升新时代智慧社区韧性治理水平不仅需要刚性治理，更需要发挥柔性治理的力量，以韧性治理理念提高应对突发事件的反应能力和恢复能力。

6.1.5　新时代智慧社区治理新模式的 SWOT 综合分析结果

从新时代智慧社区治理新模式 SWOT 分析结果可以看出，新时代智慧社区治理新模式的发展前景良好，但同时也面临着一些来自外部的挑战和威胁。总体而言，新时代智慧社区治理新模式的优势多于劣势，机会多于威胁。结合前文具体分析，新时代智慧社区治理新模式 SWOT 综合分析见图 6-1。

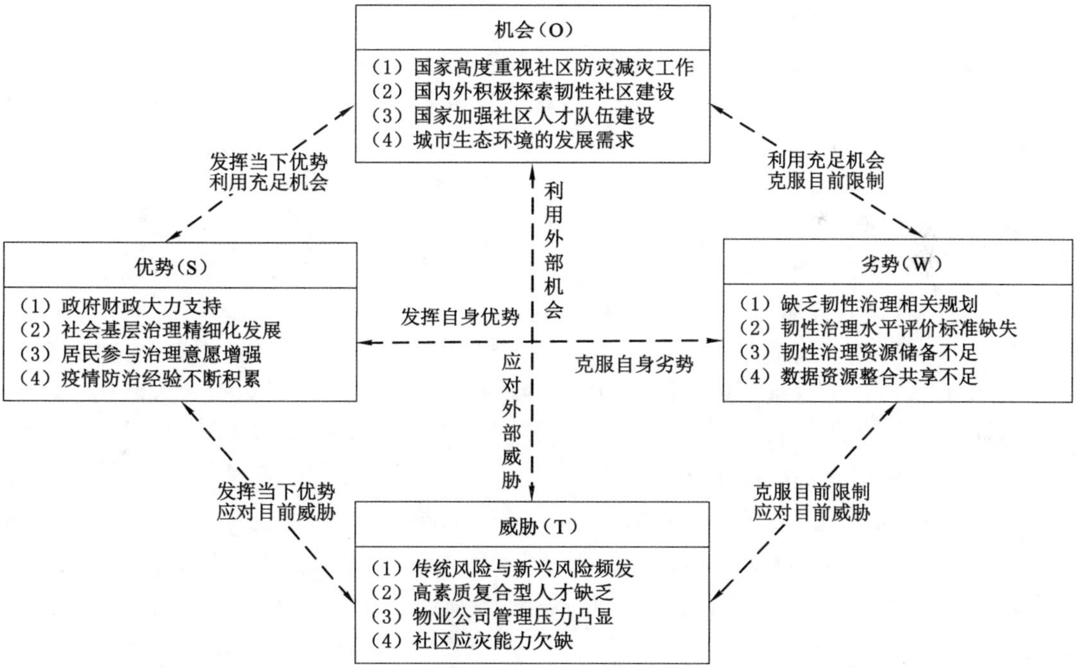

图 6-1　新时代智慧社区治理新模式 SWOT 综合分析图

6.2　新时代智慧社区治理新模式的具体优化对策

为遵循城市发展规律，促进新时代智慧社区向韧性治理社区转变，在分析新时代智慧社区治理新模式形成机理并对其水平定量分析的基础上，结合 SWOT 分析结果，从明确资源下沉方式、理顺基层治理秩序、整合各类信息资源、健全跟踪考评体系 4 个方面入手，提出新时代智慧社区治理新模式的具体优化对策。

6.2.1 明确资源下沉方式，统筹社会治理力量

（1）吸引市场资金投入，力求长久有效治理

目前新时代智慧社区建设资金压力大，社会各方资金引入率偏低，社区治理人力有限。因此，亟须探索新时代智慧社区投资链与收益链，以“市场之手”寻找新时代智慧社区综合治理的效益和商机。一方面，政府应当提供资金补助和政策鼓励，并对款项的使用明细进行追溯和监督，使资金得到有效利用，同时吸引社会各方进驻智慧社区，帮助和引导社会各方对智慧社区的管理与维护；另一方面，智慧社区需要与时俱进，改变传统的社区基础设施运营模式，广泛吸引社会资金投入，多渠道筹集社区发展资金。例如，在智慧社区治理中引入 PPP 模式，通过企业与社区管理组织的合作，为社区引入社会资本，让社会资本参与社区的运营与建设，既可以减轻社区资金负担，又能增加社区服务基础设施的供给能力，同时根据智慧社区的区位优势，整合存量资源进行规划，提供具有针对性、专业性的服务产业，适度减免对相关企业税收的征收，明确公共设施建设运营的综合收益归属。此外，设立新时代智慧社区韧性治理发展基金，增设应急产业聚集区，增加社区韧性治理资源储备，提高新时代智慧社区应急准备与支撑能力。

（2）培养治理专业人才，完善培养选拔机制

培养人才是实现智慧社区韧性治理以人为本、精、细、严、高效、协同等理念的重要保障。目前新时代智慧社区韧性治理仍需要不断培养专业人才，优化管理体系，实现社区网格化管理，落实治理责任到人。首先，增加政府招聘专业社会工作者的岗位，鼓励有条件的专业社工进入社区中发挥其独特作用。其次，社会工作者可以发挥自己的作用，在社区中发掘吸收居民志愿者，探索社会工作者引领志愿者机制，这些志愿者在专业社工的指导下，进行服务培训和服务督导，从而提升志愿服务的水平，壮大社区的服务队伍。最后，鼓励社区大学生投身社区管理队伍，逐步降低社区队伍人员平均年龄，提高社区工作队伍专业水平与素质。此外，建立起覆盖全员的社区队伍培训体系，对新老社区工作人员进行长期的多样化培训，提高社区队伍整体专业性，切实保障事务处理的效率与效果，提高社区队伍的工作能力与水平。

（3）精准把控合理布局，强化相关设施建设

各智慧社区的实际情况因地而异，韧性治理方案制定尚未考虑到社区区域位置、交通、环境以及社区历史、社区居民千差万别的需求等，还无法体现因地制宜的特点。因此，应当按照“一区一策”的要求，在不同社区采用“规定＋自选”相结合的菜单式治理方式，通过统筹规划局、国土局等相关部门，对城市人口规模、发展水平进行预测。结合城乡规划，考虑人口、地域情况，精确掌握居民需求与社区实际情况，为社区提供多样化治理方案。以街道办充当牵头单位，物业公司、社区服务机构参与其中，确定辖区智慧社区建设的数量、规模、建设方式和功能划分，统一规划设计，充分利用现有设施，注重相邻社区设施共享，减少人力、物力、财力的浪费。

6.2.2 理顺基层治理秩序，共建多元治理生态

（1）健全治理相关政策，完善体系化治理

政策是标准制定和工作展开的依据，健全政策是实现新时代智慧社区韧性治理发展目标的前提。目前针对新时代智慧社区韧性治理的文件较少，尚未实现新时代智慧社区韧性

治理制度的全面化和体系化。因此，应当健全新时代智慧社区韧性治理的相关政策标准，不仅关注新时代智慧社区建设等工程治理内容，还应关注其他参与主体的诉求，完善精细化管理的法律法规，实现新时代智慧社区的长效化治理。同时，建议关注制度补偿，注重新时代智慧社区韧性治理的正式制度与非正式制度的融合，形成优势互补。此外，强化制度创新，细化各部门管理职责，确立管理方案，建立健全应急物资储备机制，不断完善新时代智慧社区治理新模式。

（2）强调多方协同治理，实现共建共享共治

多方协同治理是构建以政府为主导者、市场为运作者、公众为参与者的多中心治理体系，当前新时代智慧社区基层治理多方参与得到一定的发展，然而多方之间的协同治理体系还有待优化，政府、社会资本和个人的关系还有待进一步理顺。因此，需要厘清新时代智慧社区韧性治理关系网络，通过构建信息化、智能化、可视化的新时代智慧社区韧性治理信息共享平台，实现各方信息共享，提升新时代智慧社区韧性治理效率，培育多元共治主体。一方面，应掘进社区治理"人、地、事、物、情、组织"6要素与民政、卫计、司法、综治、城管、公安等相关部门在社区服务方面的互联互通，构建服务企业主导型、政企合作型、综合参与型等多元化的智慧社区建设运营模式。另一方面，要充分发挥社区居委会、居民委员会，业主委员会等社区组织的作用，从人事制度上填补社区专业人才不足的问题，明确每个社区应急管理责任。积极引导和扩大非政府组织的发展，进一步加强志愿者队伍建设和管理，充分发挥非政府组织的作用。此外，健全居民参与制度来增加社会资本，引导居民发挥建议与监督的作用，弥补政府治理的短板，减轻政府财政压力。

（3）加强宣传普及认知，促进居民深度参与

社区居民作为社区治理的直接利益相关者，往往自主参与社区治理的意识不足，参与热情不高。因此，在新时代智慧社区治理中，要加大宣传力度，使居民能以主人翁的身份积极参与到社区事务之中。一方面，通过加强宣传，鼓励媒体部门采用现场直播、采访报道和新闻图片等形式宣传新时代智慧社区韧性治理的目标、内容、意义和预期效果，增强居民对新时代智慧社区韧性治理的理解。另一方面，通过施工现场采访、居民意见箱、专栏访谈等形式发布社区治理相关信息，增设居民和社会组织的参与渠道，使居民充分感受到自身利益与社区的利益息息相关，以获取最大范围的理解和支持。此外，深入宣传韧性治理理念，定期开展社区教育活动，尤其是加强防灾减灾演练，培养居民的安全意识，提升社区突发事件应急处理能力。

6.2.3 整合各类信息资源，完善智慧社区建设

（1）充分掌握居民需求，不断优化治理技术

社区治理需要以现代信息技术为支撑，通过现代信息技术的运用，打造一种更为开放、多元和快速回应的智慧社区治理体系。对于智慧社区建设来说，信息化技术平台之所以成为引人注目的创新，关键不在于这些信息平台的技术有多先进，而在于这些信息技术平台很好地将信息技术开发与基层社区治理实践有机结合，使这些平台成为推动而不是阻碍基层社会治理创新的动力。因此，推进社区智慧治理也应立足社区居民的独特需求，从技术与社区治理机制相结合的新思路出发，不断优化各种治理技术，实现社区治理技术的创新，尽可能满足每个社区居民的独特公共服务需求和利益表达，不断提高社区居民对社区智慧治理的满意度。

(2) 加快相关平台交互,构建综合服务体系

近年来,社区中的智慧政务、智慧应急、智慧交通、智慧养老等内容得到不断完善,并形成相应信息化平台。然而,由于不同平台之间数据无法交互,在社区内产生了“信息孤岛”。为此,亟须将智慧社区治理中涉及的相关平台进行整合,建设纵向贯通、横向集成、共享运用、安全可靠的智慧社区综合治理平台,改善当前社区治理碎片化、非连续的困境,延伸管理链条,落实新时代要求的智慧社区治理新模式,提升社区精细化服务和系统化治理水平。当前的信息共享困境可以从两个角度有效缓解:一方面,由于目前各系统多是独立建立,各自开发,导致信息资源交换机制缺乏统一性,很大程度上制约了相关平台的整合。为解决这一问题,各平台之间的信息资源交换机制应该被统一,并建立规范标准。另一方面,信息安全也是制约各平台信息交互的因素,只有在法律层面建立健全保障机制,让数据分享有法可依、有法必依,才能让数据不再“无效”。

(3) 融合更新治理理念,促进社区可持续发展

随着我国社区发展的不断深入,社区治理的阶段已从最初的“叩门起步”进入到当前的“深化拓展”阶段。进入新时代,新的社区治理理念不断被创新,绿色社区、综合防灾减灾社区、安全社区等理念体系不断被提出,以促进社区的可持续发展。因此,在新时代智慧社区治理新模式应用过程中,应更加注重新理念和新体系的有机融合。具体来说,新时代智慧社区治理需不断发现有益社区发展的新方向,并积极探索有机融合的可行性方案,尽可能随着社区治理内容的不断丰富而持续优化。同时,在实际治理过程中,多元主体可以探索社区未来发展之路,并提出合理化建议促进社区可持续化发展。

6.2.4 健全跟踪考评体系,制定验收评估办法

(1) 建立治理新模式评价标准,完善治理评价体系

在新时代智慧社区治理新模式实施的过程中,通过建立治理新模式评价体系,科学评价智慧社区治理绩效,及时发现新时代智慧社区治理的短板,为后续治理模式优化提供方向。本书第五章明确提出了新时代智慧社区治理新模式的评价指标体系及评价模型,在后续新时代智慧社区治理新模式探索过程中,可结合该评价体系对治理效果进行量化,同时在应用的过程中对评价体系不断完善,使得新时代智慧社区治理新模式评价结果更加真实可靠,能够为现实社区治理水平提升提供重要抓手。此外,在新时代智慧社区治理新模式发展水平的基础上,可借鉴国内外智慧社区治理方面先进的经验做法,因地制宜地提出社区治理水平提升的对策建议。

(2) 强化考评规范流程,开展持续有效评估

落实新时代智慧社区治理新模式的全覆盖、全过程、全天候特殊要求,不仅要关注治理新模式中的目标制定、任务分配与工作开展,更应关注治理的过程跟踪。当前新时代智慧社区治理新模式的评价缺乏持续性,建议探索和完善智慧社区治理新模式全生命周期的分析与评价体系,通过整合、精简、优化评价内容,持续进行梳理、诊断和分析,确保每个技术环节手段恰当、资源配置合理、成本控制精准、监督覆盖全面,以此提升新时代智慧社区治理新模式的应用效果。此外,考虑到新时代智慧社区治理新模式的网络化属性,可构建新时代智慧社区治理的信息网,绘制新时代智慧社区街道治理等级空间分布图,对新时代智慧社区治理新模式的空间特征进行分析。

(3) 以居民满意度为切入,考核社区服务质量

在新时代智慧社区治理新模式优化过程中，应该建立以居民满意度为导向的各参与方考评机制，对政府和企业所提供的服务进行质量跟踪。具体而言，应以居民满意度为核心，根据各参与方特点单独制定合适的考评规则，充分考虑质量跟踪的时效性，形成一套程序规范、严格、公正的考评体系。在考评结束后，依据考评成绩，将各参与主体确定为优秀、合格、基本合格、不合格等级，使日常工作表现优异的参与方脱颖而出，树立社区治理优良典范。对于考评成绩评定为不合格等级的参与方，由政府组织自上而下的警示谈话，督促整改。同时，依据考核结果，建立相应的考评档案，作为后续治理工作安排的重要参考依据。

6.3　本章小结

本章运用 SWOT 分析法对新时代智慧社区治理新模式的优势、劣势、机会及威胁进行了详细的剖析，并结合第 4 章和第 5 章的量化结果得出新时代智慧社区治理新模式的优化方向。在此基础上，提出了新时代智慧社区治理新模式的具体优化对策，包括明确资源下沉方式、理顺基层治理秩序、整合各类信息资源、健全跟踪考评体系。

第7章 结论与展望

7.1 主要研究结论

本书将“韧性治理”理念引入新时代智慧社区治理新模式中，按照“内涵剖析—形成机理—水平测度—精细提升”的思路，综合使用定性与定量结合的研究方法，包括文献综述法、动态网络分析法、问卷调查法、解释结构模型、扎根理论、隶属度方法、邻接矩阵法、CRITIC、模糊综合评价、SWOT 分析法等多种研究方法，系统分析了新时代智慧社区治理新模式的特定内涵、形成机理和发展水平，并提出了相应优化对策，得到的主要结论如下：

（1）明晰了新时代智慧社区治理新模式的内涵

本书通过文献分析法，深入探讨了新时代智慧社区治理新模式的内涵，定义新时代智慧社区治理新模式是指在应对常态和非常态干扰冲击时，智慧社区中的多元治理主体采取合作治理的手段在提升社区治理的科学化、智能化、精细化水平的同时，实现社区系统适应能力、自组织能力及学习能力的增强，以提升居民获得感、幸福感、安全感和未来感的典型社区治理形式，其特征表现为治理主体凝聚性、信息获取及时性、资源利用高效性、治理内容多样性、危机应对常态性及治理系统稳定性。

（2）梳理了新时代智慧社区治理新模式的要素

本书基于对新时代智慧社区治理新模式新内涵的解读，明确了新时代智慧社区治理新模式的要素分为治理主体、治理信息、治理资源以及治理任务 4 大类。其中，治理主体要素包括了政府、市场、居民、社会组织，治理信息要素涵盖了政府发布信息、入驻企业信息以及居民内部信息，治理资源要素包含了公有资源和私有资源，治理任务要素包括了常态化任务与非常态化任务。在此基础上，结合对实际智慧社区治理案例分析，分别对每类治理要素进行了细化分类，并对具体内容加以分析与阐述。

（3）探究了新时代智慧社区治理新模式的形成机理

在厘清新时代智慧社区治理新模式要素后，构建了新时代智慧社区治理新模式形成机理分析框架，确定了新时代智慧社区治理新模式理想二值网络的构建、新时代智慧社区治理新模式网络风险识别、新时代智慧社区治理新模式扰动后网络的构建这 3 大步骤。在此基础上，综合考虑主观和客观收集法得到的网络数据，利用 DNA 分别形成新时代智慧社区治理新模式的理想二值 AA、AI、AR 和 AT，进一步识别出理想网络中的重要节点。而后，利用扎根理论识别出当前新时代智慧社区治理新模式的风险并进行筛选，形成了包括居民方风险、政府方风险、社会组织方风险、市场方风险、治理任务风险、治理信息风险和治理资源风险等在内的关键风险体系，建立了基于 ISM 的新时代智慧社区治理新模式网络扰动路径分析模型。最后，以深圳市A智慧社区为案例分析对象，得到了5条新时代智慧社区治理新模式网络扰动路径，搭建了新时代智慧社区治理新模式扰动后网络，揭示了新时代智慧社区治理新模式的内在演化规律。

（4）构建了新时代智慧社区治理新模式定量评价模型

本书分析了新时代智慧社区治理新模式的评价内涵，明确了新时代智慧社区治理新模式水平评价原则和流程，并根据相关专家调查结果对指标体系进行了优化，最终选择社会关系鲁棒性、沟通协作高效性、资源配置鲁棒性、信息获取鲁棒性、信息获取冗余性、主体参与鲁棒性作为新时代智慧社区治理新模式评价的二级评价指标。而后，构建了基于CRITIC-FCE的新时代智慧社区治理新模式的评价模型，以深圳市A智慧社区为例，通过计算发现深圳市A智慧社区韧性治理水平较高，但该智慧社区治理主体的合作程度与治理主体间的沟通协作能力有待提升。

（5）提出了新时代智慧社区治理新模式的优化对策

依据新时代智慧社区治理新模式评价结果，本书运用SWOT分析法从社会关系鲁棒性、沟通协作高效性、资源配置鲁棒性、信息获取鲁棒性、信息获取冗余性、主体参与鲁棒性等方面梳理新时代智慧社区治理新模式中的优势、劣势、机遇和威胁。在此基础上，提出了新时代智慧社区治理新模式的具体优化对策，包括明确资源下沉方式、理顺基层治理秩序、整合各类信息资源、健全跟踪考评体系等。

7.2 研究创新点

（1）创新地建立了基于DNA-ISM的新时代智慧社区治理新模式形成机理分析框架

尽管已有研究在智慧社区建设影响因素和社区治理影响因素上开展了较多的工作，但仍缺乏对新时代智慧社区治理新模式形成机理的系统探索。本书结合新时代智慧社区治理新模式的内涵，建立了基于DNA-ISM的新时代智慧社区治理新模式形成机理分析框架，利用DNA搭建了新时代智慧社区治理新模式理想网络，并应用ISM明晰了新时代智慧社区治理新模式关键风险社会关系网络、资源配置网络、信息获取网络、任务参与网络的扰动路径，量化了组合风险对治理网络的扰动程度，搭建了新时代智慧社区治理新模式扰动后网络。此部分研究有助于厘清新时代智慧社区治理新模式的扰动路径，深入揭示其形成机理，拓宽新时代智慧社区治理新模式内在规律的研究视角。

（2）系统地提出了基于CRITIC-FCE的新时代智慧社区治理新模式评价模型

已有研究虽从不同角度对社区治理成效进行了探索，但现阶段对社区治理成效的评价主要是采用静态分析方法，难以动态呈现社区治理整体成效。本书从动态网络视角出发，记录风险扰动前后新时代智慧社区治理新模式网络相关评价指标，选择切实反映理想网络与扰动后网络差异的评估指标，系统形成了新时代智慧社区治理新模式的评价指标体系，并使用CRITIC-FCE构建了新时代智慧社区治理新模式评价模型，最终以深圳市A智慧社区为例，得出风险扰动对治理新模式水平的具体影响，实现对新时代智慧社区治理新模式的动态评价。这部分研究有助于判断新时代智慧社区治理新模式水平，创新了智慧社区治理新模式评估方法。

7.3 研究展望

本书从动态网络的视角出发，对新时代智慧社区治理新模式的内涵、形成机理、水平测度进行了较为系统与深入的研究，对促进韧性治理理论发展与新时代智慧社区治理新模式的应用具有指导意义。由于智慧社区治理过程的复杂性，涉及研究领域诸多，因此对新时代智慧社区治理新模式的应用研究还有许多问题值得探索。未来可以在以下几个方面开展研究：

（1）本书在网络构建相关数据收集上存在一定的主观性，需要进一步采用客观方法收集数据。在对新时代智慧社区治理新模式理想网络构建时，仅采用了专家访谈法确定了社会网络、信息获取网络、资源网络以及参与网络四类网络的初始链接，这类赋值方法在一定程度上会影响新时代智慧社区治理新模式水平评价的精确度。在下阶段的研究中要注重主观方法和客观方法的结合，推进客观方法的应用，进一步完善新时代智慧社区治理新模式网络分析的科学性、客观性和可操作性。

（2）本书对新时代智慧社区治理新模式评价的实证分析仅局限于深圳市的智慧社区，需进一步将实证范围扩大。在新时代智慧社区治理新模式水平评价环节，仅选取深圳市A智慧社区开展实证分析，由于深圳市整体经济状况较好，社区智慧化程度较高，对数据的采集可能存在一定的影响作用，这样会降低对其他城市智慧社区研究的适用性。因此，在进一步研究中，要考虑区位因素，分析不同城市的智慧社区治理新模式水平及差异，因地制宜地提出各地新时代智慧社区治理新模式的优化对策。

参考文献

[1] 席广亮，甄峰，钱欣彤，等. 2021 年智慧城市建设与研究热点回眸[J]. 科技导报，2022，40(1)：196-203.

[2] 苗大雷，夏铭蔚. 风险社会中的污名现象研究：基于新冠肺炎疫情时期“湖北人”污名的分析[J]. 中国农业大学学报(社会科学版)，2021，38(2)：41-51.

[3] 孙祁祥，周新发. 为不确定性风险事件提供确定性的体制保障：基于中国两次公共卫生大危机的思考[J]. 东南学术，2020(3)：12-23.

[4] 贺东航. 寻找不确定时代中的疫情治理：困境与出路[J]. 华中农业大学学报(社会科学版)，2022(5)：32-37.

[5] 张勤，宋青励. 韧性治理：新时代基层社区治理发展的新路径[J]. 理论探讨，2021(5)：152-160.

[6] 姜早龙，李荷. 老旧小区改造的公众关注热点及推进策略研究：基于文本挖掘技术[J]. 建筑经济，2023，44(1)：29-36.

[7] 曾鹏，任晓桐，李晋轩. 精细化治理视角下城中村更新困境的应对策略[J]. 现代城市研究，2022，37(12)：52-58.

[8] 黄辉祥，程坤. 商品房小区治理中的治理共同体及其构建：基于武汉市 S 小区治理实践的个案研究[J]. 社会主义研究，2022(4)：132-140.

[9] 曹海军，侯甜甜. 新时代背景下智慧社区建设：价值、逻辑与路径[J]. 广西社会科学，2021(2)：1-7.

[10] ZAIDAN E，GHOFRANI A，ABULIBDEH A，et al. Accelerating the change to smart societies：a strategic knowledge-based framework for smart energy transition of urban communities[J]. Frontiers in energy research，2022：158.

[11] 李月娥，刘更光. 中国城市社区治理报告-2020[M]. 北京：中国社会出版社，2020.

[12] 李阳，詹建国，毕研洁，等. 我国智慧社区体育发展现实困境与治理对策[J]. 体育文化导刊，2019(6)：40-46.

[13] 俞祖成，黄佳陈. 城市社区治理的困境：居民权利与义务的失衡：基于上海社区田野调查的思考[J]. 上海大学学报(社会科学版)，2021，38(5)：56-67.

[14] 陈秀红. 城市社区治理的制度演进、实践困境及破解之道：“十四五”时期城市社区治理的重点任务[J]. 天津社会科学，2021，12(2)：75-79.

[15] FONTAN J M，HAMEL P，MORIN P，et al. Community organizations and local governance in a metropolitan region[J]. Urban affairs review，2009，44(6)：832-857.

[16] 张永理. 社区治理[M]. 北京：北京大学出版社，2014.

[17] 曾丽敏，刘春湘. 社会组织参与城市社区治理的正式制度嵌入性分析[J]. 城市发展研

究,2022,29(3):124-132.

[18] 陈福平.智慧社区建设的“社区性”:基于技术与治理的双重视角[J].社会科学,2022(3):64-73.

[19] 葛天任,裴琳娜.高风险社会的智慧社区建设与敏捷治理变革[J].理论与改革,2020(5):85-96.

[20] 陈桂生,徐铭辰.数字技术与城市社区互嵌治理:以“两津联动”的天津实践为例[J].上海行政学院学报,2022,23(2):66-77.

[21] 朱懿.城市社区智慧治理的整合机制研究[J].企业经济,2021,40(3):80-87.

[22] 张博.政府购买智慧社区养老服务的风险及治理:基于智慧社区养老服务链的视角[J].中国矿业大学学报(社会科学版),2021,23(6):59-68.

[23] 吴海琳,程茹.走向“复合型社会”赋能的智慧社区建设:空间社会学视角下的“十三社区”案例分析[J].福建师范大学学报(哲学社会科学版),2021(4):85-96.

[24] 孙彩丽.城市社区体育服务绩效评价体系研究[J].商丘师范学院学报,2015,31(3):108-114.

[25] 张森.智慧社区信息服务绩效评价研究[J].中小企业管理与科技(下旬刊),2016(10):72-73.

[26] 刘思,路旭,李古月.沈阳市智慧社区发展评价与智慧管理策略[J].规划师,2017,33(5):14-20.

[27] 姜晓萍,张璇.智慧社区的关键问题:内涵、维度与质量标准[J].上海行政学院学报,2017,18(6):4-13.

[28] 杨雪妍,冯丹娃.智慧社区信息化建设研究热点及发展趋势探析[J].情报科学,2021,39(12):187-193.

[29] 王素侠,龚洁松.社区治理创新集群效应评价[J].统计与决策,2017(15):63-66.

[30] 吴庆国.“村改居”社区治理的评价与建议:基于2560份调查问卷的实证分析[J].福建论坛(人文社会科学版),2017(2):166-173.

[31] WANG J,DING S,SONG M L,et al. Smart community evaluation for sustainable development using a combined analytical framework[J]. Journal of cleaner production,2018,193:158-168.

[32] YIN J Y,WANG J Q,WANG C Y,et al. CRITIC-TOPSIS based evaluation of smart community governance: a case study in China.[J]Sustainability,2023,15(3):1923.

[33] CEGLIA F,MARRASSO E,PALLOTTA G,et al. The state of the art of smart energy communities:a systematic review of strengths and limits[J]. Energies,2022,15(9):3462.

[34] LI R M, KIDO A, WANG S. Evaluation index development for intelligent transportation system in smart community based on big data[J]. Advances in mechanical engineering,2015,7(2):541651.

[35] WU X L,YAN H Q,JIANG Y X. How are new community governance structures formed in urban China? a case study of two cities,Wuhan and Guangzhou[J]. Asian survey,2018,58(5):942-965.

[36] 唐明凤,吴亚芳. 基于创新生态系统视角的韧性社区建设与治理研究[J]. 湖南社会科学,2021(1):96-103.
[37] 朱怡,周悦,李佳宸,等. 后疫情视角下的韧性社区公共空间设计研究:以武汉市光谷青年城为例[J]. 城市发展研究,2022,29(5):59-67.
[38] 张伟,陈琪伟,朱宇霁,等. 重大公共卫生事件背景下社区韧性影响因素模型研究[J]. 公共管理学报,2022,19(3):96-109.
[39] 朱琳,万远英,戴小文. 大数据时代的城市社区治理创新研究[J]. 长白学刊,2017(6):118-124.
[40] 蓝煜昕,张雪. 社区韧性及其实现路径:基于治理体系现代化的视角[J]. 行政管理改革,2020(7):73-82.
[41] YAO Z X, LI B, LI G C, et al. Resilient governance under asymmetric power structure: the case of Enning Road Regeneration Project in Guangzhou, China[J]. Cities,2021,111:102971.
[42] 翟绍果,张星. 从脆弱性治理到韧性治理:中国贫困治理的议题转换、范式转变与政策转型[J]. 山东社会科学,2021(1):74-81.
[43] 王磊,王青芸. 韧性治理:后疫情时代重大公共卫生事件的常态化治理路径[J]. 河海大学学报(哲学社会科学版),2020,22(6):75-82.
[44] KAPUCU N, SADIQ A A. Disaster policies and governance: promoting community resilience[J]. Politics and governance,2016,4(4):58-61
[45] 姜晓萍,李敏. 治理韧性:新时代中国社会治理的维度与效度[J]. 行政论坛,2022,29(3):5-12.
[46] 何继新,孟依浩,郑沛琪. 中国城市韧性治理研究进展与趋势(2000—2021):基于CiteSpace Ⅴ的可视化分析[J]. 灾害学,2022,37(3):148-154.
[47] 朱正威,刘莹莹. 韧性治理:风险与应急管理的新路径[J]. 行政论坛,2020,27(5):81-87.
[48] 沈费伟. 数字乡村韧性治理的建构逻辑与创新路径[J]. 求实,2021(5):72-84.
[49] 罗强强,陈涛,明承瀚. 风险视域下的超大城市社区韧性:结构、梗阻与进路:基于W市新冠肺炎疫情社区治理的多案例分析[J]. 城市问题,2022(5):86-94.
[50] 龙金菊,刘剑. 底色与因应:风险感知中乡村社会韧性治理管窥[J]. 湖北民族大学学报(哲学社会科学版),2022,40(4):60-70.
[51] 房亚明. 规模与韧性:城市风险治理的国土空间规划应对[J]. 行政论坛,2022,29(2):121-131.
[52] 马奔,刘杰. 韧性理念如何融入城市治理:基于D市安全发展示范城市创建的启示[J]. 行政论坛,2020,27(5):95-101.
[53] 王杰,曹兹纲. 韧性乡村建设:概念内涵与逻辑进路[J]. 学术交流,2021(1):140-151.
[54] 周利敏,原伟麒. 迈向韧性城市的灾害治理:基于多案例研究[J]. 经济社会体制比较,2017(5):22-33.
[55] JIANG Y, ZEVENBERGEN C, FU D F. Understanding the challenges for the governance of China's "sponge cities" initiative to sustainably manage urban

stormwater and flooding[J]. Natural hazards,2017,89(1):521-529.

[56] ZHU J, MOSTAFAVI A. Metanetwork framework rof integrated performance assessment under uncertainty in construction projects[J]. Journal of computing in civil engineering,2017,31(1):4016042.

[57] LI Y K,LU Y J,LI D Y,et al. Metanetwork analysis for project task assignment[J]. Journal of construction engineering and management,2015,141(12):04015044.

[58] EFFKEN J A,GEPHART S M,BREWER B B,et al. Using ORA,a network analysis tool,to assess the relationship of handoffs to quality and safety outcomes[J]. Computers,informatics,nursing,2013,31(1):36-44.

[59] TIAN R Y,WU L,LIANG X H,et al. Opinion data mining based on DNA method and ORA software[J]. Physica a:statistical mechanics and its applications,2018,490:1471-1480.

[60] ATDIN M N, PERDAHCI N Z. Dynamic network analysis of online interactive platform[J]. Information systems frontiers,2019,21(2):229-240.

[61] 李小龙,张海玲,刘洋.基于动态网络分析的中国高绩效科研合作网络共性特征研究[J].科技管理研究,2020,40(7):116-124.

[62] 李欣,温阳,黄鲁成,等.多层网络分析视域下的新兴技术研发合作网络演化特征研究[J].情报杂志,2021,40(1):62-70.

[63] 刘彤,郭鲁钢,杨冠灿.基于动态网络分析的专利合作网络演化分析:以纳米技术为例[J].情报杂志,2014,33(11):88-93.

[64] 李守斐,李晗,朱冠旭,等.基于动态网络方法的中国行业板块联动效应分析[J].江西师范大学学报(自然科学版),2022,46(1):25-36.

[65] 唐晓彬,崔茂生."一带一路"货物贸易网络结构动态变化及其影响机制[J].财经研究,2020,46(7):138-153.

[66] DIAKOULAKI D, MAVROTAS G, PAPAYANNAKIS L. Determining objective weights in multiple criteria problems:the critic method[J]. Computers & operations research,1995,22(7):763-770.

[67] 习近平.决胜全面建成小康社会 夺取新时代中国特色社会主义伟大胜利:在中国共产党第十九次全国代表大会上的报告[J].中国人力资源社会保障,2017(11):10-27.

[68] 陈金龙.关于习近平新时代中国特色社会主义思想的若干思考[J].思想理论教育,2017(12):4-9.

[69] 郁建兴.社会治理共同体及其建设路径[J].公共管理评论,2019,1(3):59-65.

[70] 闫坤,于树一.开启减税降费的新时代:以降"税感"拓展政策空间[J].税务研究,2018(3):3-9.

[71] 俞兆达.新时代中国高等教育质量政策焦点的质化考察[J].当代教育论坛,2022(2):1-11.

[72] 苏丽锋,赖德胜.高质量就业的现实逻辑与政策选择[J].中国特色社会主义研究,2018,9(2):32-38.

[73] 席恒.新时代、新社保与新政策:党的十九大之后中国社会保障事业的发展趋势[J].内

蒙古社会科学(汉文版),2019,40(1):24-30.

[74] 张博.新时代新经济:智慧健康养老产业及发展路径[J].兰州学刊,2020(6):200-208.

[75] SAGL G,RESCH B,BLASCHKE T. Contextual sensing:integrating contextual information with human and technical geo-sensor information for smart cities[J]. Sensors (Basel, Switzerland),2015,15(7):17013-17035.

[76] 端木一博,柴彦威,周微茹.国内外智慧社区建设的标准化审视[J].建设科技,2017(13):49-52.

[77] KUBINA M, SULYOVA D, VODAK J. Comparison of smart city standards, implementation and cluster models of cities in North America and Europe[J]. Sustainability,2021,13(6):3120.

[78] 李德智,王晶晶,沈思思.典型发达国家智慧社区的建设经验及其启示[J].建筑经济,2017,38(11):81-84.

[79] 黎熙元,陈福平.社区论辩:转型期中国城市社区的形态转变[J].社会学研究,2008,23(2):192-217.

[80] 原珂.中国特大城市社区类型及其特征探究[J].学习论坛,2019,35(2):71-76.

[81] 安淇,肖华斌,杨慧.开源数据环境下传统街坊社区街道空间活力研究:以济南市商埠区为例[C]//中国风景园林学会 2018 年会论文集.北京:中国建筑工业出版社,2018:227-236

[82] 唐桂娟.上海市社区灾害风险评估与管理研究[J].公共治理评论,2014(1):60-77.

[83] 陈时飞,胡思润.基于开源数据的 15 min 社区生活圈更新研究:以合肥市为例[J].四川建筑,2022,42(3):6-9.

[84] 王颖.上海城市社区实证研究:社区类型、区位结构及变化趋势[J].城市规划汇刊,2002(6):33-40.

[85] 黄蓉.霜鬓尽从容:基于“积极老龄化”理念下的苏州传统街坊社区公共空间适老化研究[C]//建筑的历史语境与绿色未来:2014、2015“清润奖”大学生论文竞赛获奖论文点评.北京:中国建筑工业出版社,2016:361-373.

[86] 杨睿智,郑文慧,张俊,等.社会转型期城市社区冲突治理困境及对策研究:以演替混杂式社区为例[J].产业与科技论坛,2019,18(22):221-223.

[87] 杨威威.过渡型社区缘何难以过渡:社区公共性想象的迷失与重建:一项来自浙北梧桐社区的经验研究[J].天津行政学院学报,2022,24(1):56-67.

[88] 张宁.“过渡型社区”的治理模式探讨:太原市亲贤社区的实践与反思[J].青年与社会(下),2014(9):236-237.

[89] 纪芳.过渡型社区的基层组织建设:实践类型与运作基础[J].内蒙古社会科学,2021,42(5):31-39.

[90] 管兵.改革时机与城镇化模式:对四地村改居政策的研究[J].广东社会科学,2022(5):198-212.

[91] 段芳.城乡融合背景下“村改居”社区治理体系路径探索与研究:基于对许昌市“村改居”社区的调查[J].活力,2022(10):109-111.

[92] 鲁萌,苏振宇.居住区形态研究:以昆明主城区为例[J].城市建筑,2022,19(14):

64-66.

[93] 韩颂,曹湘兰,黄羽中,等. 韧性社区评价及策略分析:以西安市碑林区为例[C]//面向高质量发展的空间治理:2021 中国城市规划年会论文集(01 城市安全与防灾规划). 北京:中国建筑工业出版社,2021:465-474.

[94] 尹宝莹. 商品房居住区中社区意识的景观设计建构探析[J]. 美术大观,2019(5):92-93.

[95] 周骥腾. 住房产权差异与社区认同分化:基于"中国城市居民生活空间调查"数据的分析[J]. 华东理工大学学报(社会科学版),2021,36(5):31-45.

[96] 原珂. 中国不同类型城市社区内的冲突程度比较研究[J]. 中国行政管理,2017(9):131-138.

[97] 张杰. 基于去化周期的新建商品房市场分析[J]. 房地产世界,2022(11):9-12.

[98] 黄瑜. 中国房地产市场的历年变迁及趋势展望[J]. 中国房地产,2020(29):21-26.

[99] 黄琴诗,刘丽艳,叶玲,等. 大城市居住社会-空间分异格局与耦合模式研究:以南京、杭州为例[J]. 地理研究,2022,41(8):2125-2141.

[100] 顾书桂. 论中国城镇住宅产权的边界[J]. 现代经济探讨,2015(4):29-33.

[101] 夏长宝. 从任务目标到过程目标:商品房社区建设的理性回归:基于社会工作视角[J]. 长白学刊,2013(3):126-131.

[102] 黄一倬,张天舒. 智慧社区的差异化应对:基于我国城市社区不同类型的研究[J]. 城市学刊,2019,40(2):48-53.

[103] 郭彩琴,陈鸣珠,卢佳月. 城市社区分类治理存在的问题及应对建议:基于苏州工业园区社区治理视角[J]. 唯实(现代管理),2017(11):16-20.

[104] 于代松,魏菓. 构建"自主化+市场化"体系的社区治理研究:以成都市为例[J]. 中国名城,2020(6):70-73.

[105] 陈星. 关于社区治理动力机制问题的概念性思考[J]. 北京联合大学学报(人文社会科学版),2022,20(2):117-124.

[106] 魏健馨,赵淼. 社区治理法治化的推进路径[J]. 沈阳工业大学学报(社会科学版),2020,13(3):193-199.

[107] 杨雪. 老年人、社区社会资本与新型社区建设:基于 9 城市 W 物业小区的调查[J]. 社会科学辑刊,2014(6):90-96.

[108] 苏屹,姜雪松,雷家骕,等. 区域创新系统协同演进研究[J]. 中国软科学,2016(3):44-61.

[109] 梁瑜静,谢强强,陈灿龙. 推进住宅物业管理与社区治理融合发展的路径探讨[J]. 上海房地,2022(7):23-27.

[110] 林闽钢,尹航. 走向共治共享的中国社区建设:基于社区治理类型的分析[J]. 社会科学研究,2017(2):91-97.

[111] 庞小宁,贾心洁. 城市社区治理:从政府主导走向协同自治[J]. 未来与发展,2013,36(12):17-20.

[112] 汪洁. 国外城市社区治理实践对我国政府主导型社区自治的启示[J]. 郑州航空工业管理学院学报,2019,37(2):31-37.

[113] 边防，吕斌. 基于比较视角的美国、英国及日本城市社区治理模式研究[J]. 国际城市规划，2018，33(4)：93-102.

[114] 叶敏. 依附式合作：强国家下的城市社区自治：以上海 NX 街道的社区自治经验为例[J]. 江苏行政学院学报，2022(1)：112-119.

[115] 陈建国. 城市社区事务治理与合作型权力结构重塑[J]. 理论探索，2021(4)：71-77.

[116] 钱再见，高晓霞. 区块链，“链”向何方：公共事务、党的建设与社会治理[J]. 国家治理，2019(43)：20-33.

[117] 李润金，何章银. “五社联动”助推 J 城市社区治理的初探[J]. 法制与社会，2021(11)：132-133.

[118] 曹海军，刘少博. 新时代“党建＋城市社区治理创新”：趋势、形态与动力[J]. 社会科学，2020(3)：12-20.

[119] 郭蕊. “党建＋服务”社区治理模式：实践探索与推进路径[J]. 沈阳师范大学学报(社会科学版)，2021，45(3)：78-83.

[120] 王智强，陈晓莉. 党建引领城市社区治理：实践经验、现实困境与提升路径[J]. 理论导刊，2022(9)：92-97.

[121] 龚婧媛. 一核多元视域下的社区治理模式[J]. 区域治理，2019(50)：235-237.

[122] 韩冬雪，李浩. “政社合作”推动现代社区建设：以哈尔滨市社区治理与服务创新为例[J]. 行政论坛，2017，24(2)：69-73.

[123] 严励. 公安机关人民警察管理制度改革初探[J]. 南都学坛，2018，38(6)：59-75.

[124] 周庆智. 论中国社区治理：从威权式治理到参与式治理的转型[J]. 学习与探索，2016(6)：38-47.

[125] 赵光勇. 参与式治理的实践、影响变量与应用限度[J]. 甘肃行政学院学报，2015(2)：43-51.

[126] 王宏强. 我国城市社区“微治理”实践探究：以 B 市 X 街道“六微”治理为例[J]. 社会福利(理论版)，2022(4)：44-48.

[127] 王思斌. 社会工作参与社会治理创新的层面与可能贡献[J]. 广州社会工作评论，2016(1)：9-19.

[128] 邓崧，林清芳，李楠，等. 城市多民族聚居社区治理模式研究：以昆明市金沙社区为例[J]. 云南行政学院学报，2019，21(2)：29-37.

[129] 王安琪，唐昌海，王婉晨，等. 协同优势视角下突发公共卫生事件社区网格化治理研究[J]. 中国卫生政策研究，2021，14(7)：26-31.

[130] RAPAPORT C，HORNIK-LURIE T，COHEN O，et al. The relationship between community type and community resilience[J]. International journal of disaster risk reduction，2018，31：470-477.

[131] 夏建中. 中国城市社区治理结构研究[M]. 北京：中国人民大学出版社，2012.

[132] 夏建中. 城市社会学[M]. 北京：中国人民大学出版社，2010.

[133] 王东杰，谢川豫，王旭东. 韧性治理：城市社区应急管理新向度[J]. 江淮论坛，2020(6)：33-38.

[134] 谢小芹. 市域社会治理现代化：理论视角与实践路径[J]. 理论学刊，2020(6)：86-94.

[135] 侯精明，康永德，李轩，等. 西安市暴雨致涝成因分析及对策[J]. 西安理工大学学报，2020，36(3)：269-274.
[136] 黄匡忠，熊俊超，胡文浩，等. 珠海风灾中的社工应对与思考[J]. 中国社会工作，2017(30)：26-28.
[137] 伍晗，任常兴，张欣，等. 基于火灾隐患排查的消防安全社区管理[J]. 消防科学与技术，2020，39(3)：409-412.
[138] 曾令羲. 政府危机管理问题及对策：基于天津港爆炸事故的分析[J]. 人民论坛，2015(35)：59-61.
[139] 梁殊铜. 建筑坍塌事故救援对策分析[J]. 住宅与房地产，2021(4)：253-254.
[140] 杨婕，陶印华，柴彦威. 邻里建成环境与社区整合对居民身心健康的影响：交通性体力活动的调节效应[J]. 城市发展研究，2019，26(9)：17-25.
[141] 卢建平，刘传稿. 法治语境下盗窃罪治理模式探究：基于犯罪统计的分析[J]. 现代法学，2017，39(3)：93-111.
[142] 陈思祁，杨梦丽，蹇洁，等. 电信网络团伙诈骗行为与对策研究[J]. 图书馆学研究，2018(9)：90-101.
[143] 韩志明. 从"粗糙的摆平"到"精致的治理"：群体性事件的衰变及其治理转型[J]. 政治学研究，2020(5)：91-100.
[144] 苏宁，徐晓敏，朱瑞，等. 北京市社区卫生服务机构传染病防控能力现状及对策研究[J]. 中国全科医学，2021，24(28)：3578-3583.
[145] 罗康智，谢景连. 生态、生计与生命：城镇化进程中的乡村食品安全[J]. 原生态民族文化学刊，2021，13(3)：38-47.
[146] CARLEY K M. Dynamic network analysis[M]. Pittsburgh：Carnegie Mellon University，2003.
[147] 薛梦涵. 新时代社区治理模式的理论基础[J]. 公关世界，2022(2)：78-79.
[148] 施杨，张宏远. 科技行政体制改革模式和路径：来自国内三个典型地区的考察[J]. 科学管理研究，2018，36(1)：21-25.
[149] 梁颖，江曼，刘楚，等. 资金平衡导向下北京老旧小区改造的问题与策略研究：以劲松北社区改造为例[J]. 上海城市规划，2022(2)：86-92.
[150] 徐州市人民政府办公室. 市政府关于印发徐州市 2022 年度城建重点工程计划的通知[EB/OL]. (2022-2-23) [2022-8-15]. http://www.xz.gov.cn/govxxgk/014051247/2022-02-22/95c99f3a-af27-4190-a1cb-ec9c551bad06.html.
[151] 杨洪芊. 成都城市社区更新的保障体系建设研究：评《成都城市社区更新理论与实践》[J]. 现代城市研究，2022，37(8)：136.
[152] 刘敬爱，高会芹. 房屋建筑工程质量保修权益问题研究[J]. 建筑经济，2018，39(4)：8-11.
[153] 王澄，徐延才，魏庆来，等. 智能小区商业模式及运营策略分析[J]. 电力系统保护与控制，2015，43(6)：147-154.
[154] 徐林，杨帆. 社区参与的分层检视：基于主体意愿与能力的二维视角[J]. 北京行政学院学报，2016(6)：92-99.
[155] 谭俊杰，廖绮晶，袁媛，等. 居委会主导的老旧小区改造协作模式研究：以广州市仰忠

社区为例[J]. 上海城市规划,2021(5):16-22.

[156] 张大维,赵益晨. 社区协同结构中居民信任的构建、转化与有效治理:以社区公共卫生风险治理为背景[J]. 杭州师范大学学报(社会科学版),2022,44(3):102-110.

[157] 班涛. 权力结构视角下城市社区居民自治困境的生成与破解分析[J]. 内蒙古社会科学,2020,41(6):29-37.

[158] 天平社邻学院. 社区治理方法论:88 个案例告诉你[M]. 上海:上海三联书店,2019.

[159] 王学梦. 行政"圈层"社会:新兴社会组织的三种类型及其比较[J]. 浙江工商大学学报,2021(1):148-160.

[160] 孙江涛. 社区自治视角下新型社区自组织的建构研究:以北京市 3 个社区为例[J]. 学习论坛,2019,35(5):76-81.

[161] 李志强,原珂. 类共同体模式:社区公益创投组织分类治理及推进路径[J]. 湖湘论坛,2021,34(6):96-108.

[162] 陈志霞,任兵. 城市社区疫情防控信息治理体系研究:基于 PSR-CATR 模型的分析[J]. 城市问题,2021(4):52-61.

[163] 国务院. 中华人民共和国政府信息公开条例[EB/OL]. (2019-4-15)[2022-9-15]. http://www. gov. cn/zhengce/content/2019-04/15/content _ 5382991. htm? tdsourcetag = s _ pcqq_ aiomsg.

[164] 陈亚东. 重庆市社会保障平台建设调查[J]. 社会保障研究,2015(5):97-101.

[165] 石红玉. 社区社会保障公共服务工作部署及服务功能分类[J]. 就业与保障,2021(23):184-186.

[166] 刘振杰. 连云港:全域救助打造温暖幸福港城[J]. 中国民政,2020(24):36-37.

[167] 陈晓运. 从模糊走向清晰:城市基层治理的全景敞视主义:以乐街"智慧平台"建设为例[J]. 中国行政管理,2020(7):84-90.

[168] 唐晓阳,陈雅丽. 大城市流动人口管理服务创新初探:以广州市为例[J]. 上海行政学院学报,2013,14(5):40-47.

[169] 张维维. 社会企业与社区邻里关系的重建:以四个社会企业为例[J]. 浙江社会科学,2020(4):64-78.

[170] 杨学儒,曾馨莹,李浩铭. 企业社区参与的研究进展、评析与启示[J]. 学术研究,2020(8):106-113.

[171] 席军良. 从"碎片化"到"协同化":共建共治共享社区治理可行性探索[J]. 中国延安干部学院学报,2018,11(2):80-85.

[172] 张宏,范祎丽,李旭乐. 基于模糊集定性比较分析的企业社会责任投资策略研究[J]. 管理学报,2018,15(10):1047-1055.

[173] 陈然. 突发事件中农村居民的信息寻求与分享:基于问题解决情境理论[J]. 青年记者,2022(12):93-95

[174] 龚立群,李芳. 建立面向本地的农村社区信息平台:新疆农村信息服务对策[J]. 图书馆论坛,2015,35(11):77-82.

[175] 于海利,樊红敏. 社区社会组织融入基层社会治理体系研究:以 C 社区业主委员会为例[J]. 郑州大学学报(哲学社会科学版),2021,54(1):14-18.

[176] 孙文袭.借鉴视角下温州社区教育志愿者队伍建设研究[J].成人教育,2015,35(10):30-33.
[177] 刘怡然.社区专项经费与居民参与提升:一个“资金权属”的分析视角[J].社会发展研究,2022,9(2):140-154.
[178] 谢正富.微公益创投:社区微治理资源整合模式创新[J].云南行政学院学报,2019,21(5):130-136.
[179] 叶良海.城市社区公共资源的整合与共享[J].重庆社会科学,2016(12):39-46.
[180] 刘雪娇.用途混合视角下的社区公共服务设施精细化规划策略探讨[J].城市发展研究,2021,28(11):31-37.
[181] 杨扬.社区人力资源开发的制约因素及对策分析[J].人民论坛,2013(18):46-47.
[182] 张建军,周一卓,霍佳震.多组织多阶段视角下重大疫情应急物资保障的关键问题与对策探讨[J].江西财经大学学报,2022(3):13-24.
[183] 薛美根,施文俊,张宇,等.综合施策缓解上海市居住区停车矛盾[J].城市交通,2016,14(4):13-18.
[184] 李明明,杨亚楠.我国住房公积金研究热点及未来展望[J].价格理论与实践,2020(3):123-126.
[185] 何立军,杨永娇.社区嵌入视角下中国社区基金会典型模式比较分析:基于深圳的实践探索样本[J].江汉论坛,2018(7):124-129.
[186] 端国志.居委会的财务制度研究:以拉萨市加措社区为例[J].西藏科技,2014(8):28-30.
[187] 高鹏.企业参与社会治理研究:以深圳市桃源居集团为个案[J].中国非营利评论,2015(1):152-167.
[188] 王雪竹.基层社会治理:从网格化管理到网络化治理[J].理论探索,2020(2):76-80.
[189] 张雷.构建基于社区治理理念的居民自治新体系[J].政治学研究,2018(1):99-102.
[190] 邹波,王沁,刘学敏.构建可持续城市下新型人口管理体系[J].经济研究参考,2016(25):63-70.
[191] 徐桂敏,王改芳.基于 STM32 和 RFID 的小区车辆管理系统设计[J].实验技术与管理,2015,32(10):146-148.
[192] 谢俊波.“互联网+”时代党建知识服务平台的应用创新路径探究[J].出版广角,2018(20):51-53.
[193] 吴长剑.整体治理视角下我国 NGO 志愿者管理机制问题研究[J].行政论坛,2017,24(6):115-120.
[194] 温敏.建立既有房屋安全管理体系的思考[J].建筑经济,2022,43(S1):126-130.
[195] 周健.以整体型政府建设提升服务型政府的效率和服务能级:基于上海市 M 区整体型政府建设的个案考察[J].甘肃理论学刊,2013(3):106-110.
[196] 王树荫,房玉春.试论从“法制教育”到“法治教育”的转变[J].甘肃社会科学,2017(2):48-52.
[197] 戴康,许中波.公共法律服务的城市社区治理逻辑与路径[J].城市问题,2020(6):91-96.

[198] 原珂.治理与解决：中国城市社区冲突治理主体及现行解决方法[J].北京理工大学学报(社会科学版),2017,19(4):67-78.

[199] 陈玉生."民-群"视角下的社会参与层次：社区公共活动场所的集群效应研究[J].社会科学,2020(12):13-28.

[200] 王增文,王菁,吴健.我国城市社区应急管理政策的注意力变迁及逻辑演绎：基于2003—2022年中央政策文本的实证分析[J].社会政策研究,2022(3):35-46.

[201] 庞宇.智慧社区应急管理的创新模式[J].电子政务,2016(9):104-109.

[202] 李菲菲,庞素琳.基于治理理论视角的我国社区应急管理建设模式分析[J].管理评论,2015,27(2):197-208.

[203] 龚艳,尹伊湄.社区公共卫生事件应急管理机制的完善[J].中南民族大学学报(人文社会科学版),2021,41(12):91-99.

[204] 董本云,朱丹.吉林省突发事件应急管理的新特征及对策研究[J].吉林工程技术师范学院学报,2022,38(5):47-50.

[205] 李雪梅.近十年来发达国家自然灾害治理新趋向及鉴戒[J].福建师范大学学报(哲学社会科学版),2022(4):43-51.

[206] 刘纪达,安实,王健,等.一体化应急应战协作网络结构与演进：以自然灾害和事故灾难事件为例[J].北京理工大学学报(社会科学版),2020,22(6):96-106.

[207] 路晓蒙,吴雨,尹思原.我国诈骗犯罪的现状、社会危害和负外部性：来自微观数据的经验证据[J].福建论坛(人文社会科学版),2020(2):100-109.

[208] CASCIO M A,LEE E,VAUDRIN N,et al. A team-based approach to open coding: considerations for creating intercoder consensus[J]. Field methods,2019,31(2):116-130.

[209] 韩传峰.基于区块链的社区治理机制创新研究[J].人民论坛·学术前沿,2020(5):66-75.

[210] 孟晓玲,冯燕梅.我国社会组织参与社区治理的模式、困境与路径[J].西安财经大学学报,2021,34(3):109-118.

[211] 伊玫瑰.新媒体视域下的社区治理创新[J].传媒,2022(5):74-76.

[212] 常恩予,甄峰.智慧社区的实践反思及社会建构策略：以江苏省国家智慧城市试点为例[J].现代城市研究,2017,32(5):2-8.

[213] 贺凯盈,杨志强.智慧社区管理系统建设[J].测绘通报,2016(增刊2):245-247.

[214] 吴子靖,顾爱华.中国城市社区治理评价的研究主题与发展态势：基于CNKI数据库文献的计量分析[J].新视野,2019(5):79-85.

[215] 黄泓怡,彭恺,邓丽婷.生活圈理念与满意度评价导向下的老旧社区微更新研究：以武汉知音东苑社区为例[J].现代城市研究,2022,37(4):73-80.

[216] 任逸,李保东,杨秋生.社区空间资源对社区满意度的影响机理：以郑州市金水区为例[J].地域研究与开发,2021,40(5):72-76.

[217] 叶青,赵强,宋昆.中外绿色社区评价体系比较研究[J].城市问题,2014(4):74-81.

[218] 古小东.国内外绿色社区评价指标体系比较研究[J].建筑经济,2013,34(11):83-87.

[219] 汪坚强,管力,李海龙,等.基于绿色住区评价标准的居住用地控规生态指标构建[J].

城市发展研究,2021,28(3):14-19.
[220] 焦永清,李斌,王著旺,等.生态社区评价系统设计与实现[J].测绘科学,2014,39(6):132-134.
[221] 田敏,宋彦.宜居社区评价指标比较研究[J].经济体制改革,2016(3):182-188.
[222] 周晓艳,甘甜,章芳.新城市主义视角下基于CRAI的城市社区宜居性评价:以武汉市主城区为例[J].现代城市研究,2020,35(2):26-32.
[223] 徐梦一,沈瑶,廖堉珲,等.基于国外文献综述的社区环境儿童出行安全评价指标[J].景观设计学,2020,8(2):10-25.
[224] 王海飙,徐文静.基于AHP-熵物元的地震安全社区应急管理评价[J].中国安全生产科学技术,2019,15(6):55-60.
[225] 陆军,丁凡琳.多元主体的城市社区治理能力评价:方法、框架与指标体系[J].中共中央党校(国家行政学院)学报,2019,23(3):89-97.
[226] WANG C Y, WANG L X, GU T T, et al. CRITIC-TOPSIS-based evaluation of smart community safety: a case study of Shenzhen, China[J]. Buildings, 2023, 13(2):476.
[227] 白海涛,刘军,冉旭东.基于多源大数据的智慧社区环境评价研究[J].中国电子科学研究院学报,2021,16(3):270-276.
[228] 郭雪松,赵慧增,石佳.基于时间动态网络的应急响应组织协调机制研究[J].上海行政学院学报,2018,19(6):31-44.
[229] 吴颖文,纪杨建,顾新建.基于专利动态复杂网络的产业共性技术预测[J].计算机集成制造系统,2020,26(12):3185-3194.
[230] 金永红,汪巍,奚玉芹.中国风险投资网络结构特性及其演化[J].系统管理学报,2021,30(1):40-53.
[231] 杨仲基,王宏起,王珊珊,等.基于动态网络方法的产业专利合作态势研究:以中国石墨烯产业为例[J].科技进步与对策,2018,35(9):59-65.
[232] 翟东升,侯凯洋,赵良伟,等.基于动态网络的增强现实技术创新网络演化分析[J].情报杂志,2018,37(11):178-185.
[233] ALTMAN N, CARLEY K M, REMINGA J. ORA user's guide 2020[R]. Pittsburgh: Carnegie Mellon University, School of Computer Science, Institute for Software Research, 2020.
[234] CUI P, LI D Z. A SNA-based methodology for measuring the community resilience from the perspective of social capitals: take Nanjing, China as an example[J]. Sustainable cities and society, 2020, 53:101880.
[235] 高翔.广东省儿童青少年移动速度发展的研究[J].广州体育学院学报,2021,41(4):60-63.
[236] 唐建新,李欣怡.基于模糊数学的地铁深基坑稳定性评价[J].安全与环境学报,2018,18(6):2135-2140.
[237] 齐默尔曼.模糊集合论及其应用[M].4版.北京:世界图书出版公司北京公司,2011.
[238] 周雯珺,曲芳芳.基于灰色关联和因子分析的我国环境污染第三方治理模式有效性评

价[J]. 科技管理研究,2019,39(9):255-261.
[239] 朱记伟,王江瑞,刘阳阳. 基于COWA-灰色定权聚类法的城市河流生态治理项目运营期绩效评价[J]. 水资源与水工程学报,2021,32(1):14-21.
[240] 任志涛,党斐艳. 基于熵值-主成分分析的环境治理公众参与水平评价研究[J]. 环境保护科学,2020,46(1):1-6.
[241] 李梦君,杨俊孝,李松. 基于FAHP的社会资本视角下社区安全治理水平研究[J]. 计算机与数字工程,2019,47(3):567-570.
[242] 樊建锋,王纯阳. 基于AHP的村落遗产地多元主体治理模式评价[J]. 数学的实践与认识,2018,48(12):20-27.
[243] 孙希有. 竞争战略分析方法[M]. 北京:中国金融出版社,2003.
[244] 袁运强,祝凤梧,王相宇. 疫情防控常态化背景下武汉市财政支持韧性社区构建的思考[J]. 财政科学,2021(3):111-120.
[245] 周霞,毕添宇,丁锐,等. 雄安新区韧性社区建设策略:基于复杂适应系统理论的研究[J]. 城市发展研究,2019,26(3):108-115.
[246] 吴晓林,谢伊云. 基于城市公共安全的韧性社区研究[J]. 天津社会科学,2018,9(3):87-92.
[247] 唐源琦,赵红红. 空间联动发展和城市"升维"规划管治研究:对城市突发公共卫生事件的规划思考与应对[J]. 规划师,2020,36(6):44-49.
[248] 宋晓娟,王庆华. 智慧社区:主体间新关系与治理新形态[J]. 电子政务,2020(4):121-128.
[249] 李亚,翟国方. 我国城市灾害韧性评估及其提升策略研究[J]. 规划师,2017,33(8):5-11.
[250] 颜德如. 构建韧性的社区应急治理体制[J]. 行政论坛,2020,27(3):89-96.
[251] 马超,运迎霞,马小淞. 城市防灾减灾规划中提升社区韧性的方法研究[J]. 城市规划,2020,44(6):65-72.
[252] 吴晓林. 城市社区如何变得更有韧性[J]. 人民论坛,2020(29):19-21.
[253] 钱少华,徐国强,沈阳,等. 关于上海建设韧性城市的路径探索[J]. 城市规划学刊,2017(增刊1):109-118.
[254] 戴维·R. 戈德沙尔克,许婵. 城市减灾:创建韧性城市[J]. 国际城市规划,2015,30(2):22-29.

附　录

附录 1　新时代智慧社区治理新模式理想网格构建专家调查问卷

尊敬的专家/学者:

您好!我们非常荣幸邀请您参与我们的研究工作,本研究小组正在进行新时代智慧社区治理新模式相关调研的学术研究,为了更好地搭建新时代智慧社区治理理想网络,恳请您能用几分钟时间填答这份问卷。本问卷实行匿名制,所有数据只用于统计分析,请您放心填写,再次感谢您的参与!

第一部分:受访者基本信息

1. 您的性别是? ________

A. 男　　B. 女

2. 您从事本领域研究年限是? ________

A. 5 年以上　　B. 3～5 年(不含 3 年)

C. 1～3 年(不含 1 年)　　D. 1 年及以下

3. 您从事领域是? ________

A. 学术界(高等院校、科研院所等)　　B. 业界(企业、社会组织等)

4. 您的职称是? ________

A. 正高级　　B. 副高级　　C. 中级

D. 初级　　E. 其他

5. 您的受教育程度是? ________

A. 博士　　B. 硕士　　C. 本科　　D. 其他

第二部分:新时代智慧社区治理网络链接搭建

6. 您认为新时代智慧社区治理达到理想状态时,哪些主体间存在交流合作?

表 A1　新时代智慧社区 AA 链接矩阵

	统筹协调类	财政金融类	技术指导类	社区保障类	建设施工单位	商业单位	业主委员会	社区意见领袖	普通居民	社会组织	无
统筹协调类											
财政金融类											
技术指导类											
社区保障类											

表 A1(续)

	统筹协调类	财政金融类	技术指导类	社区保障类	建设施工单位	商业单位	业主委员会	社区意见领袖	普通居民	社会组织	无
建设施工单位											
商业单位											
业主委员会											
社区意见领袖											
普通居民											
社会组织											

7. 您认为新时代智慧社区治理达到理想状态时,各主体需要完成哪些任务?

表 A2　新时代智慧社区 AT 链接矩阵

	网格化治理	居民自治	人口管理	车辆管理	党务管理	志愿者管理	房屋管理	行政审批	法律宣传	法律服务	矛盾调解	社区活动	自然灾害应急管理	事故灾害应急管理	社会安全应急管理	公共卫生应急管理	无
统筹协调类																	
财政金融类																	
技术指导类																	
社区保障类																	
建设施工单位																	
商业单位																	
业主委员会																	
社区意见领袖																	
普通居民																	
社会组织																	

8. 您认为新时代智慧社区治理达到理想状态时,各主体能调配哪些资源?

表 A3　新时代智慧社区 AR 链接矩阵

	政府财政资金	专营单位资金	土地资源	公共服务设施	人力资源	应急物资	住房公积金	个人及组织捐款	自筹经费	无
统筹协调类										
财政金融类										
技术指导类										
社区保障类										

表 A3(续)

	政府财政资金	专营单位资金	土地资源	公共服务设施	人力资源	应急物资	住房公积金	个人及组织捐款	自筹经费	无
建设施工单位										
商业单位										
业主委员会										
社区意见领袖										
普通居民										
社会组织										

9. 您认为新时代智慧社区治理达到理想状态时,各主体会发布或接收哪些信息?

表 A4 新时代智慧社区 AI 网络链接矩阵

	行政法规	社区就业服务信息	社区社会保障信息	社区救助服务信息	社区卫生及计划生育信息	社区安全服务信息	社区流动人口管理服务信息	社区入住企业信息	邻里间谈话	居委会信息	业主委员会信息	社区志愿者信息	无
统筹协调类													
财政金融类													
技术指导类													
社区保障类													
建设施工单位													
商业单位													
业主委员会													
社区意见领袖													
普通居民													
社会组织													

附录 2 新时代智慧社区治理新模式理想网络构建专家访谈大纲

尊敬的专家/学者:

您好!非常荣幸邀请您参与我们的研究工作,本研究小组正在进行新时代智慧社区治理新模式的相关调研,以提高治理过程与后期效果的可持续性。此次访谈围绕新时代智慧社区展开,根据本研究对新时代智慧社区的定义将智慧社区划分为 3 类,分别为传统街坊式社区、过渡演替式社区和现代商品房式社区。传统街坊式社区是指建成时间在 2000 年年底前的房屋结构陈旧、安全隐患多、配套设施不足的社区,典型代表就是老旧社区;过渡演替式社区主要包括位于城市边缘的城中村社区和村改居社区；现代商品房社区是现在最为常见的建成时间较短、设施较为完善的社区。

第一部分：访谈者基本信息

1. 您的性别是？________

A. 男　　B. 女

2. 您从事本领域研究年限是？________

A. 5 年以上　　B. 3～5 年（不含 3 年）

C. 1～3 年（不含 1 年）　　D. 1 年及以下

3. 您从事领域是？________

A. 学术界（高等院校、科研院所等）　　B. 业界（企业、社会组织等）

4. 您的职称是？________

A. 正高级　　B. 副高级　　C. 中级

D. 初级　　E. 其他

5. 您的受教育程度是？________

A. 博士　　B. 硕士　　C. 本科　　D. 其他

第二部分：访谈内容

1. 您认为智慧社区治理日常工作中会与哪些参与方进行接触？各参与方需要做哪些工作？您所属的一方在社区治理过程中扮演什么样的角色？主要负责哪些工作？您认为还有哪些需要完善的部分？

2. 您认为智慧社区治理过程中各参与方在完成相应工作时需要哪些资源和信息？不同类型的社区在获取资源及信息方面有哪些不同？您认为还有哪些需要完善的部分？

3. 您认为在社区治理中，当自然灾害（暴雨内涝）发生时，灾前阶段政府、居民、社会组织和居民通常有哪些人力、物力以及财力资源和信息渠道，完成哪些工作？灾中阶段、灾后阶段呢？

4. 您认为在社区治理中，为应对事故灾难（火灾爆炸），各参与方需要完成哪些工作？完成工作时需要获取哪些资源及信息？

5. 您认为在社区治理中，为应对社会安全事件（高空抛物），各参与方需要完成哪些工作？完成工作时需要获取哪些资源及信息？

6. 您认为在社区治理中，为应对公共卫生事件（新型冠状病毒感染），各参与方需要完成哪些工作？完成工作时需要获取哪些资源及信息？

附录 3　新时代智慧社区治理新模式网络链接优化专家访谈大纲

尊敬的专家：

您好！非常荣幸邀请您参与我们的研究工作，本研究小组正在进行新时代智慧社区治理新模式的相关调研，以提高治理过程与后期效果的可持续性。此次访谈围绕新时代智慧社区展开，根据本研究对新时代智慧社区的定义将智慧社区划分为 3 类，分别为传统街坊式社区、过渡演替式社区和现代商品房式社区。传统街坊式社区是指建成时间在 2000 年年底前的房屋结构陈旧、安全隐患多、配套设施不足的社区，典型代表就是老旧社区；过渡演替式社区主要包括位于城市边缘的城中村社区和村改居社区；现代商品房社区是现在最为常见的建成时间较短、设施较为完善的社区。

第一部分：访谈者基本信息

1. 您的性别是？________

A. 男　　B. 女

2. 您从事本领域研究年限是？________

A. 5 年以上　　B. 3～5 年(不含 3 年)

C. 1～3 年(不含 1 年)　　D. 1 年及以下

3. 您从事领域是？________

A. 学术界(高等院校、科研院所等)　　B. 业界(企业、社会组织等)

4. 您的职称是？________

A. 正高级　　B. 副高级　　C. 中级

D. 初级　　E. 其他

5. 您的受教育程度是？________

A. 博士　　B. 硕士　　C. 本科　　D. 其他

第二部分：访谈内容

1. 您认为在智慧社区治理日常工作中上述治理主体之间是否存在合作交流？

2. 您认为在智慧社区治理日常工作中上述治理主体是否需要完成表中的治理任务？

3. 您认为在智慧社区治理日常工作中上述治理主体是否具有表中的治理资源？

4. 您认为在智慧社区治理日常工作中上述治理主体能否获取表中的治理信息？

表 B1　新时代智慧社区治理待优化节点

	治理主体	治理任务	治理信息	治理资源
统筹协调类政府单位	技术指导类政府单位、建设施工单位、商业单位、业主委员会、普通居民	居民自治、车辆管理、房屋管理、法律宣传、矛盾调解	社区就业服务信息	个人及组织捐款
财政金融类政府单位	技术指导类政府单位、商业单位	居民自治、房屋管理、法律宣传、法律服务、社区活动	—	公共服务设施
技术指导类政府单位	建设施工单位、商业单位、社区意见领袖、普通居民	居民自治、房屋管理、矛盾调解	社区社会保障信息、社区安全服务信息、社区流动人口管理服务信息	住房公积金
社区保障类政府单位	建设施工单位	居民自治、房屋管理、法律宣传、法律服务	行政法规、社区志愿者信息	公共服务设施、自筹经费
建设施工单位	业主委员会	房屋管理、矛盾调解	社区救助服务信息、社区安全服务信息	专营单位资金、应急物资、住房公积金

表 B1(续)

	治理主体	治理任务	治理信息	治理资源
商业单位	社区意见领袖、普通居民	居民自治、人口管理、党务管理、行政审批	社区社会保障信息、社区安全服务信息、社区入驻企业信息、居委会信息	人力资源、个人及组织捐款、自筹经费
业主委员会	社区意见领袖	网格化管理、党务管理	社区就业服务信息、居委会信息、社区志愿者信息	个人及组织捐款
社区意见领袖	社会组织	志愿者管理	社区安全服务信息、社区入驻企业信息、社区志愿者信息	人力资源、个人及组织捐款
普通居民	社会组织	居民自治、法律宣传、矛盾调解	社区救助服务信息、业主委员会信息、社区志愿者信息	人力资源
社会组织	—	人口管理、房屋管理、矛盾调解	社区安全服务信息、社区志愿者信息	—

附录 4　新时代智慧社区治理新模式网络风险专家访谈大纲

尊敬的专家：

您好！非常荣幸邀请您参与我们的研究工作，本书研究正在进行新时代智慧社区治理新模式的相关调研，以提高治理过程与后期效果的可持续性，需要您宝贵的专业意见。此次访谈围绕新时代智慧社区治理新模式网络风险展开，根据本研究对新时代智慧社区治理网络风险梳理目前共包括 7 大类，分别为居民方风险、政府方风险、社会组织方风险、市场方风险、治理任务风险、治理信息风险、治理资源风险。

第一部分：访谈者基本信息

1. 您的性别是？________

A. 男　　B. 女

2. 您从事本领域研究年限是？________

A. 5 年以上　　B. 3～5 年(不含 3 年)

C. 1～3 年(不含 1 年)　　D. 1 年及以下

3. 您从事领域是？________

A. 学术界(高等院校、科研院所等)　　B. 业界(企业、社会组织等)

4. 您的职称是？________

A. 正高级　　B. 副高级　　C. 中级

D. 初级　　E. 其他

5. 您的受教育程度是? ________

A. 博士　B. 硕士　C. 本科　D. 其他

第二部分:访谈内容

1. 您了解到的智慧社区建设过程中政府、社会组织、物业、居民的参与情况如何?

说明:各个参与方可能面临的问题有政府决策偏差、政府管理能力欠缺、政策法律体系不健全、社会组织独立性不足、社会组织参与渠道不足、物业管理存在不足、施工纠纷、居民社区意识淡薄、居民素质欠缺。

2. 您认为智慧社区建设过程中信息传递方面会出现哪些问题?

说明:信息传递方面可能面临的问题有信息泄露、信息共享存在壁垒、政府信息公布标准不统一。

3. 您认为智慧社区建设过程中资源或者资金的投入与分配上会出现哪些问题?

说明:治理资源可能面临的问题有社会盈利空间欠缺、政府预算不足。

4. 您认为智慧社区建设过程中智慧设施的设计、运行维护、使用上会出现哪些问题?

说明:治理任务可能面临的问题有规划设计方案欠缺、运行维护技术欠缺、宣传引导欠缺。

附录 5　新时代智慧社区治理新模式网络关键风险筛选专家访谈大纲

尊敬的专家/学者:

您好!非常荣幸邀请您参与我们的研究工作,本课题组正在进行新时代智慧社区治理新模式风险的相关调研,为了更好地构建新时代智慧社区治理新模式扰动后网络,需要您宝贵的专业意见。此次访谈围绕新时代智慧社区治理新模式网络风险展开,根据本研究对新时代智慧社区治理网络风险梳理目前共包括 7 大类,分别为居民方风险、政府方风险、社会组织方风险、市场方风险、治理任务风险、治理信息风险、治理资源风险。

第一部分:访谈者基本信息

1. 您的性别是? ________

A. 男　B. 女

2. 您从事本领域研究年限是? ________

A. 5 年以上　B. 3~5 年(不含 3 年)

C. 1~3 年(不含 1 年)　D. 1 年及以下

3. 您从事领域是? ________

A. 学术界(高等院校、科研院所等)　B. 业界(企业、社会组织等)

4. 您的职称是? ________

A. 正高级　B. 副高级　C. 中级

D. 初级　E. 其他

5. 您的受教育程度是? ________

A. 博士　B. 硕士　C. 本科　D. 其他

第二部分:风险对新时代智慧社区治理新模式网络扰动程度打分

您认为该风险对新时代智慧社区治理网络扰动的严重程度是：非常不严重打 1 分，不严重打 2 分，一般严重打 3 分，严重打 4 分，非常严重打 5 分。

表 C1　新时代智慧社区治理新模式网络关键风险筛选打分表

风险类型	风险细分类型	1	2	3	4	5
居民方风险	居民社区意识淡薄风险					
	居民能力欠缺风险					
政府方风险	政府决策偏差风险					
	政府执行力欠缺风险					
	政策法律体系不健全风险					
	社区基层组织建设不稳定风险					
社会组织方风险	社会组织独立性不足风险					
	社会组织参与治理渠道不足风险					
	社会组织自身专业能力不足风险					
市场方风险	市场机制失灵风险					
	社区企业服务不到位风险					
治理任务风险	规划设计方案欠缺风险					
	运维技术欠缺风险					
	宣传引导欠缺风险					
治理信息风险	信息泄漏风险					
	政府信息公开不足风险					
治理资源风险	社会盈利空间欠缺风险					
	政府预算不足风险					

第三部分：访谈内容

1. 您认为在现阶段新时代智慧社区治理中存在哪些问题？
2. 您认为哪些风险发生后对智慧社区治理造成的影响较大？

附录 6　新时代智慧社区治理新模式网络扰动路径专家访谈大纲

尊敬的专家/学者：

您好！非常荣幸邀请您参与我们的研究工作，本研究小组正在进行新时代智慧社区治理新模式相关调研的学术研究，为了搭建新时代智慧社区治理新模式扰动后网络，需要听取您的宝贵意见。此次访谈围绕新时代智慧社区治理新模式网络扰动路径展开，关于新时代智慧社区治理新模式网络风险内在关系和风险对 AT、AA、AR、AI 等 4 个子网络的影响情况。

第一部分：访谈者基本信息

1. 您的性别是？________

A. 男　　B. 女

2. 您从事本领域研究年限是？________

A. 5 年以上　　B. 3～5 年（不含 3 年）

C. 1～3 年（不含 1 年）　　D. 1 年及以下

3. 您从事领域是？________

A. 学术界（高等院校、科研院所等）　　B. 业界（企业、社会组织等）

4. 您的职称是？________

A. 正高级　　B. 副高级　　C. 中级

D. 初级　　E. 其他

5. 您的受教育程度是？________

A. 博士　　B. 硕士　　C. 本科　　D. 其他

第二部分：新时代智慧社区治理新模式扰动后网络构建

请您根据自身经验，对下列风险-网络影响情况进行选择。若认为该行风险对所列风险或网络产生影响请勾选对应方框，若认为都没有影响，则选“无”。

表 D1　新时代智慧社区治理新模式风险-网络影响矩阵

	政府执行力欠缺风险	政府基层组织建设不稳定风险	居民社区意识淡薄风险	物业管理存在不足风险	规划设计方案欠缺风险	政府信息公开不足风险	政府资金预算不足风险	社会关系	资源获取	信息获取	任务分配	无
政府执行力欠缺风险												
政府基层组织建设不稳定风险												
居民社区意识淡薄风险												
物业管理存在不足风险												
规划设计方案欠缺风险												
政府信息公开不足风险												
政府资金预算不足风险												

第三部分：访谈内容

1. 您认为上述风险间是否存在影响关系？

2. 您认为上述风险的发生是否会对新时代智慧社区治理产生影响？如果有影响会造成什么后果？

附录 7　新时代智慧社区治理新模式扰动后网络构建调查问卷

尊敬的专家/社区居民：

您好！非常荣幸邀请您参与我们的研究工作，本课题组正在进行新时代智慧社区治理新模式的相关调研，为了更好地构建新时代智慧社区治理新模式扰动后网络，需要听取您的宝贵专业意见，恳请您能用几分钟时间填写这份问卷。我们向您保证，本问卷实行匿名制，所有数据只用于统计分析，请您放心填写，再次感谢您的参与。

第一部分受访者基本信息

1. 您的性别是？________

A. 男　　B. 女

2. 您从事本领域研究年限是？________

A. 5 年以上　　B. 3～5 年(不含 3 年)

C. 1～3 年(不含 1 年)　　D. 1 年及以下

3. 您从事领域是？________

A. 学术界(高等院校、科研院所等)　　B. 业界(企业、社会组织等)

4. 您的职称是？________

A. 正高级　　B. 副高级　　C. 中级

D. 初级　　E. 其他

5. 您的受教育程度是？________

A. 博士　　B. 硕士　　C. 本科　　D. 其他

第二部分：新时代智慧社区治理风险评价

社区治理关系到居民生活的方方面面。本问卷从居民方、政府方、市场方、治理任务、治理信息、治理资源 6 个层面，将可能发生的风险进行识别。请您根据专业知识，对风险同时发生的可能性和发生后对智慧社区治理造成的扰动程度进行评价。其中发生概率 1～5 分别表示：1 分代表几乎不发生；2 分代表很少发生；3 分代表偶尔发生；4 分代表经常发生；5 分代表频繁发生。扰动程度 1～5 分别表示：1 分代表几乎没有影响；2 分代表轻度影响；3 分代表中度影响；4 分代表严重影响；5 分代表致命影响。

6. 政府执行力欠缺风险与社区基层组织建设不稳定风险。

表 E1　政府执行力欠缺风险与社区基层组织建设不稳定风险评价

	1	2	3	4	5
两种风险同时发生的概率					
两种风险同时发生时对社会关系的扰动程度					
两种风险同时发生时对任务分配的扰动程度					

7. 政府执行力欠缺风险与政府预算不足风险。

表 E2　政府执行力欠缺风险与政府预算不足风险评价

	1	2	3	4	5
两种风险同时发生的概率					
两种风险同时发生时对资源获取的扰动程度					

8. 政府执行力欠缺风险与政府信息公开不足风险。

表 E3　政府执行力欠缺风险与政府信息公开不足风险评价

	1	2	3	4	5
两种风险同时发生的概率					
两种风险同时发生时对信息获取的扰动程度					

9. 政府执行力欠缺风险与规划设计方案欠缺风险。

表 E4　政府执行力欠缺风险与规划设计方案欠缺风险评价

	1	2	3	4	5
两种风险同时发生的概率					
两种风险同时发生时对任务分配的扰动程度					

10. 社区企业服务不到位风险与居民社区意识淡薄风险。

表 E5　社区企业服务不到位风险与居民社区意识淡薄风险评价

	1	2	3	4	5
两种风险同时发生的概率					
两种风险同时发生时对社会关系的扰动程度					
两种风险同时发生时对资源获取的扰动程度					
两种风险同时发生时对信息获取的扰动程度					

附录 8　新时代智慧社区治理新模式水平评价指标优化专家访谈大纲

尊敬的专家/学者：

您好！非常荣幸邀请您参与我们的研究工作，本研究小组正在进行新时代智慧社区治理新模式的相关调研，以提高治理过程与后期效果的可持续性。此次访谈围绕新时代智慧社区治理水平评价指标展开，本研究将新时代智慧社区治理新模式水平评价指标划分为 4 大类，分别为社会网络效能、资源配置网络效能、信息获取网络效能、参与网络效能。

第一部分：访谈者基本信息

1. 您的性别是？________

A. 男　　B. 女

2. 您从事本领域研究年限是？________

A. 5 年以上　　B. 3～5 年（不含 3 年）

C. 1～3 年（不含 1 年）　　D. 1 年及以下

3. 您从事领域是？________

A. 学术界（高等院校、科研院所等）　　B. 业界（企业、社会组织等）

4. 您的职称是？________

A. 正高级　　B. 副高级　　C. 中级

D. 初级　　E. 其他

5. 您的受教育程度是？________

A. 博士　　B. 硕士　　C. 本科　　D. 其他

第二部分：访谈内容

1. 您认为新时代智慧社区治理应实现怎样的目标？

2. 您认为新时代智慧社区治理新模式水平评价指标设计是否合理？如果不合理，那么如何改进？

表 F1　新时代智慧社区治理新模式水平评价指标体系

一级指标	二级指标
社会网络	社会关系鲁棒性
	沟通协作高效性
资源配置网络	资源配置鲁棒性
	治理资源冗余性
	治理资源多样性
信息获取网络效能	信息获取鲁棒性
	信息获取冗余性
任务分配网络	主体参与鲁棒性
	主体参与多样性

附录 9　新时代智慧社区治理新模式水平评价指标重要程度专家调查问卷

尊敬的专家/学者：

您好！非常荣幸邀请您参与我们的研究工作，本研究小组正在进行新时代智慧社区治理新模式的相关调研，以提高治理过程与后期效果的可持续性，需要听取您的宝贵意见，恳请您能用几分钟时间填答这份问卷，本问卷实行匿名制，所有数据只用于统计分析，请您放心填写，再次感谢您的参与。

第一部分：访谈者基本信息

1. 您的性别是？________

A. 男　　B. 女

2. 您从事本领域研究年限是？________

A. 5 年以上　　B. 3～5 年（不含 3 年）

C. 1～3 年（不含 1 年）　　D. 1 年及以下

3. 您从事领域是？________

A. 学术界（高等院校、科研院所等）　　B. 业界（企业、社会组织等）

4. 您的职称是？________

A. 正高级　　B. 副高级　　C. 中级

D. 初级　　E. 其他

5. 您的受教育程度是？________

A. 博士　　B. 硕士　　C. 本科　　D. 其他

第二部分：对指标的重要程度打分

您认为该指标对于新时代智慧社区治理新模式水平评价的重要程度是：1 分代表非常不重要；2 分代表不重要；3 分代表一般严重；4 分代表重要；5 分代表非常重要。

表 G1　新时代智慧社区治理新模式水平评价指标重要程度

一级指标	二级指标	1	2	3	4	5
社会网络效能	社会关系鲁棒性					
	沟通协作高效性					
资源配置网络效能	资源配置鲁棒性					
信息获取网络效能	信息获取鲁棒性					
	信息获取冗余性					
参与网络效能	主体参与鲁棒性					
	主体参与多样性					